なぜ核は なくならない のか Ⅱ

Why We Can't Eliminate Nuclear Weapons II
Perspectives and Prospects for a "World without Nuclear Weapons"

「核なき世界」への視座と展望

広島市立大学
広島平和研究所 監修
Hiroshima Peace Institute,
Hiroshima City University

吉川 元・水本和実 編
Gen Kikkawa & Kazumi Mizumoto

法律文化社

目　次

序　章　今日の核兵器と国際平和 ——————— 水本　和実　1

1. 本書のねらいと構成　1
2. 武器の進化と兵器の規制　2
3. 核兵器に頼る国家　4
4. 「核兵器なき世界」の実現に何が必要か　7
5. 被爆国日本の核政策の変化　11

第Ⅰ部　武器の国際レジームと法的枠組み

第1章　武器の進化と国際平和 ——————— 吉川　元　15

1. 武器の進化と戦争様式の変容　15
2. 戦争の機械化　17
3. 戦争の機械化と戦争惨禍　20
4. 核時代の平和　23
5. 国際平和と人間の安全保障の両立を目指して　29

第2章　通常兵器の軍備管理・軍縮 ——————— 佐渡　紀子　32

1. 軍備管理・軍縮とその手法　32
2. 通常兵器規制の動向——グローバルな規制と地域的な規制　34
3. 人道的アプローチと戦略的アプローチ　39
4. 通常兵器規制の持つ核軍縮・核廃絶に向けた含意　44

目次

第3章 軍縮分野の規範形成 ――― 福井　康人　47

1. 軍縮における規範形成の重要性　47
2. 規範形成のためのフォーラム　48
3. 新たな規範形成に向けて　54
4. 今後の課題　59

第4章 包括的核実験禁止条約(CTBT)の意義と現状 ――― 広瀬　訓　64

1. CTBTの内容と背景　64
2. CTBTの現状　71
3. 新しい課題　73
4. 今後の展望　76

第II部　国家と核兵器

第5章 欧州の安全保障とNATOの核政策 ――― 倉科　一希　83

1. なぜ欧州の核兵器はなくならないのか　83
2. NATOにおける核戦力の現状とその起源　84
3. 米国による核兵器共有の提案　86
4. 西欧諸国の反応　90
5. 今後の展望　94

第6章 中国の核政策 ――― 茅原　郁生　98

1. 大国意識を背景に核戦力を増強する中国　98
2. 「偉大な中華の復興」を目指す習近平政権と核戦力　99

3　中国の核戦力の位置付けと核開発の狙い　101
　　　4　中国の核戦力の実態と核抑止戦略　105
　　　5　中国の核政策と国際的な核管理への対応　109
　　　6　求められる大国としての責任　112

第7章　中東の核問題と紛争 ───────── 吉村慎太郎　115
　　　1　核戦争の脅威と中東情勢の激変　115
　　　2　イスラエル核戦略の展開と国際関係　116
　　　3　イラン「核開発疑惑」の浮上と国際関係　121
　　　4　問われる「国際社会」の責任と今後　126

第8章　北朝鮮の核開発 ─────────── 孫　賢鎮　130
　　　1　北朝鮮の核開発と国際危機　130
　　　2　北朝鮮の核開発の背景　132
　　　3　北朝鮮の核開発の意図　133
　　　4　北朝鮮の核保有の現況　135
　　　5　北朝鮮の核開発阻止に向けた国際的な取り組み　138
　　　6　北朝鮮の核放棄は緊急課題　144

第Ⅲ部　「核兵器なき世界」を目指して

第9章　米国社会とヒロシマ
　　　　 ── ロバート・ジェイコブズ（水本和実訳）　151
　　　1　米国の核兵器観を支えるヒロシマ　151
　　　2　広島への原爆投下とトルーマン大統領　152
　　　3　日本への原爆投下と核兵器についての米国の物語　156
　　　4　ヒロシマ＝アメリカ　158

5　米国のブランドとしての「ヒロシマ」　162
　　　6　米国が核兵器を手放さない理由——ヒロシマ　164

第10章　核兵器廃棄の条件　――――――――　国末　憲人　168

　　　1　何が核兵器廃棄を可能にするか　168
　　　2　南アフリカの核兵器廃棄　169
　　　3　リビアの核兵器開発計画廃棄　172
　　　4　ブラジルとアルゼンチンの核兵器開発計画廃棄　174
　　　5　ウクライナの核兵器移送　178
　　　6　核兵器廃棄の条件　181

第11章　核兵器の法的禁止と市民社会　――――　中村　桂子　186

　　　1　核兵器の法的禁止を目指す市民社会　186
　　　2　ICJ 勧告と核兵器禁止条約　187
　　　3　モデル条約とマレーシア決議　188
　　　4　国連事務総長の5項目提案　189
　　　5　平和首長会議　190
　　　6　2010年 NPT 再検討会議　191
　　　7　非人道性アプローチ　193
　　　8　2015年 NPT 再検討会議と NAC　198
　　　9　国連公開作業部会とその先へ　200
　　　10　核兵器の法的禁止へ向けた課題　201

終　章　被爆国日本の役割　――――――――　水本　和実　203

　　　1　9.11同時多発テロ以降の日本の核政策の変遷　203
　　　2　日本の安全保障政策の転換　203
　　　3　日本の非核政策　208
　　　4　日本の原子力政策　211
　　　5　日本の核軍縮外交　214

6　被爆国の役割　216
7　「核兵器なき世界」と被爆地　217

人名索引
事項索引

序章

今日の核兵器と国際平和

水本　和実

1　本書のねらいと構成

　山田浩・吉川元編『なぜ核はなくならないのか』（法律文化社）（以下、旧版）の出版（2000年10月）から15年以上が経過した。この間、9.11同時多発テロの発生や、イラク戦争、アフガニスタン戦争などを経て国際的な安全保障環境は大きく変動した。地域情勢を見ても、北東アジア、アジア太平洋、中東地域やウクライナをはじめ、緊張が続いている。核兵器を取り巻く状況を見ると、ブッシュ政権時に停滞した核軍縮は、「核兵器のない世界」を掲げるオバマ政権の誕生、米ロ新戦略兵器削減（START）条約の発効などで、一定の前進がみられるものの、北朝鮮の核実験やイランの核開発などで核拡散も懸念されている。

　こうした、新たな国際情勢を踏まえ、旧版を全面的に改訂するため、広島市立大学広島平和研究所核・軍縮研究会を母体に新版を企画した。

　旧版のサブタイトル「核兵器と国際関係」が示すように、核軍備の拡大や縮小は、国際的な安全保障環境と密接なつながりがある。核軍縮の条件を探るのであれば、国際的、地域的、あるいは各国を取り巻く安全保障環境を分析し、その中に促進要因や阻害要因を見出さねばならない。こうした問題意識の下、核・軍縮研究会の定例会合で専門家による報告を行い、それぞれの専門性の視点で核兵器と国際関係のつながりを、多角的に掘り下げることを試みた。それらの報告をもとに新版として編集したのが本書である。

　本書は序章、第Ⅰ部武器の国際レジームと法的枠組み、第Ⅱ部国家と核兵

器、第Ⅲ部「核兵器なき世界」を目指して、そして終章から構成される。核兵器をめぐる諸問題を通じて、国際平和のあり方を考えるのが最終的なねらいである。

2　武器の進化と兵器の規制

　グローバルな核軍縮とは、武器の進化の結果、究極の兵器として登場した核兵器を、国際レジームと法的枠組みで規制する営みであり、そうした視点で、通常兵器も含めた兵器の規制に関する諸問題を論じたのが**第Ⅰ部　武器の国際レジームと法的枠組み**である。

　武器の進化の延長上で生まれた核兵器が戦争や国際構造に与えた変化を、**第1章　武器の進化と国際平和**で吉川元が多角的に論じている。まず武器の進化は戦争の機械化をもたらす。戦争の機械化は軍事技術の革新を加速し、戦争は総力戦となる。ところが軍事技術革新の結果、誕生した核兵器は、国際構造を大きく変容させた。ひとたび核戦争が起きると、人類は絶滅しかねないとの恐怖から、総力戦は不可能となったが、さりとて相手の攻撃を防ぐためには抑止兵器としての核に頼らざるを得ない。こうして、米国とソ連、西側と東側が核兵器による「恐怖の均衡」の下で「平和」を保つ冷戦時代が長く続く一方、国際構造はさまざまな面で軍事化が進んだ。

　冷戦が終結した今日、米ロ間では一定の核兵器削減が行われ、核戦争の可能性は低下したように見える。しかし、戦争は脱国際化し、国家間戦争ではなく国境を横断する新たな形態の戦争（新戦争）が広がりつつある。しかも、軍事技術革新は依然として進行中で、国際構造の軍事化も解消されず、核兵器も通常兵器も廃絶はおろか、縮小の見通しすら立たない。この状況で国際平和と人間の安全保障が両立する道を示すことが最大の課題だと吉川は述べる。

　一方、核兵器も通常兵器も廃絶の見通しは立たない、という指摘は我々に、「通常兵器の廃絶」というもう1つの課題の存在を気づかせてくれる。言い換えれば、「核兵器だけ廃絶しても、世界は平和になるのか」という問題である。

　この問題意識の下で、通常兵器、すなわち大量破壊兵器以外の兵器の規制に

ついて、**第2章　通常兵器の軍備管理・軍縮**で**佐渡紀子**がその現状を分析している。通常兵器の規制は19世紀後半、不必要な苦痛を与える兵器の禁止という形で始まり、人道的観点から大量破壊兵器である化学兵器や生物兵器の禁止へとつながった。一方、通常兵器に関しては1990年代以降、グローバルな軍備管理と軍縮が進展し、軍備管理の制度として、兵器の輸出入を管理する国連軍備管理制度が91年に発足した。また軍縮の制度としては97年に対人地雷禁止条約、2008年にクラスター弾禁止条約が成立している。また、通常兵器の地域的な軍備管理・軍縮の取決めとして1990年に署名された欧州通常戦力削減条約（CFE条約）などもある。

　通常兵器の規制を促すのは、単に人道上の配慮だけではない。クラスター弾条約は、一般市民への被害を避ける性能のものは規制の対象から除外することで、条約への賛同国を増やした。また欧州では信頼醸成措置の履行がCEF条約の成立を促した。だが、ロシアとNATO諸国の対立が原因でロシアは2006年、CEF条約の履行停止を表明したため、十分には機能していない。安全保障環境が悪化すると、通常兵器の軍縮も進展しないことを示している。そしてそれは、核兵器の規制においても、非人道性の観点からの人道的アプローチだけでなく戦略的安定を脅かさない戦略的アプローチが重要であることを示唆している。

　だがその一方、核兵器にせよ通常兵器にせよ、法的に規制するためには、それらを規制すべきだとする規範意識が国際社会で形成される必要がある。そして、そのために人道的アプローチは有効なのではないか。この問題について、**第3章　軍縮分野の規範形成**において、**福井康人**が核兵器および自律型致死性兵器システム（LAWS）の規制を題材に、軍縮の規範形成における人道的アプローチの有効性と限界について論じている。

　それによると、国際社会における、人道的アプローチにより核兵器およびLAWSの規制を求める動きは、いずれも国際人道法や国連人権法の法的論点を踏まえつつ、規制する兵器の範囲や禁止義務、具体的軍縮措置などについて、有益なアイデアを提供するなど、規範意識の形成に関して一定の有効性を持っているという。福井はまた、1996年の核兵器使用の違法性に関するICJの

勧告的意見が、国家が存立の危機にある場合の違法性の判断を留保したように、国家安全保障上の配慮が規範形成の制約要因になり得る可能性を指摘しつつ、基本的には人道的アプローチは軍縮分野の規範形成に有益だと結論付けている。

　国際社会には、核不拡散条約（NPT）やいくつかの非核兵器地帯条約など、既に成立して機能している多国間の軍縮条約がある一方、核兵器禁止条約など、人道的アプローチで成立を目指しつつ未成立のものもある。そしてその中間に位置づけられるのが、条約そのものは成立しているが未発効の包括的核実験禁止条約（CTBT）であり、その早期発効が課題となっている。

　条約は未発効だが、核爆発の探知能力を備えた国際監視ネットワーク（IMS）などを運用する、条約の実施機関である包括的核実験禁止機関（CTBTO）はすでに設立されている。**第4章　包括的核実験禁止条約（CTBT）の意義と現状**の中で**広瀬訓**は、IMSの監視施設はすでに90％が完成して稼働しているとしながら、条約で定められた検証制度は1990年代前半の技術をもとに構築されており、新たな技術の導入による検証制度の改正が必要だが、条約が未発効のため条文の改正ができず、大幅な検証制度の改善ができない問題を指摘している。

　その上で広瀬は、条約の早期発効が望ましいが、現時点でそれが困難な以上、他の条約の事例を参考に、条約が発効する前に実質的に改正して検証制度の有効性と信頼性を確保する方法を検討すべきだと提言している。

3　核兵器に頼る国家

　核兵器の規制を求める国際世論が存在する一方で、ストックホルム国際平和研究所（SIPRI）によると世界には2015年1月現在で1万5850発の核兵器が存在しており、この93％に相当する1万4760発は米ロ2カ国が保有している。したがって、核兵器の削減にまず取り組むべきは米ロ2カ国である。

　米ロは新START（戦略兵器削減）条約に2010年4月に署名し、2011年2月に発効した。発効後7年以内に、配備核弾頭数を1550発に、ミサイルや戦略爆撃機など核弾頭を配備する運搬手段を700基（非配備も含めると800基）にそれぞれ

削減する内容だ。ちなみにSIPRIによると2015年1月現在の配備核弾頭数は、米国が2080発でロシアが1780発。

オバマ米大統領は2013年6月、ベルリン演説で演説し、米ロ双方の配備戦略核弾頭をさらに3分の1削減することをロシアに呼びかける用意がある、と訴えた。新START条約で決められた核弾頭の1550発以下への削減を踏まえると、実質的に1000発レベルへの削減提案である。米ロが1000発以下になれば、英仏中なども含めた多国間の核削減交渉の可能性が出てくるといわれている。だがベルリン演説の翌年に発生したウクライナ危機による米ロ関係、およびNATOとロシアの関係の悪化で、ベルリン提案は宙に浮いたままだ。

こうした情勢の中、**第Ⅱ部 国家と核兵器**では、なぜいまだに国家は核兵器に頼ろうとするのかを、米国の核抑止力に依存する北大西洋条約機構（NATO）、アジア太平洋地域で領土問題などの紛争要因を抱える中で核・ミサイル開発が伝えられる中国、核保有国イスラエルの存在とイランの核開発疑惑で揺れる中東、そして核実験・ミサイル実験を強行する朝鮮民主主義人民共和国（北朝鮮）を題材に考える。

なぜ欧州の核兵器はなくならないのか。**第5章 欧州の安全保障とNATOの核政策**の冒頭、**倉科一希**はこの問いを掲げ、西欧への核配備はもともと旧ソ連の脅威への対抗という目的だけではなく、米国の優位への西欧諸国の不満や、西欧諸国間の競争、あるいは旧西独への不信なども反映しており、旧ソ連圏ニ対抗する安全保障策であっただけでなく、米欧関係や西欧内部の国際関係を調整する機能も果たしていた、と指摘する。

その上で、冷戦終結後20年以上経過した今日、ウクライナ危機などの影響でNATOとロシアの関係は必ずしも安定せず、欧州諸国にとり、核抑止力を含む米国の安全保障上の重要性は低下していないとし、欧州における核兵器体制に、核戦力の急激な削減などの大きな変化は起こりにくいことを示唆している。

急速な経済成長を背景にアジア太平洋地域で急速に存在感を高めつつある中国については、**第6章 中国の核政策**で茅原郁生が分析している。まず、習近平政権にとり核戦力が大国の威信の象徴であり、中国は米国を最大の脅威と捉

えてアジアからの米国勢力の排除を目指している、と指摘する。そして中国の安全保障観の根底には19世紀のアヘン戦争で敗北し半植民地化された屈辱の体験があるとし、冷戦時代に米ソから核の脅迫を受けた経験などから、対米抑止力の手段、大国の地位の象徴、国威発揚、さらには国際政治における圧力手段として、核兵器を開発してきたと見る。

その上で、21世紀を迎えて経済大国となった今、中国は責任ある大国としてミサイル開発を中止し、国際協調路線に転じ、国際的な核軍縮・不拡散に協力すべきだと促している。

一方、国際的緊張と紛争が恒常化し、核戦争勃発の可能性も含めた核の脅威と隣り合わせにあるのが中東である。**第7章　中東の核問題と紛争で吉村慎太郎**は、イスラエルの核問題が中東の核問題の根幹にあるとして、イスラエルと核の歴史を振り返る。建国以来の課題であるホロコーストの再現阻止の目標達成のため、フランスの支援で核開発に着手する。1973年の第4次中東戦争時には核弾頭20発を所有していたが、不利な戦局に追い込まれ、核兵器使用の準備までしたという。その一方でイスラエルは、核兵器を所有しているとも、していないとも公式に認めない「曖昧政策」を一貫して取り続けた結果、核戦争の勃発を警戒する米国からの支援を引き出すと同時に、パレスチナ住民の根強い抵抗運動に直面している。

中東におけるもう1つの核問題はイランの核開発疑惑である。王政時代の50年代に米国の支援で原子力開発に着手したイランは、79年のイスラム革命後、一時それを放棄するが、90年代にロシアとの契約により原子力発電所の建設を開始し、その後ウラン濃縮活動に乗り出すが、2000年以降、欧米各国や国際原子力機関（IAEA）から軍事目的ではないかとの疑惑を持たれ、制裁を課せられるに至った。イランとP5＋1（安保理常任理事国とドイツ）とのたび重なる交渉を経て15年、問題はようやく解決の方向に向かっている。

こうした中東の核問題の経緯を踏まえつつ、吉村は戦後処理の過程でイスラエルの核兵器開発や膨張主義、パレスチナ攻撃に甘い態度を取り続けてきた欧米諸国の態度を問題視する。イスラエルに「免責特権」を与える欧米や国際社会に抗議しようと過激な武装勢力やテロ組織が現れても「不思議ではない」と

指摘し、「イスラム国」もその１つだという。だが、それが更なる混迷を生み、イスラエルの核兵器使用の可能性やイランの核兵器開発の可能性へとつながる。こうして中東の将来は「今や限りなく危険」だと吉村は警告する。

中東以上に危険な状態にあると見られているのが、16年１月に４度目の核実験を強行し、その後も弾道ミサイル実験を繰り返している北朝鮮である。**第８章　北朝鮮の核開発**で孫賢鎮は北朝鮮の核開発の全体像を分析する。それによると、北朝鮮が核開発に乗り出すきっかけは朝鮮戦争であり、89年以降のソ連・東欧の共産主義政権の崩壊が拍車をかけたという。開発の意図は、当初は韓国に配備された米国の戦術核への対抗だったが、その後、国内体制固めや、「核カード」による体制保証の確保、米国を交渉の場に引き出す狙いなども加わった。プルトニウム製造施設やウラン濃縮施設、核実験場などを有し、約3000人の技術者や専門家が核開発に従事しており、推定の幅はあるが、核兵器６〜18個程度の核兵器の製造が可能なプルトニウムを保有していると見られる。

北朝鮮の核開発に対しては、91年に韓国と北朝鮮の間で署名された朝鮮半島非核化共同宣言、2006年以降、ミサイル実験や核実験のたびに採択された国連安保理決議、あるいは６カ国協議により、解決が図られてきたが、いずれも十分には機能していない。とりわけ米朝間の対立が解決を困難にしている。すなわち「北朝鮮の核施設・能力の完全かつ検証可能で不可逆的な廃棄」を求める米国と、「対北朝鮮敵視政策の中止と平和協定の締結、不可侵宣言、核放棄の見返りの経済保障」を求める北朝鮮の姿勢の食い違いである。

だが、北朝鮮の核問題の解決には、北朝鮮の核放棄が大前提であり、そのためにも北朝鮮に「核保有を継続すれば体制維持が難しいことを認識させ」「北朝鮮への圧力と制裁を強化し」「交渉のテーブルに引き出さねばならない」。国際社会に時間の猶予はない、と孫は危機感とともに述べる。

４　「核兵器なき世界」の実現に何が必要か

核兵器のない世界を目指す道筋として、考えられる手段はいくつかある。１

つは、核兵器の数をゼロにすること。いわゆる核兵器廃絶である。そのためには核兵器を削減する必要があるが、その方法をめぐっても、期限を決めて廃絶すべきだという考えもあれば、段階的に少しずつ、現実的に広げていくという考えもある。

もう1つは、地域ごとに非核兵器地帯を作り、それを広げていって最後は地球全体を覆う、という考えである。すでに地球上には、中南米、南太平洋、東南アジア、アフリカ大陸、中央アジアに非核兵器地帯があり、モンゴルも1国で非核地位を宣言しているほか、南極大陸も軍事利用できないので非核化されている。

さらに、1990年代以降に広がっている考え方に、核兵器の非合法化がある。核兵器の法的禁止、あるいは核兵器禁止条約と呼ばれることもある。この考えは特に2010年前後から市民社会や非核兵器国の間で急速に広まっており、それを支える論拠に核兵器の非人道性を挙げているので、「人道的アプローチ」あるいは「非人道性アプローチ」と呼ばれることもある。

第Ⅲ部 「核兵器なき世界」を目指してでは、こうした核兵器のない世界の実現を目指す上で、何が必要なのかを考える。その際、3つの問題を取り上げる。1つは、最初の核兵器開発国であり、唯一、核兵器を実戦で使用した国であり、いまもなお世界最強の核兵器国である米国の社会がいかなる核兵器観を持っているのかということである。2つ目は、国家がすでに保有した核兵器や、核兵器開発を手放すにはいかなる条件が必要か、という問題である。3つ目は、現在盛り上がっている核兵器の法的禁止を求める市民社会の動きである。

米国社会の核兵器観をめぐる問題に関しては、米国人研究者として米国の核文化を研究している**ロバート・ジェイコブズ**が**第9章 米国社会とヒロシマ**で興味深い考察をしている。それによると、米国民はいまだに核兵器に正直に向き合っておらず、そのことが核兵器廃絶に取り組むことを阻害しているという。

まず、原爆投下を指示したトルーマン大統領は投下後、広島を軍事拠点だと強調し、一般市民の犠牲者が大勢出たことは極力隠すことで、世論を誘導し

た。その結果、原爆は米国民にとり「戦争を終結」させ「人命を救出」した偉大な勝利の物語となった。その一方、ヒロシマという言葉は、2つの意味で米国世論に誤ったイメージとともに理解された。1つはヒロシマが、ソ連の核攻撃を受けて米国に出現するであろう廃墟を指す言葉になったこと。もう1つは、広島の被爆女性を外科治療のため米国に招待する事業の招待者らが、日本では「原爆乙女」と呼ばれたのに対し、米国ではメディアで連日「ヒロシマの乙女」として報じられ、ヒロシマは、やけどで傷ついた被爆者の物語としてではなく、彼女たちに救済の手を差し伸べる米国人の善意の物語として語られた。

　こうしたイメージ操作の結果、米国ではヒロシマは、原爆を投下して大勢の市民を殺傷した戦争犯罪を示す言葉ではなく、将来の核戦争による廃墟を意味する言葉となり、皮肉にもそれを防ぐために核武装する根拠として言及されているとジェイコブズは指摘する。米国社会において、広島の被爆体験が示す核兵器の非人道性や危険性が正しく認識されることは、国際社会全体で核兵器のない世界を目指す上で、極めて重要であろう。

　次の問題は、国家はいかなる条件で核兵器や核開発計画を放棄するのか、であり、**第10章　核兵器廃棄の条件**で**国末憲人**が過去の事例に照らし合わせて論じている。まず核兵器を製造しながら廃棄した唯一の例として南アフリカを取り上げ、核兵器廃棄を可能にした条件として、①東西冷戦の緩和による隣国アンゴラからのキューバ軍の撤退で脅威が減少、②NPTへの加盟による国際社会への復帰でアパルトヘイト時代の制裁の解消、③アパルトヘイト体制という旧体制の消滅、を挙げている。さらにリビアの核兵器計画廃棄についても、緊張緩和など国際環境の好転が影響した。

　一方、南米の大国ブラジルとアルゼンチンは第2次世界大戦後から原子力開発を進め、80年代にはともに核兵器開発計画を持っていたと見られるが、90年代には計画を放棄してNPTに加盟した。その背景として、両国ともに80年代に軍事独裁から民政に移管して国際協調に転じたことと、国際的な核不拡散体制からの圧力が有効に働いたことが指摘できるという。

　冷戦終結により旧ソ連の核兵器を継承したウクライナは一時、「核保有国」

を主張したが、米ロの圧力や財政悪化の中、94年に米ロ英と「ブタペスト覚書」に署名して核兵器を手放した。覚書は、ウクライナが非核国としてNPTに加盟すれば米ロ英はウクライナの独立や主権、国境を尊重する内容である。

　以上の事例から国末は、安全保障環境の好転、強固な核不拡散体制、指導者の強力なリーダーシップ、そして核武装か否かを冷静にコスト計算できる冷静な議論ができるかどうかが重要であることを示唆する。

　核兵器のない世界を目指すには、市民社会の支援が不可欠である。とりわけ国際的に機運が現在盛り上がっている、核兵器禁止条約あるいは核兵器の非合法化を目指す動きは、当初から市民社会と連携してきていることを、**第11章 核兵器の法的禁止と市民社会**で中村桂子が論じている。

　その流れの出発点は、96年に出された核兵器の違法性に関する国際司法裁判所（ICJ）の勧告的意見を導いた「世界法廷プロジェクト」であり、97年には３つの国際NGOが連名で「モデル核兵器禁止条約」を発表した。こうした動きが2008年の潘基文（パン・ギムン）国連事務総長による核兵器禁止条約を含む核軍縮５項目提案につながり、12年のスイス、ノルウェーなどによる核兵器の非合法化を念頭に置いた「核兵器の非人道性に関する共同声明」につながった。この声明への賛同国は05年には150カ国以上に増え、この間に核兵器の非人道性に関する国際会議も３度開かれた。３回目の会議の開催国、オーストリアは核兵器の法的禁止の議論を促す「オーストリアの誓約」（その後、「人道の誓約」と改称）という文書を各国に送付して同意を求めた。

　こうした動きの中で開かれた15年NPT再検討会議は、核兵器国と非核兵器国との間で、中東問題に関する意見の不一致などから最終文書が採択されず失敗に終わったが、法的禁止を求める議論はさらに発展している。15年の国連総会で、NPT第６条にある「核軍縮実現のための効果的措置」として核兵器の法的禁止について議論する公開作業部会の設置を求める決議を、オーストリアやメキシコなどが提案し、採択された。これを受けて16年２月と５月に、ジュネーブの国連欧州本部で国連公開作業部会が開催された。８月にも開催される予定だ。

　核軍縮の今後の議論は、核保有国および核の傘の下にいる非核兵器国が求め

る段階的な核軍縮のアプローチと、市民社会および大半の非核兵器国が求める核兵器の法的禁止を目指す非人道性アプローチに二分されつつある、と中村は指摘し、国連公開作業部会での議論に期待するとともに、日本政府の果たす役割がますます重要だとし、日本の市民社会にとってもこれからが正念場だと述べる。

5　被爆国日本の核政策の変化

第11章の最後に中村がごく短く日本政府の役割に言及したが、そのテーマを取り上げるのが**水本和実**による**終章　被爆国日本の役割**である。

日本の核政策には非核政策、核の傘に依存する安全保障政策、原子力政策、そして核軍縮外交があるが、9.11同時多発テロ以降の15年間で最も大きく変化しつつあるのが安全保障政策であろう。『防衛白書』を見ると、脅威の対象の筆頭の国が03年以降、中国となる一方、国際社会の課題にはほぼ継続して国際テロが挙げられており、最近2年間は平時でも戦時でもないグレーゾーン事態にあるという。

こうした認識を背景に安全保障体制を大きく変更したのが12年12月に成立した自民党政権の第2次安倍内閣で、13年12月に国家安全保障会議（NSC）を米国のNSCになぞらえて発足させると、安全保障政策の根幹となる文書を57年以来続いていた「国防の基本方針」から、わずか3カ月の準備期間で13年12月に「国家安全保障戦略」（「戦略」）に変更した。高まる中国への脅威認識を背景に、「戦略」では「米国の拡大抑止は不可欠」と位置付け、核の傘への依存構造は強められた。

非核政策の土台となる非核3原則自体は国是のままだが、「核兵器を作らず」に関しては日本のプルトニウム蓄積が14年末に47.8トンに達し、核武装目的ではないかとの疑念を持たれかねない。「核兵器を持ち込ませず」に関しては、過去の持ち込み疑惑を外務省が調査して10年に結果を発表し、疑惑を一部認める内容だった。米国の核抑止力への依存が高まる中で、万一アジア太平洋地域での戦術核兵器の役割が再浮上すれば、持ち込み疑惑が再度懸念されるか

もしれない。

　原子力政策に関しては、プルトニウムの蓄積をもたらす核燃料サイクルをどうするのかが課題だ。福島第一原発の事故後、民主党野田内閣は12年に2030年代の原発稼働ゼロを目指すとしたが、自民党第2次安倍内閣は14年にあっさり方針を覆した。原発の再稼働の是非および核燃料サイクル維持の是非が問われている。国内で問題視されている原発の輸出に第2次安倍内閣が接虚構的であることも、核不拡散・核軍縮の視点から見て疑問である。

　核軍縮外交では、核兵器の非人道性に基づく法的禁止を求める動きに日本政府は一線を画し、非核兵器国と核兵器国の両方を「触媒」する役割の重要性を強調しているが、その実効性が問われている。一方、広島出身の岸田外務大臣が14年4月のNPDI外相会合以降、提唱している世界の政治指導者への被爆地訪問の呼びかけは、被爆地の市民からも支持され、16年4月のＧ7広島外相会合ではケリー米国務長官をはじめ米英仏の外相が初めて広島を公式訪問した。

　こうした岸田外相の被爆地外交の集大成として、オバマ米大統領の広島訪問が位置付けられており、被爆地の自治体も被爆者も市民も注目する中、5月27日に大統領の広島訪問は実現した。

　これら核4政策は、依然それぞれが単独で存在し、時に矛盾を抱えながら併存する構造が続いている。これらを調整しつつ、最終的に核兵器のない世界に近づくべく努力することが、日本に課せられた役割であり、政府、自治体、市民社会、実務家、研究者およびメディアなどの協力が求められている。

第Ⅰ部

武器の国際レジームと法的枠組み

第1章

武器の進化と国際平和

吉川　元

1　武器の進化と戦争様式の変容

　なぜ武器はなくならないのか。なぜ核兵器はなくならないのか。戦争への備えに軍事力が必要とされる国際政治の仕組みがあるからであろうか。戦争は何を目的に戦われるのか。そもそも戦争とは何か。

　19世紀前半にプロイセンの将軍クラウゼヴィッツの『戦争論』（1832年）の中に、戦争とは「他の手段による政治の継続にほかならない」という有名な一節がある（柘植 2005：39-40）。国際人道法の起源として知られるサンクト・ペテルブルク宣言（1868年）の中に、「文明国間の戦争」の唯一の正当な目的は「敵の軍事力を弱めること」という一節がある。不戦条約として知られるケロッグ・ブリアン条約（1928年署名）では、「国際紛争の解決のために戦争に訴えること」を禁止し、「国家の政策手段としての戦争」の放棄を誓っている。戦争放棄条項として知られる日本国憲法第9条は「国際紛争を解決する手段」としての戦争を放棄したことは、これまたよく知られるところである。このように戦争とは、国際紛争の解決の最終手段としての国家による武力行使とみなされていた。しかし、こうした戦争観は、はたして今日でも通用する戦争観であろうか。

　近代の戦争は、軍隊を管理する官僚機構の発達、軍事技術の革新、および国民を戦争に動員するイデオロギー、の3つの要因によって可能になった（Townshend 2000：3-19）。中でも軍事技術の革新は近代戦争から現代の戦争に至るまでその戦争様式の変化に多大な影響を及ぼしてきた。そこで19世紀後半

から今日に至るまでの戦争様式の変化を軍事技術の進歩という視点から通観してみよう。

　19世紀半ばから産業革命の影響で軍事技術は急速な進歩を遂げ、それに伴って軍事的に優位に立った欧州列強は資源確保および領土拡張目的の帝国主義戦争を始める。しかも軍事技術の進歩が国家間の軍事力格差をもたらすようになったことから、軍事同盟による勢力均衡を図ろうとする国際関係の構造が形成されていった。戦争の機械化と軍事同盟の成立によって来る戦争は大規模かつ多国間戦争になるのは必至であった。戦争の機械化が進むと戦争が総力戦になるのも必至であった。そして第1次世界大戦が勃発した。同大戦を機に内燃機関が発達し、軍艦、軍用機の開発競争に拍車がかかる。第2次世界大戦では制空権の支配が戦争の勝敗を決するようになり、同大戦末期の広島・長崎への原爆投下を機に核兵器の開発競争が始まった。冷戦期には大国間の戦争は発生せず、侵略戦争が減少する一方、内戦が頻発するようになる。冷戦が終結すると国境の壁が低くなったことも手伝い、アイデンティティ政治の延長である新しい種類の戦争が発生し、同時に人道的干渉が復活する。武器の国際移転は続き、核兵器の全廃はいまだに実現していない。

　本章の目的は、第1に、軍事技術の革新によってもたらされた戦争の機械化が及ぼした戦争様式の変化、および国際平和秩序の変化について考察することにある。第2に、通常兵器も核兵器も廃絶されない原因の1つを軍事技術の発達によってもたらされた、軍事化された国際関係構造に求めることにある。こうした問題関心に基づき、次の第2節で、軍事技術の革新によって戦争の機械化が進む過程を鉄道の軍事利用と機関銃の実用化を中心に考察する。また西欧列強が植民地戦争に勝ち進み、アジア・アフリカの植民地化に向かう背景を戦争の機械化の視点から論じる。第3節では、戦争の機械化が戦争の制度化を進める過程を明らかにするとともに、武器の進化によって戦争が総力戦に発展する過程を論じる。第4節では、核兵器の開発による「恐怖の均衡」の下で形成された消極的平和秩序の仕組みと、軍産複合体が核開発および通常兵器の拡散の担い手となり軍事化されていく国際関係構造、および消極的平和秩序の下で発生する内戦ならびに冷戦の終結直後から発生した「新戦争」の特徴を明らか

にする。そして最後の第5節では、国際平和と人間の安全保障を両立させる方策として安全保障共同体の創造を提案する。

2　戦争の機械化

1　軍事技術革命

　19世紀半ばまでは戦争の季節も規模も限定されていた。農民を軍に徴用できる季節は限定されるし、雨季は道路事情が悪く軍隊の移動に適さず、冬場は寒さと食糧調達の困難さ故に戦争には不向きだったからである。ところが19世紀後半になると産業革命の影響で戦争様式を一変させるほどの軍事技術革命が起こる[1]。軍事技術革命がもたらした武器の進化および戦争の機械化が、西欧列強に帝国主義戦争を戦い、アジア・アフリカの植民地化を可能にしたのである。

　19世紀後半に始まる戦争の機械化とは、第1に、大量の兵士を一瞬にして殺傷する能力のある機関銃、射程距離と破壊力を飛躍的に伸ばした長距離砲などの重火器の発達を意味する。第2に、軍艦、戦車、戦闘機など内燃機関を搭載した兵器の開発および鉄道に象徴される物資の大量運搬手段の発達とその軍事利用を意味する。第3に、情報通信技術の発達による軍事作戦面での革命的変化を意味する。馬で数日を要する距離を通信技術の発達で瞬時に命令を伝えることが可能になった。その結果、遠方への複数の部隊の展開、遠方への艦隊の派遣のみならず、部隊間の軍事作戦の調整や作戦の指揮命令が可能になった。

　19世紀半ばまで欧州は、非欧州世界に対して軍事的に決して優位に立っていたわけではない。ところが産業革命の結果、欧州諸国は工業化に不可欠な石油、鉄、ゴムなどの資源を求めてアフリカ、アジア・太平洋諸島へと進出していった。加えて軍事技術革命の結果、軍事的に優位に立つことになった西欧列強は「文明化」を口実にアジア、アフリカ各地で植民地戦争を展開し、これらの地域で植民地支配を確立した。機関銃を含む重火器の進化、鉄道の発達、および通信技術の発達によって、季節を問わず、いつでも、どこへでも長期間、侵略戦争を行うことが可能になったからである。そこで次に鉄道の発達と機関銃の実用化が植民地戦争や侵略戦争を可能にする背景を詳しく見てみよう。

2　鉄道の軍事利用

　1830年代以降、西欧諸国とアメリカで実用化された鉄道が国内市場の統一と国際市場の開拓に貢献するとともに、鉄道の軍事利用が戦争様式の変化に大きな影響を及ぼすことになった。『戦争の世界史』を著したW.マクニールによると、蒸気機関車は馬車の10倍の速度で輸送が可能で、列車一本の輸送力は馬車1000台分に相当したという（マクニール 2014：52-53）。鉄道の軍事利用で大量の兵士や武器を迅速かつ大量に輸送することが可能になり、兵站の確保も大幅に向上した。

　一方、鉄道の発達は戦争の原因にもつながった。軍用鉄道として史上最長のシベリア横断鉄道の敷設は日露戦争の一因となり、さらには後述するように南満州鉄道（満鉄）の権益確保を口実にした日本の対中国侵略戦争の一因にもなった。不凍港を求め南下政策をとるロシア帝国は、西の起点チェリャビンスクから東の起点ウラジオストック間の7600kmの距離を1カ月以内で結ぶシベリア横断鉄道の建設を計画し、1891年に両方の起点から着工した。かつて馬で2～3年も要した距離である（ウォルマー 2013：144-146）。シベリア横断鉄道の建設のきっかけとなったのが85年に完成するモントリオール・バンクーバー間のカナダ大陸横断鉄道である。完成すれば英国の極東進出が容易になることから、ロシアはそれを阻止するため極東のロシア海軍を補強する必要に迫られ、シベリア横断鉄道の敷設を計画したのであった。しかも91年、ロシアでは大規模な飢餓が発生したことがシベリア横断鉄道計画を後押しした。大量の人夫の雇用創出をもたらす鉄道建設に社会政策的な効果が期待されたからだ（小峰 2011：367）。

　日清戦争に勝利した日本は下関条約（95年4月）で中国から賠償金に加え、台湾、澎湖島および満州南端の遼東半島の割譲に成功した。ところが中国侵出を企んでいた欧州列強、中でもシベリア鉄道に着工していたロシアはフランス、ドイツと手を組み、日本に圧力をかけて遼東半島を中国に返還させた（三国干渉）。しかも同条約から半年も経たぬうちにロシアは満州北部の黒竜江省を横断する東清鉄道（北満鉄道）の敷設権を中国に認めさせた。さらに98年にロシアは遼東半島の租借権を中国から譲り受けて不凍港の大連・旅順を手に入

れ、ハルビンから大連・旅順に至る東清鉄道の南部支線（南満州鉄道）の敷設権も手に入れた。

　ロシアのこうした満州侵出に危機感を募らせた日本は1904年2月、旅順を攻撃して日露戦争を開始した。戦争に勝利した日本は、ポーツマス講和条約（05年）でロシアからサハリン（樺太）の南半分を割譲させるとともに、大連・旅順の租借権と長春以南の東清鉄道および付随する権益など南満州のロシア権益をそっくり継承した。その結果、日本は06年から東清鉄道を満鉄として経営に乗り出し、満鉄付属地の支配、警察の設置、石炭採掘、鉱工業の経営、貿易税の減免などさまざまな「特殊権益」を手に入れることができた。一方、遼東半島南端の関東州に設置された関東総督府の守備隊として編成された関東軍は、その後、満州の「特殊権益」を足がかりに日本の対中国侵略の先兵となり、やがて柳条湖事件を発端に本格的に中国侵略を開始した。このように鉄道の敷設は鉄道沿線の権益の維持・確保にとどまらず、領土拡張にも利用されたのである。

3　機関銃と植民地戦争

　戦争の機械化に重大な影響を及ぼしたのが機関銃の実用化である。槍や弓矢など原始的な武器による戦いでは、軍の規律および勇気、兵士の冒険心、士気、英雄的行為といった人間的な要素が勝敗の帰趨を決める。ところが機関銃など重火器の実用化と進化によって戦争の勝敗を分けるのは兵力の多寡や軍隊の士気から近代兵器とその進化を支える軍事技術力に代わっていった。

　クランクで操作するガトリング砲（毎分200発）、全自動の連射式重機関銃マキシム砲（毎分600発）が発明されたのは19世紀後半である。機関銃で武装した欧州列強の軍隊は非欧州世界での植民地戦争において圧倒的な優位に立つことになった。弓矢と槍で立ち向かう原住民の兵力は数の上では優勢でも、機関銃で武装した少人数の兵士にはかなわない。機関銃の威力を物語る例に、1898年9月2日、イギリス・エジプト連合軍がスーダンを侵略した際のオムドゥルマンの戦いがある。槍と刀、少数のライフル銃で武装したスーダンのデルウィーシュ人は、イギリス・エジプト連合軍の機関銃には全く歯が立たなかった。

たった 1 日の戦いでデルウィーシュ人の死者は 1 万1000人に上り、その数を上回る負傷者を出した。一方、イギリス・エジプト連合軍側の犠牲者数は48人であった（Tucker 2011：375-377）。『機関銃の社会史』の著者エリスは、機関銃が植民地戦争に導入されなかったらアフリカの植民地化は不可能だっただろうし、その後の国際政治の歴史もずいぶん変わっていたはずだ、と述べている（エリス 1993：25-26；280-281）。

3　戦争の機械化と戦争惨禍

1　戦争の制度化

　軍事技術の革新、中でも内燃機関の発明およびその兵器への搭載は戦争様式を根本から変えることになった。1880年代にガソリンエンジンが発明されたのを機に、航空機、戦車、潜水艦、高速艇などの動力源として内燃機関の開発競争が展開された（坂上 2005：121-126）。その結果、たとえば日露戦争の主要な兵器は蒸気機関を動力源とする軍艦、および騎兵と野・山砲が中心だったが、第 1 次世界大戦になると機関銃が主要な兵器となり、それに加え内燃機関を動力源とする戦車、潜水艦、軍用トラック、上陸用舟艇、航空機などが新たに登場した。

　国際社会が今ほど組織化されていない時代には、国際関係におけるパワー（power＝国力、勢力、影響力）とは軍事力を意味し、工業力、人口、地政学的要素もパワーの重要な構成要素であった。兵力が兵士の数や槍や刀など原始的な兵器を意味する限り、兵力の均衡は可能だろう。ところが戦争の機械化が進むにつれ勝敗を制するのはもはや兵力の多寡ではなく科学技術力や工業力の進歩の度合いが決定的な要因になる。その結果、パワーの構成要素における軍事技術の開発力、工業力および天然資源の比重が高まっていく。そして第 1 次世界大戦をきっかけに工業先進国は軍事技術の研究開発に力を入れるようになり、国力の強化および勢力均衡のために際限のない軍事技術の開発競争と軍備拡張の競争が繰り広げられることになった。特に近代兵器の開発で欧米諸国に後れをとっていた日本は、大戦中から戦後にかけて科学技術関連の研究機関を重点

的に設置し、理工系の高等教育の充実に努めたのである[2]。

　ところで戦争の機械化が進むと各国とも軍事予算を増大させる一方で、兵器の破壊力が増していったことから戦争の規制と戦闘の仕方の規則作りが求められるようになった。こうして戦争の非人道性の観点から、また戦争のルールの公正さを確保する観点から、戦争の制度化が進められていくことになったが、戦争の制度化は当時の戦争観の反映でもある。戦争はかつて正当なものと不当なものに分けられ、正当な理由を持つ戦争を合法とみなす正戦論が優勢な時代があった。ところが、19世紀に入ると戦争を国家主権に属す権利とみなし、国際法を順守する限り合法であるとする無差別戦争観が支配的になる。この戦争観の下で西欧社会は戦闘方法、交戦国の国民の財産の保護、および非戦闘員の保護、中立国の権利・義務などを定めた戦時国際法（戦争法）を確立していった。各国の陸軍および海軍の士官学校で戦時国際法および共通の軍事戦略と戦術が教えられ、各国とも共通の軍事教練を実施し、武器の平準化を進めていった。こうして戦争はホルスティが指摘するように「制度」として確立されていったのである（Holsti 2004：280-281）。

　戦時国際法の発展の一大契機となるのが２度にわたって開催されたハーグ平和会議である。第１回ハーグ平和会議（1899年）は軍縮を検討するためロシア皇帝ニコライⅡ世の呼びかけで開催された。それは工業化に遅れ、軍拡競争が大きな財政負担となっていたロシアが経済的な理由からどの国よりも平和を希求していたからである。第１回ハーグ平和会議では、会議の主要目的である兵力削減や軍事費削減に関して何ら合意に達しなかった。代わりに国際紛争の平和的解決を規定した国際紛争の平和的処理条約、陸戦の法規・慣例に関する条約など３つの条約と毒ガスの使用禁止、ダムダム弾の使用禁止など３つの宣言が採択された。第２回ハーグ平和会議（1907年）では、先の平和会議で採択された３つの条約の改正に加えて、開戦に関する条約など新たに10の条約が採択された。

　こうして20世紀初頭に法典化された戦争に関する法規の注目すべき特徴は、戦闘では一般市民を巻き込んではならず、攻撃・砲撃は軍事目標に限定する軍事目標主義にあった。たとえば陸戦の法規慣例に関する条約の付属書である陸

戦の法規慣例に関する規則では、無防備の都市、村落、住宅または建物への攻撃または砲撃が禁止される（第25条）など、地上の戦闘の攻撃は軍事目標主義に徹しなければならないことを取決めている。

2　総力戦

　戦争の機械化が進むと戦争は総力戦になる。兵器の生産に労働力を必要とし、しかも予想される近代兵器の破壊力の大きさからして、戦争を正当化し、戦争に耐え、戦い抜くために国民の支持と協力を必要とする。戦争の準備に向けて国民の総動員体制が整えられ、いったん戦争が始まれば非戦闘員を武器の製造に動員するために戦争は前線と銃後の区別のない総力戦へと発展していくのは必定であった。

　第1次世界大戦で明らかになるが、植民地戦争で威力を発揮した機関銃は「文明国間の戦争」の様式をも変えてしまった。機関銃で武装した軍隊同士の戦闘は塹壕戦の様相を呈して長期化する。4年に及ぶ長期戦になった第1次世界大戦の戦死者は1500万人に上るが、戦死者の内訳は戦闘員が850万人に対し、非戦闘員の犠牲者は660万人に上った（White 2012：344-358）。戦争の機械化が惨禍の拡大をもたらしたのである。

　第2次世界大戦では内燃機関の発達に伴い戦闘機、長距離爆撃機、ミサイル、航空母艦、レーダー、潜水艦など近代兵器が開発され、制空権の支配が戦争の勝敗の帰趨を制するようになった。先の大戦にもまして婦女子、少年を含む非戦闘員（一般市民）が軍需産業に動員された。兵器の破壊力が増したことから、戦争の惨禍は甚大で、第2次世界大戦の犠牲者は6500万人に上った。その内訳は、戦闘員の犠牲者は2000万人であり、残りの4000万人以上の犠牲者が非戦闘員であった（White 2012：400）。非戦闘員の犠牲者の増大をもたらした一因が無差別爆撃である。空からの爆撃では軍事施設と市街地を区別することは困難で、一般市民が空爆の巻き添えになったとの説明は一面、正しい。しかし、一般市民に対する爆撃は戦略的に行われた面もある。総力戦は非戦闘員の協力なしには遂行できず、戦争を支持する国民の士気を維持せねばならない。それ故に敵国の労働力を削ぎ、敵国民の士気を削ぐために敵国の一般市民を無

差別爆撃の標的にしたのである。

　無差別爆撃は日中戦争中の38年12月の日本軍による重慶爆撃に始まる（前田 2006）。欧州ではドイツ軍のベオグラード爆撃（41年4月6日）、スターリングラード爆撃（42年8月23日）など、いずれも数万人規模の犠牲者を出した。一方、戦況が連合国に有利になるにつれ、連合国の対独、対日無差別爆撃も激しさを増した。英米中心の連合国の対独空爆ではドイツの大中都市の大半が破壊され、30万人から60万人の一般市民が殺戮されている（Rummel 1994：202-203）。中でも45年2月13日～14日にかけて行われたドレスデンへの無差別爆撃では10万人以上の一般市民が犠牲になった。

　米軍による日本の都市への無差別爆撃も、情け容赦なかった。無差別爆撃が本格化する44年11月から終戦までの間に米軍は日本の66主要都市を爆撃し、被災者920万人、死者推定35万人、負傷者42万を出した（毎日新聞社 1975：12）。米軍の無差別爆撃は、一般市民を標的にしたものであったことは、木造家屋が密集する都市を焼き払うために焼夷弾を開発し、投下したことからも明らかである。45年3月9日～10日にかけて行われた東京大空襲では、一夜にして10万人以上の市民が犠牲になった。極めつけは広島と長崎への原爆投下である。1発の原子爆弾によって広島ではその年内だけで14万人、長崎では7万人の命が奪われ、その多くが一般市民だった。これは軍事目標主義に徹するはずの近代の戦争規範が崩れ去ったことを意味する。

4　核時代の平和

1　「恐怖の均衡」による平和

　軍事技術の革新とそれに伴う戦争の機械化の進展は国際平和秩序の変容にも影響を及ぼした。第2次世界大戦が終結する1945年以降、国際法上の手続きに基づく正規の国際戦争は発生していない（Watt 2003：21）。工業先進国間でも核保有国間でも国際戦争は発生していない。つまり、冷戦期は、少なくとも工業先進国間には冷戦期特有の平和が維持されたのであった。その冷戦期特有の平和とは、「恐怖の均衡」に基づく平和であり、「消極的平和」である。

第Ⅰ部　武器の国際レジームと法的枠組み

　第2次世界大戦末期の45年8月、広島と長崎への原爆投下は核時代の幕開けであった。49年8月、ソ連が原爆実験に成功し、52年11月、アメリカが水爆実験に成功し、翌53年8月、ソ連が水爆実験の成功を発表する。その後、イギリス、フランス、中国と続く核兵器の開発およびその後の核開発競争は、来る世界大戦が核戦争になることを予期させるのに十分であった。しかも、国際社会が米ソ二大陣営に分かれ、それぞれが核武装して対峙する核時代の到来は、従来の国家安全保障戦略を根本から問い質す契機でもあった。核弾頭の運搬手段（ミサイル）の発達によって国防上、地勢や距離が相対化され、伝統的な国家安全保障政策や国境防備が無意味な時代になった。米ソ間で核戦争が始まれば軍や国民を総動員する時間もその必要もない。わずか数十分後に突入してくる無人の核ミサイル攻撃に対してどれだけ通常兵器を開発し蓄えようとも、国民を総動員しようとも、無力である。核攻撃は即時大量殺戮の戦争を意味するからである。しかも核戦争で破滅するのは米ソ核戦争の当事国だけではない。「核の冬」により人類が滅亡するはずである。このことは核戦争というものが政治・経済的目的を達成する手段とはなり得ず、クラウゼヴィッツ流の戦争観がもはや通用しないことを意味する。こうして核兵器の誕生によって「総力戦の時代が終焉」したのである（Sheehan 2010：55-56）。

　核兵器がそれほどまでに恐ろしい兵器であれば、廃絶してしまえばよいではないか。誰もがそのように考えるだろう。だが核大国は核兵器の開発競争に明け暮れるのみならず、通常兵器の開発にもしのぎを削る。なぜ核兵器は廃絶できないのか。なぜ通常兵器は廃絶できないのか。そのことを考える上で、本来、軍備には2つの機能、すなわち実戦用の機能と戦争抑止用の機能とがあることに注目してみよう。戦争抑止の機能とは、対立する国家（集団）間で勢力の均衡を保ち、互いに勝算の見込みがないことや、攻撃すれば確実に報復を受けるという脅威を認識させることで戦争を抑止しようとする機能を意味する。核兵器はこれら2つの軍備機能のうち、主として戦争抑止の機能のみに特化して開発された兵器であると考えられ、そうした考えに基づき核戦略が組み立てられてきた。すなわち核兵器の開発目的は相互確証破壊（MAD）戦略に基づく核抑止力の保持にある。MAD戦略に基づき、互いに防御を手薄にした上で、

攻撃用戦略兵器の弾頭数の均衡を確立して「恐怖の均衡」による平和維持を目指すのが冷戦期の核戦略論である。核兵器は使用してはならないが、さりとて廃絶する訳にはいかない。「恐怖の均衡」による脆き平和であろうと、それを保つためには核兵器は必要な武器であるとの考え方が核開発競争の背景にあるからだ。

2　消極的平和とその背後で

　米ソ間で核戦力の均衡（parity）が確立され「恐怖の均衡」が保たれるようになると、核戦争を回避し、政府間の友好関係を維持することが平和政策の第一義的な課題となる。その結果、主権平等、内政不干渉、人民の自決権など主権国家の国境の壁を限りなく高くする諸原則で支えられる消極的平和秩序が形成されることになった。それが「恐怖の均衡」に基づくものであれ、半世紀近くも国際平和が続いたことは多としよう。ところが冷戦期の「恐怖の均衡」による平和の下で西側諸国と社会主義諸国およびアジア・アフリカの新興独立国の間では対照的な平和観が形成されたことにも注目してみたい。

　植民地の独立が実現し、人民の自決権が保障され、国境変更も民族の分離独立も認めない領土保全原則が国際規範となり、自由貿易体制が確立されると、侵略戦争は姿を消した。先述の通り、核時代には総力戦は想定され得ないことから、総力戦に備えるための国家総動員体制も不要となる。このため西側諸国は、国家の安全保障を米国の「核の傘」に依存し、自由主義社会を存続させることが可能であった。

　一方、社会主義諸国やアジア・アフリカの途上国では、国際平和は必ずしも自由と人間の安全を保障し得ない消極的平和であった。消極的平和とは、人権問題、民族問題、民主化問題など国家の統治システムに起因する諸問題を国際社会が問い質さないことを前提に政府間の友好関係によって維持される平和を意味する。民主的な統治基盤が確立されず、領土的一体性も確立されていない、いわゆる脆弱国家は、国家安全保障上、外部脅威と内部脅威に備えなければならず、それ故にこれらの国は国内の統治を安定させるためにも国際平和を希求したのである。しかも、一党独裁国家や権威主義国家では人民の自決と内

政不干渉原則で支えられた平和を隠れ蓑に権力の専横によって一般市民に対する著しい人権侵害が行われ、反体制派の人々、あるいは分離独立を志向する民族マイノリティが政府権力による民衆殺戮の犠牲になった（吉川 2015：229-285）。20世紀の民衆殺戮の犠牲者数は戦争犠牲者数をはるかに上回るという（Rummel 1994：1-28）。著しい人権侵害や民衆殺戮など人道的危機の発生は、消極的平和の代償である（吉川 2015：256-269）。核時代の国際平和とは、必ずしも人間の安全保障には結び付かない脆きかつ危き平和であった。

3　国際関係の軍事化

ところで近代兵器の開発、とりわけ核兵器の開発は、冷戦期特有の平和秩序の形成に寄与するとともに、国際関係構造の変容において、特に軍事同盟の変質および国際関係の軍事化の2つの次元において大きな変化を及ぼした。まず軍事同盟の変質について見てみよう。軍事同盟の目的は勢力（軍事力）均衡による平和維持にある。第2次世界大戦後の国際社会では、東西イデオロギー対立を反映した政治同盟の色彩の濃い2つの軍事同盟が対峙する。それは米ソ両軍事超大国を頂点に核兵器の傘下に形成された2つの覇権的な国際秩序であったが、同盟の形成に先手を打ったのは西側諸国である。共産主義の膨張に対抗するために欧米諸国は1949年、国連憲章第51条に則った初の集団的自衛目的の軍事同盟である北大西洋条約機構（NATO）を設立した。それに対抗して55年にはソ連がワルシャワ条約機構（WTO）を設立し、これを機に2つの軍事同盟が対峙する冷戦構造が出来上がる。冷戦は主権国家モデルの国際正当性を競う対立であり、それ故に国家体制の安全保障が両軍事同盟の安全保障戦略の要となった。しかも同盟の事務局および統合軍司令部を中心に同盟の組織化が進み、その結果、国際機構化した同盟の寿命は長くなる傾向にある（WTOは91年7月に解散）。こうして同盟関係は集団的自衛の軍事同盟のみならず国家体制安全保障を目的とする政治同盟として固定化されていった（吉川 2015：244-255）。

次に国際関係の軍事化について見てみよう。東西イデオロギー対立に核時代の到来が重なると、2つの陣営の枠外に軍事援助を梃にした軍事的な2国間関係の輪が放射線状に広がっていく。熾烈な核兵器開発競争が始まると、軍と民

間が共同で軍事技術開発に取り組むようになり、その結果、航空機産業や自動車産業などの工業先進国の基幹産業が軍需産業に発展し、ここに軍産複合体が生まれる。そして近代兵器の開発・製造は高度な軍事技術を持つ工業先進国の特権となり、特に核兵器の開発と製造は国連安全保障理事会の常任理事国5カ国の特権と化していった。一方、近代兵器の生産能力のない途上国は武器輸出国の顧客となり、その結果、武器輸出国と輸入国との間に武器移転および軍事援助で結ばれる軍事化された国際関係が形成されていった。こうして核時代の国際関係の基本構造は、主権平等とは程遠い、軍事的な主従関係で結ばれる国際関係となったのである。

　軍事化された国際関係の構造には、多層にわたってその関係を結び付け、軍備競争を支える軍備の政治的機能が基調にある。坂本義和は冷戦末期の1988年に著した書物の中で、世界の軍備体系を全体として1つの大きなシステムと捉え、5つのレベルで軍備体系がそれぞれ特有の政治的機能を営んでいると論じている。第1に、主として米ソ両超大国における軍産複合体の機能である。全世界的な軍備体系を支えているのが超近代兵器の開発と生産能力を有する、軍、産業界、官僚、学界などを含む権力複合体としての軍産複合体である。第2に、軍備競争の政治的機能である。米ソ間の軍備競争では、軍備が軍事的機能のみならず外交的、経済的、イデオロギー的な影響力の維持機能、および既得権益の維持・増大を目的とする政治的機能を営んでいる。第3に、軍備の国際移出（移転）網の機能である。これにより兵器は近代兵器の開発・生産国から自力で開発・生産できない国へと流れていく網の目が制度化され、その制度の1つが軍事同盟網である。第4は、途上国間の軍備競争の存在である。超大国の軍備が途上国に移転し、競争を煽ることで近代兵器の市場が開拓され続ける。そして第5に、軍事大国からの武器の移転が途上国の抑圧的な体制を維持する暴力手段として機能している（坂本 1988：7-13）。

　冷戦期には高度な軍事技術の開発競争が展開され、武器輸出は武器の開発能力を有する工業先進国によって独占されるようになる。これらの国は軍事援助を梃に輸入国との間で同盟関係を築き、軍備移出網の形成により、輸入国を政治的従属関係および技術的従属関係に基づく国際軍事化構造に組み込んでいっ

たのである。

4　戦争の脱国際化

　冷戦期から冷戦終結後の今日にかけて侵略戦争が減少する一方で、戦争の様式は内戦や「新戦争」(カルドー) に象徴されるように脱国際化傾向にある。統治能力の弱い脆弱国家で発生する傾向にある内戦は、人民の間で統治権をめぐって戦われる統治紛争と、民族の統一や分離独立をめぐって戦われる民族（エスニック）紛争の2つに分類される。また東西イデオロギー対立を反映してベトナム戦争に見られるように内戦の一方の当事者を支援する大国による干渉戦争も発生している。

　一方、冷戦の終結直後に起きたユーゴスラビア戦争、ソ連のナゴルノカラバフ戦争、グルジア戦争、冷戦の終結から今日に至るまでアフリカ各地で発生している戦争、あるいは近年のイスラム国（IS）の戦争は、これまで類を見ない「新戦争」である。新戦争とは、この言葉を世に広めたカルドーによればアイデンティティ政治の延長にあり、政治、経済、軍事のグローバル化の文脈で発生する新種の戦争で、それは主としてディアスポラからの援助に支えられて行われる戦争である（Kaldor 2006）。新戦争は、冷戦後の国際政治構造の変容に伴い発生している。通信手段の発達と人の移動の規制緩和で国境の壁が著しく低下し、また国際関係におけるイデオロギー対立が緩和されたことでエスニック・アイデンティティが活性化したことなど国境横断的な新戦争が勃発する環境が整えられた。新戦争の発生は、19世紀末から20世紀初頭にかけて確立された国家間戦争（国際戦争）の様式と戦争の制度が壊れたことを意味する。

　冷戦の終結後に見られる戦争の脱国際化傾向のもう1つの特徴は、人道目的や政治目的の人道的干渉の復活である。その背景には、かつての「文明基準」に基づく西欧化に代わる人権、民主主義、法の支配を基調とするグローバル統治基準の形成がある。グローバル統治基準を満たさず、国民の安全を保障しようとはしない非民主的な国に対して、外部から国家体制の転覆目的の武力行使が行われるようになった。タリバーン政権の転覆を狙った米国のアフガニスタン戦争、NATOによる人道目的の対ユーゴスラビア戦争、「保護する責任」目

的の対リビア戦争など、いずれも領土目的の侵略戦争ではなく、それは国家体制の転覆を目的に行われた戦争である。しかも情報技術、偵察衛星、ナノテクノロジー、精密誘導兵器の開発に伴い戦争を迅速かつ短期に終結させることが可能になったが、そのことは政治目的を達成する上で効果的な武力行使が可能になったことを意味する。

　一方、冷戦の終結後にも国際関係の軍事化構造に変化は見られない。それどころか国連安全保障理事会の常任理事国の武器輸出の独占サークルにドイツが参入したが、このことは工業先進国による国際関係の軍事化構造が一段と強化されたことを意味する。2013年現在の武器輸出額の1位はロシア（2009～2013年の占有率27％）、2位は米国（同29％）、3位は中国（同6％）、4位はフランス（同5％）、5位は英国（同4％）、6位はドイツ（同7％）である（SIPRI 2014：258-259）[3]。工業先進国は軍事技術の開発競争を続けつつ、大国としての影響力確保のため武器の生産と市場の獲得競争を展開しているのである。

5　国際平和と人間の安全保障の両立を目指して

　冷戦が終結し、核戦争の危機は当面、遠のいた感がある。しかし核兵器の廃絶は実現せず、それどころかインド、パキスタンおよび北朝鮮の核開発に見られるようにNPT体制に綻びが見えてきた。特に北朝鮮の事例は、南アフリカやイスラエルの先例にならい、国際社会で孤立する国が国家体制安全保障のために「核の保険」をかける目的で行われてきた核開発である（吉川 2000：7-9）。グッドガヴァナンスのグローバル化の波に抵抗し、史上最強の兵器である核兵器の開発によって国家体制の安全を保障しようとしている。こうした核開発は今後もあとを絶たないのではなかろうか。

　核兵器の廃絶はおろか、通常兵器の全面軍縮にも見通しが立たない。軍事大国は超近代兵器の開発を続けており、武器輸出に余念がない。なぜ軍事化された国際関係構造が消滅しないのか。その一因は、常にとどまることを知らない軍事技術革新そのものに潜むと考えられる。軍事技術革新に励む工業先進国とその他の国の間の軍事技術格差は縮まらず、その結果、武器輸出国に対する武

器輸入国の従属関係は続くことになろう。それに加えて軍産複合体の存続が軍拡を促進するもう1つの要因である。武器輸出が冷戦後も工業先進国の巨大ビジネスであり続ける背後に軍産複合体の存在があり、しかも冷戦後の新戦争が新たな武器市場を提供している。

一方、軍事技術の進歩が戦争の再制度化をもたらしつつある点にも注目したい。イデオロギー目的の人道的干渉戦争において精密誘導兵器が導入されたことによって一般市民の犠牲を最小限に抑えることが軍事技術的に可能になった。その結果、政権の転覆や政治指導者の殺害を攻撃目標とする人道的干渉の戦争が可能になったのである。そのことは軍事技術革新によって20世紀初頭に制度化されていた軍事目標主義の戦争が再び可能になったことを意味し、それは「他の手段による政治の継続」というクラウゼヴィッツ的な戦争観への回帰につながったとも言えよう。

国際テロが拡散し混沌とする世界で、今後、どのように核兵器の国際管理を進めていけばよいのか。武器市場がある限り、そして武力によって現状を変革しようとする勢力が存在する限り、核兵器も通常兵器も廃絶の見通しは立たない。国際平和と人間の安全保障とが両立する安全保障共同体を構築することこそ軍備廃絶の唯一の道であろう。その道標を示すことが、今日、我々に突き付けられた最大の課題である。

【注】
1) 『戦争と権力』（Hirst 2001）を著したポール・ハーストによれば、16世紀の火薬革命が最初の軍事革命であり、産業革命の後に続く軍事技術革命が第2の軍事革命である。本論文で使用する軍事革命は、この第2の軍事技術革命を指す。
2) この時期、理化学研究所（1917年）、東京帝大技術研究所（1918年）、陸軍技術研究所（1919年）、東北帝大附置金属材料研究所（1921年）、海軍技術研究所（1923年）など、全国で40以上の研究所が新設された（中岡 2013：163-164）。
3) 年により武器輸出額の順位に変動があり、2013年の輸出額順位と2009年～2013年の輸出総額の占有率の順位は必ずしも一致しない。ドイツが上位5カ国に入るのは冷戦後のことである。

〔参考文献〕
ウォルマー, クリスチャン（2013）『鉄道と戦争の世界史』平岡緑訳、中央公論新社
エリス, ジョン（1993）『機関銃の社会史』越智道雄訳、平凡社

第 1 章　武器の進化と国際平和

吉川元（2000）「核兵器開発の国際政治」山田浩・吉川元編『なぜ核はなくならないのか』法律文化社
吉川元（2015）『国際平和とは何か――人間の安全を脅かす平和秩序の逆説』中央公論新社
小峰和夫（2011）『満州――マンチュリアの起源・植民・覇権』講談社
坂上茂樹（2005）『鉄道車輌工業と自動車工業』日本経済評論社
坂本義和（1988）『新版　軍縮の政治学』岩波書店
柘植久慶（2005）『詳解　戦争論――フォン・クラウゼヴィッツを読む』中央公論新社
中岡哲郎（2013）『近代技術の日本的展開』朝日新聞出版
ハースト，ポール（2009）『戦争と権力――国家、軍事紛争と国際システム』佐々木寛訳、岩波書店
前田哲男（2006）『戦略爆撃の思想――ゲルニカ、重慶、広島』凱風社
ベイリス，ジョン／ウィルツ，ジェームズ／グレイ，コリン編（2012）『戦略論――現代世界の軍事と戦争』石津朋之監訳、勁草書房
毎日新聞社（1975）『1億人の昭和史4　空襲・敗戦・引揚』毎日新聞社
マクニール，ウィリアム・H.（2014）『戦争の世界史――技術と軍隊と社会』（下巻）高橋均訳、中央公論新社

Hirst, Paul (2001) *War and Power in the 21sut Century: The State, Military Conflict and the International System*, Cambridge: Polity Press.
Holsti, Kalevi J. (2004) *Taming the Sovereigns: Institutional Change in International Relations*, Cambridge: Cambridge University Press.
Kaldor, Mary (2006) *New and Old Wars: Organized Violence in a Global Era*, Cambridge: Polity Press (2nd edition).
Rummel, Rudolph J. (1994) *Death by Government*, New Jersey: Transaction Publishers.
Sheehan, Michael (2010) "The Evolution of Modern Warfare," in Baylis, John, James J. Wirtz and Colin S. Gray, eds. *Strategy in the Contemporary World: An Introduction to Strategic Studies*, Oxford University Press (3rd edition).
SIPRI (2014) *SIPRI Yearbook 2014: Armaments, Disarmaments and International Security*, Oxford University Press.
Townshend, Charles, ed. (2000) *The Oxford History of Modern War*, Oxford: Oxford University Press.
Tucker, Spencer C. (2011) *Battles that Changed History : An Encyclopedia of World Conflict*, Santa Barbara：ABC-CLIO.
Watt, Donald Cameron (2003). "War in the Twentieth Century," in Hennessy, Michael A. and B.J. McKercher eds., *War in the Twentieth Century: Reflections at Century's End*, London: Praeger.
White, Matthew (2012) *The Great Big Book of Horrible Things: The Definitive Chronicle of History's 100 Worst Atrocities*, New York: W.W. Norton.

第2章

通常兵器の軍備管理・軍縮

佐渡　紀子

1　軍備管理・軍縮とその手法

1　核兵器と通常兵器

　「核兵器のない平和な世界」の実現を目指す人々の声に対して、しばしば投げかけられるのは、「核兵器がなくなれば平和になるとは言えない」という問題提起だ。このような問題提起にはさまざまな主張が含まれる。たとえば「核兵器がなくなっても、戦争がなくなるわけではない」という主張や、「核兵器がなくなってもその他の兵器による脅威はなくならない」という主張、さらには「人々の命や安寧を脅かすのは戦争や武器だけではない」という主張が、それに含まれる。

　確かに核兵器の規制が進むだけで、平和が実現するわけではない。災害や環境破壊、深刻な貧困など、人々の命を脅かすものは多様に存在する。そして、核兵器が廃絶されたとしても、通常兵器が存在する以上、それらを用いての武力紛争が起きることは十分考えられる。

　通常兵器とは、大量破壊兵器以外の兵器の総称であり、戦車や戦闘機などの大型の兵器に加え、ライフル銃、機関銃、地雷などの小型の兵器も含まれる。通常兵器は核兵器開発以前から存在し、戦場で使用されてきた。また核兵器は、より破壊力の大きな兵器を求めて開発され、通常兵器を補完するものとして位置付けられるものであり、核兵器と通常兵器は相互に関連した兵器体系である。そのため、より平和な世界を構想する際、核兵器の脅威に向きあうとともに、通常兵器に対しても関心を寄せる必要がある。

核兵器と通常兵器はいずれも国々の安全保障強化の文脈で開発・強化されてきた。通常兵器に対する規制を振り返ることで、核兵器を含む今後の兵器規制の可能性や限界を導くことができよう。そこで、以下では通常兵器への規制が、どこまで、そしてどのように実現しているのかを取り上げる。

2　兵器規制の必要性と規制方法

　国家を超える権力の存在しない国際社会にあって、国家は自らの安全を自ら確保する必要がある。自国の安全を強化するにあたり、兵器はその中心的な役割を担っている。しかし国家にとって、兵器保有は多ければ多いほど良いというものではない。軍事力の増強は他国にとって脅威と映り、他国の軍事力増強を引き起こし、その結果、かえって自国の不安を増強してしまう、いわゆる安全保障のジレンマが生じるからだ。しかし、一方的に兵器保有を制限することは、自国に不利に働き、安全が脅かされる可能性がある。そのため、国家間で相互に安全を維持・強化できる形での軍備の規制が求められる。いわば戦略的観点からの兵器規制が行われるのである。

　また、人道上の要請からも兵器への規制が行われている。戦争が行われる場合に、そこでの戦闘方法を無制限に許容することは、戦時の被害の拡大・深刻化につながる。またそのような戦闘を望ましいものと位置付けると、戦争への国民の理解と支持は維持できない。そこで、戦闘中に使用する兵器の規制が試みられてきた。

　戦場で使用する兵器の制限に合意した初期の例として、1868年のサンクト・ペテルブルク宣言が挙げられる。この宣言は、不必要な苦痛を与える兵器の使用禁止を定めた。99年と1907年のハーグ国際平和会議では、毒ガス禁止宣言とハーグ陸戦法規が合意され、毒ガスや不必要な苦痛を与える兵器の使用は人道的ではないという観点から、使用を禁止することが合意された。

　戦時における兵器使用を制限する取り組みは、第1次世界大戦の経験を通じて促進された。この時代はダイナマイトや蒸気自動車など産業革命期に生み出された科学技術が兵器開発へと応用され、機関銃や戦闘機など近代兵器が開発された。これらの新たな兵器に加え、自動車や鉄道の開発により、第1次世界

第Ⅰ部　武器の国際レジームと法的枠組み

大戦は多くの兵士が広範に広がる戦場に動員される総力戦となった。さらに第2次世界大戦は、第1次世界大戦を上回る戦傷者を生むものとなった。2度にわたる世界大戦を経て、戦争の悲惨さは広く人々に共有され、人道的な観点から戦争を規制する動きが強まったのだ。その結果、たとえば25年には、ジュネーブ議定書が採択され、窒息性ガスや毒性ガス、細菌兵器の使用規制が合意された。そして80年には、特定通常兵器使用禁止制限条約（CCW）が採択されている。

これらはいずれも、戦争中であっても人道的な観点は必要であるとの認識に支えられている（足立 2015：98-121）。そしてこのような人道的観点からの兵器の使用制限は、その後、非人道的な兵器の保有制限の基盤となった。

2　通常兵器規制の動向——グローバルな規制と地域的な規制

1　グローバル・レベルでの軍備管理・軍縮

通常兵器の軍備管理・軍縮は、1990年代以降、グローバル・レベルで具体的な進展が見られた。軍縮の点からは特定の兵器体系の全廃を定めた条約が複数実現し、軍備管理の観点からは、輸出管理制度の拡充が行われている。

成果の1つである91年に発足した国連軍備登録制度は、戦車、装甲戦闘車両、大口径火砲システム、戦闘用航空機、攻撃ヘリコプター、軍用艦船、ミサイルおよび発射装置という、通常兵器の中でも大型の兵器について、輸出入情報を国連加盟国が国連に報告し、その情報を国連加盟国間で共有するものである。

国連軍備登録制度は武器移転を制限するものではなく、移転の透明性を強化することによって、特定の国家が急激に軍事力を強化しようと試みた場合でも早期にそれを察知し、早期警戒を図ることや、情報公開によって国家間の信頼を醸成しようと意図されたものである。同制度は国連加盟国に対して輸出入情報の提出を求めていることから、たとえ輸入国が情報を提供しなくても、輸出国側が提供する情報によって、ある程度の武器移転状況が明らかになるよう設計されている。

この制度の背景には、90年にイラクがクウェートに侵攻した際、それに先立って急激に通常兵器の輸入を増やしていたことがある。そのため軍備の移転の透明性を強化することが、早期警戒に役立つと考えられたのである。国連軍備登録制度の仕組みは、国家間戦争の防止を目的とするものであった。
　しかし冷戦の終焉によって、国家間の大規模武力紛争の可能性は著しく低下した。他方で、欧州では旧ユーゴスラビアにおける分離独立要求とそれに伴う内戦が激化し、アフリカ地域でもソマリアやスーダンなど深刻な内戦が続いた。その結果、内戦への関心が相対的に高まった。
　これらの内戦では、市民によって通常兵器、特に小型武器が使用され、戦闘被害が長期化・深刻化した。また、カンボジアに代表される冷戦期に内戦を経験した国々において、内戦に用いられた小型武器が戦後の復興を阻む事態も明らかとなった。そこで冷戦後、内戦の深刻化を予防する観点や復興を促進する観点から、兵器の規制、特に小型武器に対する規制が検討された。その結果、特定兵器の全廃を定めた条約として、対人地雷禁止条約とクラスター弾条約が成立した。
　対人地雷とは、地表または地中等に設置する爆発物であり、人による接触によって爆発するよう設計された兵器である。爆発による爆風や兵器の破片によって地雷に接触した戦闘員を殺傷すること目的としている。地雷は、戦闘員の殺傷を可能とするだけでなく、埋設してある地域に敵対勢力が侵攻・通過することを防止する効果も期待できる。
　これに対してクラスター弾とは、親弾に複数の子爆弾が内蔵されており、投下すると親弾から子爆弾が散布される仕組みの兵器である。1つの親弾から複数の子爆弾が散布されることで、広範囲を攻撃することが可能な兵器であり、イラク戦争やコソボ紛争、アフガニスタン紛争などで活用されてきた。
　対人地雷とクラスター弾は実戦で広く使用されてきた兵器であり、戦略上重要な兵器として位置付けられてきた。しかし、対人地雷やクラスター弾は、戦闘中に戦闘員のみならず一般市民にまで被害を与えることや、和平合意後にも残存した不発弾によって一般市民の被害が続くことから、これらの兵器が非人道的であるとの認識が市民社会の中で高まった。

対人地雷の戦略的な有用性を主張する大国もある中、対人地雷の非人道性を指摘する市民社会とカナダを中心とする有志諸国は、オタワ・プロセスと呼ばれる一連の取り組みを経て、対人地雷を全廃する条約の策定を実現した。対人地雷の使用・保有・開発・移転を禁止する対人地雷禁止条約は97年に合意され、99年に発効した。

　対人地雷禁止条約は、対人地雷の使用、生産、貯蔵を禁止し、保有する対人地雷を原則として4年以内に廃棄することを定め（第4条）、また埋設してある地雷については10年以内に除去することを義務付けている（第5条）。また、対人地雷の犠牲者に対する治療や社会復帰が、締約国や国際社会によって提供されることも定めている（第6条）。軍縮条約において、被害者支援が盛り込まれた点は、特徴的である。

　締約国によっては保有する対人地雷の廃棄にスケジュールの遅れがあるものの、2014年の時点で161カ国の締約国のうち152カ国はすでに対人地雷の全廃を完了しており、廃棄プロセスが進んでいると言える（Review Conference Document 2014：5）。

　クラスター弾については、その使用、開発、取得、貯蔵、保有、移譲を禁止する条約が2008年に合意され、10年に発効した。クラスター弾の規制は、オスロ・プロセスと同様に、クラスター弾の非人道性を訴える市民社会と、スウェーデンを中心とする有志国家が協働することで、条約の策定にこぎつけた。この一連の作業は、オタワ・プロセスと呼ばれる。

　同条約は、クラスター弾を原則として8年以内に廃棄することを義務付け（第3条）、不発の子爆弾等の残存物についても原則として10年以内に除去・廃棄することを義務付けた（第4条）。対人地雷条約と同様に、同条約も廃棄義務に加え、クラスター弾による被害者およびその家族・地域社会への支援を盛り込んでいる（第6条）。

　クラスター弾条約の履行状況は締約国会議において検証されている。条約の発効後、締約国の保有するクラスター弾の廃棄手続きは進んでおり、また保有禁止規定の違反も確認されていない（CMC 2013：1-2）。

　国連武器移転登録制度で採用された武器移転の透明性を強化する取り組み

は、2000年代に入って小型武器の輸出管理強化へと発展していく。01年には国連小型武器会議が開催された。そこで小型武器の非合法取引を規制する必要性が確認され、国連加盟国が小型武器の管理を強化するための国内制度を整えることを求める行動計画が策定された。具体的には、小型武器の非合法取引を規制する国内法の整備や、武器移転を管理・確認するための刻印や記録措置の導入、輸出入に関する許認可制度の確立などを、国連加盟国に求めている。

　さらに、通常兵器の違法な取引を制限するための取り組みとして、武器貿易条約（ATT）が13年に合意された。ATTは、通常兵器のうち、戦車、装甲戦闘車両、大口径火砲システム、戦闘用航空機、攻撃ヘリコプター、軍用艦艇、ミサイルおよびミサイル発射装置、そして小型武器について、輸出入、仲介、通過や積み替えをする際の具体的手続きを定めている。このような手続きを締約国に求めることで同条約は、国際人道法に違反するような武器移転やテロにつながる武器移転を阻止することを目的としている。

　以上のように、グローバル・レベルでの通常兵器の軍備管理・軍縮は、対人地雷とクラスター弾については全廃が合意されたが、それ以外の通常兵器については、使用制限と非合法取引を防止するための輸出管理が取り組みの中心である。

2　地域的な軍備管理・軍縮

　通常兵器の軍備管理・軍縮は、地域によってその取り組みの度合に大きな差が見られる。地域的な取り組みが最も進んでいるのは、欧州である。

　欧州では、冷戦期の東西対話により、軍備管理・軍縮を通じて安全保障を強化する手法が採用された。その結果欧州では、軍備管理・軍縮に関する制度が重層的に構築されている。具体的には、欧州安全保障協力機構（OSCE）加盟国によって策定された信頼安全保障醸成措置（CSBMs）、欧州通常戦力削減条約（CFE条約）、オープンスカイ条約、OSCEや欧州連合（EU）の活動を通じた小型武器規制や輸出管理制度の導入支援などである。

　欧州における通常兵器規制のうち、根幹となるのがCFE条約である。CFE条約は北大西洋条約機構（NATO）加盟国とワルシャワ条約機構（WTO）加盟

国の間で1990年に署名、92年に発効した条約であり、通常兵器を削減し、かつ、軍事力の均衡を維持することで、欧州の安全保障の強化を目指している。

CFE条約は戦車、装甲戦闘車両、火砲、戦闘機、戦闘ヘリコプターについて、NATOとWTOの締約国グループごとに保有数に上限を設定し、この上限を超える兵器をそれぞれが廃棄することを定めた。CFE条約は保有する通常兵器の数に上限値を付すことに加え、保有する通常兵器の配備先についても、制限を課している。

92年の発効以降2006年頃まで、CFE条約の履行は良好であった。締約国は、条約義務を上回る規模で、迅速に兵器の削減を進めた。締約国は05年の時点で1990年の保有数量の約46％を削減したが、これはCFE条約が認める保有上限を約30％下回る水準であった。

CFE条約は通常兵器を削減し、かつ均衡させることで欧州における安全を強化しようというものである。この目的のためにCFE条約は軍備の削減を確実に行い、かつ、均衡状況を維持することを担保するために、情報開示と検証の仕組みを定めている。具体的には、保有する軍備に関する情報を相互に提供し、その情報の正しさを確認するための検証の機会を設定しているのだ。

91年にWTOが解散し、ソ連も解体したことを受け、2つの軍事同盟の間で軍事力を均衡させることで安全保障を強化するというCFE条約の前提条件が崩れた。さらに、旧ソ連構成国や東欧諸国の中には、NATOへの加盟を求める国が現れ、ハンガリー、ポーランド、チェコは99年3月に、バルト3国、スロバキア、スロベニア、ブルガリア、ルーマニアの7カ国は2004年3月に、NATOに加盟した。

安全保障環境の変化を受け、CFE条約の改訂交渉が1996年に開始され、99年11月に欧州通常戦力条約適合合意（CFE-II）が成立した。CFE-IIは、NATO加盟国グループとWTO加盟グループのグループごとに設定されていた5つの主要通常兵器の保有上限値を、国別の上限値へと変更した。その上で、締約国全体で保有できる通常兵器の上限値や個別国家の保有上限値についても、CFE条約と比べてさらに下方へと修正した。そしてNATO新加盟国にもCFE-IIを適用することが合意されている。しかしCFE-IIは、締約国の批

准が完了せず、未発効のままである。

　欧州ではCFE条約を通じた通常兵器の削減に加え、小型武器に関する軍備管理が進んでいる。EUは、97年に「通常兵器の非合法取引の防止と対応計画」に合意し、通常兵器取引の管理の重要性を確認した。翌年には「武器輸出に関する行動基準」を採択し、続いて小型武器・軽兵器に関する「共同行動」に合意している。これらは武器移転の際のライセンス管理強化を加盟国に求め、また、輸出先に関する制限や備蓄量に関する基準を設定している。これを通じて違法取引を防止するとともに、欧州諸国が国内に過剰な通常兵器を備蓄することを防止しようと試みている (Graduate Institute of International Studies 2001：268-272)。

　さらにOSCEにおいても、小型武器の違法な取引を防止するための取り組みが行われている。具体的には、小型武器の輸出管理制度の強化とそれへの支援、さらに紛争後国家における武器管理支援を強化することが、2000年に合意されている。

　以上のように、地域的には特に欧州地域において、戦略的な安定性を維持・強化するために、通常兵器の削減と均衡維持が試みられ、同時に小型武器の違法取引を制限するための輸出管理強化という成果が見られる。

3　人道的アプローチと戦略的アプローチ

1　グローバルな規制とその背景

　グローバル・レベルで実現した小型武器に関する輸出管理制度や特定兵器の廃棄と、廃棄や犠牲者のための支援制度は、小型武器がもたらす被害の深刻さゆえに生み出された。

　冷戦終結後、小型武器の非合法取引は著しく拡大した。ソ連解体後、旧ソ連構成国や東欧諸国によって小型武器の売買が有力な資金源とみなされた。また、冷戦が終わり、軍事的な対立のために保有していた大量の軍備が不要となった国々が、武器を売却した。その結果、小型武器の流通量は増加し、不安定な地域に非合法取引を通じて小型武器が流入したのである (Graduate Institute of International Studies 2001：165-191)。

　小型武器が流入することで、国内の対立は容易に武力紛争へと発展し、市民間で武力が行使される。小型兵器の非合法取引によってシオラレオネ、ソマリア、ルワンダでの内戦や、旧ユーゴスラビア紛争などで、民間人の犠牲者を多く生むこととなった。

　また、小型武器は子ども兵士の問題を生み出している。子ども兵士とは、軍や武装集団に属し、戦闘に従事したり、食事作りや運搬などの戦闘員を支える作業にあたる、18歳未満のものをいう。子どもを兵士として使うことは、子どもの権利条約で禁止されている。しかし小型武器は軽量で、特殊な訓練を経ずとも使用できることから、正規軍や非正規軍によって子どもが戦闘の担い手として徴募されている（シンガー 2006：69-74）。さらに、市民の手に小型武器が蔓延することで、内戦後の平和維持活動や平和構築活動にかかわる要員が危険にさらされる原因ともなった。

　このような状況を受け、小型武器は事実上の大量破壊兵器と呼ばれ、人道的観点から対策の必要性が共有されるに至ったのである。

　小型武器が多くの被害を生んでいるとはいえ、合意されたのは多様な小型武器の全廃や大幅な軍縮ではなく、非合法取引を防止するための取り組みや余剰兵器の廃棄への支援であった。このような取り組みにとどまるのは、小型武器が国家の安全保障を担う主要な兵器体系であることに加え、警察組織によっても活用されるためである。国内の治安や国家安全保障を担保する手段を失わないよう、戦略的な観点を加味した結果、実現した取り組みであると言える。

　グローバル・レベルで兵器の全廃を規定した対人地雷禁止条約やクラスター弾条約についても、人道上の配慮から規制が求められたが、同時に戦略上の配慮に関する調整を図った結果、実現した条約であるとも言える。

　たとえば、クラスター弾については、5つの技術的要件をすべて備えたものは、条約による規制の対象から除外することで、クラスター弾を戦略上必要とする国家の条約加盟を確保している。5つの要件とは、①10個未満の爆発性子爆弾しか含まない、②それぞれの爆発性子爆弾が4kgより重い、③単一の目標を探知し攻撃できるように設計されている、④電子式の自己破壊装置を備えて

いる、⑤電子式の自己不活性機能を備えている、である。クラスター弾規制が求められる要因であった不発弾や、広範な攻撃手法に伴う市民の被害を避けることを満たしたクラスター弾については、保有や使用を可能とする規定にすることで、戦略上クラスター弾の保有や使用を放棄できない国家の賛同を可能にしたのである。

　対人地雷禁止条約の成立にあたっても、国家は戦略的な要請を検討していることがわかる。たとえば、日本は対人地雷を使用しての防衛を想定していたが、同条約の成立を受け、署名するに際し、一般市民に危害を与えないような代替兵器の研究開発を進め、開発までの期間は指向性の高い対歩兵用爆薬を代替手段として活用することとした（防衛省 1999：197-198）。このような国家の行動から、人道的な配慮をしつつも、それのみで国家が兵器の全廃に合意するものではないことを示している。

2　地域的な規制とその背景

　軍備管理・軍縮の進んだ欧州と、進展の見られない地域とを比較した時、そこには安全保障問題の解決に向けた恒常的な枠組みの有無が際立つ。

　通常兵器の削減や輸出管理が進展した欧州においては、安全保障の対話枠組みを導入し、そこで共通の安全保障概念に基づいて、国家間対立が武力行使へと発展することを防止するために具体的な制度作りが行われてきた。その代表的な取り組みの成果が信頼醸成措置（CBM）である。信頼醸成措置は軍事活動に関する情報公開とそれに対する検証措置、軍事活動の制限措置などで構成される。

　信頼醸成措置によって欧州では、軍事活動および軍事力の透明性と予測可能性が強化され、それによって国家間の信頼が強化された（佐渡 1998：230-232）。欧州では信頼醸成措置の履行を通じて、軍事活動に関する情報公開は国家の安全を阻害するものではなく、むしろ安全保障の強化につながるとの共通認識が生まれ、その結果としてCFE条約への合意が可能となったのである（佐渡 2008：39-41）。

　これに対してアジア地域や中東地域においては、欧州に見られるような安全

保障問題を解決するための恒常的な枠組みが未成熟である。

　たとえば東アジアや東南アジア地域には、東南アジア諸国連合（ASEAN）やASEAN地域フォーラム（ARF）といった対話枠組みがあるが、信頼醸成を主たる目的として運営されているものの、国防白書の公開に代表される情報公開と人的交流を主眼とした取り組みであり、欧州のような制度作りには至っていない。そのため、具体的な安全保障上の問題が生じた際にどのような手続きが取られるのかが明確に合意されている欧州とは異なり、ARFではどのような対応が可能なのかの予測可能性が低い。

　また南アジア地域においては、インドとパキスタンの間でシムラ協定（1972年）やラホーレ宣言（99年）を通じて信頼醸成措置が導入されているが、恒常的な対話枠組みへの転換はなされていない。

　さらに東アジアや東南アジアにおいては、領有権をめぐる対立が存在している。たとえば東シナ海では、日本、韓国そして中国の間で、竹島（独島）、尖閣諸島をめぐる対立が継続している。そして南シナ海では、西沙諸島（パラセル諸島）の領有をめぐってフィリピンとベトナムが対立し、南沙諸島（スプラトリー諸島）をめぐってはベトナム、フィリピン、マレーシア、インドネシア、中国が領有権を主張している。また南アジアにおいては、インドとパキスタンの間のカシミール地域をめぐる対立は依然として未解決である。さらにインドと中国は、両国間の国境線をめぐって未解決の課題を抱えている。

　領有権を主張する国々は、自国領域とする地域の実効的支配を確保するために、軍事力の必要性を強く認識する。その結果、アジア地域においては、近年軍事力の増強と近代化が急激に進んでいるのである（SIPRI 2012：195-201）。

　軍事力の増強と近代化は、軍事予算の拡大と通常兵器の輸入量増加に見て取れる。ストックホルム国際平和研究所（SIPRI）の統計によると、中国の軍事費は、2002年から11年の間に2.5倍に増加した。ベトナムは同じ期間に、軍事費を1.8倍に増加させている。インドネシア、カンボジア、タイなども同様に、近年軍事費を大幅に拡大している。

　これらの諸国の近年の通常兵器輸入量を見ると、たとえば06年から10年の輸入量はインドが世界第1位、中国が第2位、韓国が第3位である。通常兵器の

輸入量が多い国にはその他、シンガポール、マレーシア、日本、インドネシア、など、東アジア諸国や東南アジア諸国が上位に位置している（SIPRI 2011：298-301）。このように、近年東アジア、東南アジア地域では、経済力の向上に伴い通常兵器の輸入量が増加しており、装備の近代化・強化が進んでいる。特に海軍力の近代化・強化の傾向が見られるのも特徴的だ（IISS 2011：206-224）。

　以上の欧州地域とアジア地域の状況から、安全保障上の課題を乗り越えるための制度構築が進んだ地域においては通常兵器規制が進展し、領有権のような伝統的安全保障課題を抱えた地域においては通常兵器の規制は進まず、むしろ軍備の拡張や近代化が進んでいると言える。

　しかし近年の欧州の状況は、信頼醸成を基盤とした制度構築が万能ではないことを示している。欧州の軍備管理・軍縮の成果であるCFE条約は、07年以降十分に機能していない。06年にロシアがCFE条約の履行停止を表明し、07年から条約上求められる軍備に関するデータの提供や査察受け入れを停止している。そしてロシアの履行停止を受けて米国もまた、11年以降はロシアに対する情報提供と査察受け入れを停止しているのだ。

　CFE条約の履行停止の背景には、ロシアとNATO諸国との対立がある。具体的には、ロシアはCFE-IIが発効に至らないこと、米国によるミサイル防衛（MD）の欧州への配備計画、そして米国によるNATO諸国への軍事支援計画による脅威を挙げている。これに対してNATO諸国は、合意に反してロシア軍がジョージア（旧グルジア）およびモルドバから撤退していないことを問題視し、CFE-IIの批准を行わないと主張している。

　CFE条約は、欧州における通常兵器の削減と均衡の維持に貢献してきたと言える。しかしこのような状況から、CFE条約は、欧州の安定に一定の成果を上げているものの、今後も同様の機能を果たせるかについては、予断を許さない。

4　通常兵器規制の持つ核軍縮・核廃絶に向けた含意

　通常兵器の規制が人道上の要請と戦略的安定性の要請の両者のバランスをとりながら進んできていることは、核兵器の削減や廃絶が進展しない状況を把握するための示唆を与えてくれる。
　ウクライナ危機に象徴されるように、近年米国とロシアの対立は激化し、新冷戦とも呼ばれている。両者の対立関係を背景に、核軍縮に向けた動きは停滞している。このような国際環境の中、核軍縮を求める国々や市民社会は、核兵器の非人道性に着目したアプローチで、核兵器の削減や廃絶を進めようとしている。
　2010年の核不拡散条約（NPT）再検討会議の最終文書で核兵器の非人道性が言及されたことを1つの契機として、オーストラリア、スイス、メキシコなどが主導して、非人道性を基軸にする核兵器の非合法化に向けた動きが活発になった。たとえば15年に開催されたNPT再検討会議のための準備委員会での核兵器の非人道性に関する共同声明の採択（12年と13年）や、13年の国連総会での非人道性に関する共同声明、また核兵器の非人道性に関するオスロ会議（13年）やメキシコ会議（14年）の開催などである。これらの動きは、核兵器の非人道性を強調し、その観点から核兵器の使用禁止や全廃に向けた核兵器禁止条約を実現することを目指している。
　このような兵器の持つ非人道性に着目した規制作りは、通常兵器規制で採用され、成功を収めたアプローチである。伝統的な国家安全保障の観点からは有用とみなされる核兵器だが、使用された際には壊滅的な被害が生じることから、人間の安全保障の観点から見れば核兵器は人々の生存を脅かす脅威である。このような人道的な観点から核軍縮を追求する手法には、新たなアプローチとして期待が寄せられている（黒澤 2014：128-131）。実際に核兵器の非人道性に対する共同声明に賛同する国家の数は増加しており、この非人道性に着目したアプローチが、核兵器についても効果を持ち得ることを示している。
　しかしながら、通常兵器規制から得られた示唆は、人道上の要請とともに、

戦略的安定性からの要請を満たす時に、規制が進展することであった。したがって人道的アプローチを通じた核兵器の削減や廃絶のためには、現在の国際環境下にあって、核兵器のさらなる削減や廃絶が、戦略的安定性を脅かさないかどうか、そのためにはどのような対応があり得るのか、その影響はどのようなものかについて、包括的に検証されなければならない。

核保有国とその同盟国は、依然として核抑止への依存を主張している。たとえば、欧州においては冷戦終結後の1999年および2010年に新戦略概念を策定した際、NATO加盟国は米国や英国の核兵器の抑止力の重要性を再確認している。さらに日本や韓国は、日米同盟や韓米同盟を通じた米国からの核の傘の必要性を、繰り返し求めている。非核兵器国が核抑止を通じて自国の安全を確保せざるを得ないという立場をとる限りにおいて、この戦略的安定性の要請を満たすことは短期的には困難と言わざるを得ない。

〔参考文献〕

足立研幾（2015）『国際政治と規範――国際社会の発展と兵器使用をめぐる規範の変容』有信堂

足立研幾（2010）「通常兵器分野の軍縮・軍備管理――レジーム密度の上昇とそのインパクト」『国際安全保障』37巻4号、1-13頁

吉川元（2007）『国際安全保障論』有斐閣

黒澤満（2014）『核兵器のない世界へ――理想への現実的アプローチ』東信堂

佐藤丙午（2010）「武器貿易条約（ATT）と軍備管理」『国際安全保障』37巻4号、31-46頁

佐渡紀子（1998）「OSCEにおける信頼安全醸成措置――メカニズムの発展と評価」『国際公共政策研究』2巻1号、219-236頁

佐渡紀子（2008）「欧州の軍備管理・不拡散にみる国際秩序の変容――通常兵器規制を素材として」『国際安全保障』35巻4号、35-50頁

シンガー，P. W.（2006）『子ども兵の戦争』小林由香利訳、NHK出版

防衛省（1999）『防衛白書』防衛省

CMC (Cluster Munition Coalition) (2013) "Intervention on Compliance Convention on Cluster Munitions Forth Meeting of States Parties," 12 September 2013 (http://www.clusterconvention.org/files/2013/09/CMC3.pdf, last visited, 10 April 2015).

European Commission (2001) *Small Arms and Light Weapons: The Response of the European Union*, Brussels: European Commission.

Graduate Institute of International Studies (2001) *Small Arms Survey 2001*, Oxford : Oxford University Press.

International Institute for Strategic Studies: IISS (2011) *Military Balance 2011*, London : Routledge.
John E. Peters (2000) *The Changing Quality of Stability in Europe: the Conventional Forces in Europe Treaty Toward 2001*, Washington, D.C.: RAND, 2000.
Review Conference Document (2014) "Review of the Operation and Status of the Convention on the Prohibition of the Use, Stockpiling, Production and Transfer of Anti-Personnel Mines and on Their Destruction, 2010−2014" (http://www.maputoreviewconference.org/fileadmin/APMBC-RC3/3RC-Draft-review-Convention.pdf, last visited, 10 April 2015).
SIPRI (2011) *SIPRI Yearbook 2011*, Oxford : Oxford University Press.
SIPRI (2012) *SIPRI Yearbook 2012*, Oxford : Oxford University Press.

第3章

軍縮分野の規範形成

福井　康人

1　軍縮における規範形成の重要性

　1996年に包括的核実験禁止条約（CTBT）交渉が妥結して以降、20年にわたる軍縮会議の停滞に加え、核軍縮全般に大きな進展が見られない中、いわゆる人道的イニシアティブに見られる人道的アプローチが注目されている[1]。これは2010年核兵器不拡散条約（NPT）再検討会議の最終文書でも言及された「核兵器の使用の非人道的な結末」を端緒とする[2]。その象徴的な動きとして、オスロ、ナヤリットおよびウィーンでの3回にわたる核兵器の非人道的影響に関する会議が開催され、これらの議論の成果を議長国オーストリアが主導してまとめたのが、15年5月のNPT再検討会議に提出された「人道的誓約」である[3]。

　この年のNPT再検討会議は最終文書を採択できず失敗に終わったものの、同年10月に開催された国連総会第1委員会には人道的イニシアティブに関連する決議案が4本提出されるなど、停滞する核軍縮の成果を出そうと努力する国際社会の姿が見られた。これらの決議はオーストリアが「人道的誓約」を国連総会第1委員会に決議として提出したもの（A/RES/70/48）、非人道的結末についての決議（A/RES/70/47）、南アフリカが提出した倫理的使命決議（A/RES/70/50）、そして核兵器禁止に関するオープンエンド作業部会の設置を決定する多数国間核軍縮交渉決議である（A/RES/70/33）。このような人道的アプローチは、核兵器の非人道性を手掛かりに、核兵器の使用がもたらす環境問題や法的側面をはじめさまざまな視点から核兵器使用の問題点を明らかにする試みである。

また、核兵器以外の軍縮分野での人道的アプローチの事例として、特定通常兵器使用禁止制限条約（CCW）の枠組みで議論されている自律型致死性兵器システム（LAWS, Lethal Autonomous Weapons Systems）をめぐる議論が挙げられる。LAWSは完全自律で作動し、事前にプログラムされた攻撃目標を破壊する兵器であるが、同兵器の規制の必要性については、国際市民団体キャンペーンはLAWSを「殺人ロボット」であるとしてその禁止を主張している。このLAWSについては、CCW締約国会議により設置された非公式専門家会合により、14年および15年の2回検討された結果が同会議に報告されている。類似の例として、人権理事会で武装無人機に関するハイレベル・パネルの開催もあるが、15年末現在、無人機は国連の多数国間軍縮フォーラムでは議題になっていない。

　このように、核兵器およびLAWSの2例については、人道的アプローチによる規範形成が試みられている。本章は、核兵器およびLAWSに関連する人道的アプローチを中心に、両者の相違点と共通点を明らかにすることで、軍縮分野の規範形成における人道的アプローチの有用性を考察する。核兵器の使用禁止をめぐっては国際反核NGO・ICANが、LAWSについては殺人ロボット・ストップ・キャンペーンが活発な働きかけを展開しているが、これらの武器規制を求める運動の中には情に訴える議論となるものもあり、規制に消極的な政府との対立に終始しかねない。このため本章では、国際人道法および国際人権法など法的側面に焦点を当てて事実関係を明らかにすることで、軍縮の規範形成の有用性および限界を明らかにすることを目指す。

2　規範形成のためのフォーラム

1　核兵器の人道的アプローチ

　核兵器の非人道性については、古くはNPT条約交渉の端緒となった国連総会決議が採択された頃から議論されており、同時期に採択された原爆および水爆の使用についての宣言の決議にも、人道的イニシアティブに見られる要素が盛り込まれている。また、同決議は核兵器使用禁止条約の可能性を検討するた

めの国際会議の開催を検討するよう国連事務総長に加盟国と協議することを求めており、核兵器開発が盛んであった東西冷戦最中であってもこのような国連総会決議が採択されている。もっとも、近年の人道的イニシアティブは2010年NPT再検討会議において採択された行動計画が端緒となり、核軍縮に関連する複数のフォーラムで取り上げられている。具体的には、NPT再検討会議の各準備委員会および国連総会第1委員会での共同声明、赤十字国際委員会（ICRC）関連会議で採択された共同声明、そして計3回の核兵器の人道的影響に関する会議が挙げられる。フォーラムごとに見ると以下の形で進展している。

NPT再検討会議準備委員会および国連総会第1委員会においては、10年再検討会議最終文書の行動計画を受けて、15年NPT再検討会議へ向けた準備委員会およびNPT再検討会議に合わせて共同声明が出されている。第1回目の共同声明は12年5月に開催されたNPT第1回準備委員会の際に採択されたもので、スイスが提案して16カ国が署名した。[5] この共同声明はその後、12年10月の国連総会第1委員会の際の共同声明、[6] 13年4月の第2回NPT準備委員会の際の共同声明、[7] 同年10月の国連総会第1委員会の際の共同声明と、計4つの共同声明に引き継がれる形で[8]賛同国を増やしてきた。

この人道的アプローチにはICRC等も強い関心を示し支持する決議を採択した。まず10年NPT再検討会議を念頭に置いて、ケレンベルガーICRC総裁が、同様のアプローチによる核廃絶および核兵器の使用禁止の必要性を訴えた。[9] 同総裁は核兵器がその稀有の破壊力ゆえに筆舌に尽くしがたい苦痛を人類に与えるものであると位置付けた上で、ICRCの見解として、核兵器の使用防止のためには法的拘束力を持つ条約で核兵器の使用を禁止し、廃絶する必要があるとして核兵器の使用禁止を全面的に支持したものである。

その後、国際赤十字・赤新月連盟（IFRC）代表者会議でも核兵器の問題が取り上げられた。その具体例は核兵器廃絶決議で、まず11年11月26日にジュネーブで開催された同会議において、最初の決議が採択された。[10] 同決議では核兵器の合法性についての見解如何にかかわらず核兵器が再び使用されないことを確保すること、既存のコミットメントおよび国際的義務に基づいた法的拘束力を有する国際約束を通じて核兵器の使用禁止および廃絶のための交渉を喫緊かつ

第Ⅰ部　武器の国際レジームと法的枠組み

確固たる課題として誠実に追及して完結することを各国に呼びかけている。また、いかなる核兵器の使用も特に軍民目標の区別、予防および均衡の原則について国際人道法に適合することは予見しがたいとする見解を確認している。

さらに13年にシドニーで開催された代表者会議では、11年決議を実施するための4カ年行動計画を含めた核兵器廃絶に向けての決議が採択された[11]。同決議附属の4カ計画に各国、各地域および国際レベルでの11年決議の履行のための施策および出版等の形でのICRCの支援の取組が盛り込まれた。

また、核兵器の非人道的影響に関する国際会議については、まず13年3月にノルウェー政府主催により第1回キックオフ会合がオスロで開催された[12]。同会議では核兵器の爆発による即時の人道的影響、より長期的な視点から見た影響、広範なインパクトおよび長期的影響、人道的側面での備えおよび核兵器使用に対する反応について議論され、以下の3点が総括として議長より報告された。すなわち、①いかなる国家あるいは国際機関も、核兵器の爆発が直ちにもたらす人道面における緊急事態に十分に対応し、被害者に対して十分な救援活動を行うことは不可能であり、そのような対応能力を確立すること自体がいかなる試みをもってしても不可能であること、②これまでの歴史で核兵器の使用および実験から得た経験は、それが即時的にも長期的にも壊滅的な結果をもたらすことを実証しており、政治状況は変わっても、核兵器の潜在的破壊力に変わりはない、③原因を問わず、核兵器の爆発の結果は国境を超え、地域的にも世界的にも国家および市民に重大な影響を及ぼすとする結論である[13]。

14年2月には第2回会議がメキシコの主催によりナヤリットで開催された[14]。同会議の議題は、核兵器が地球規模の公衆衛生にもたらす影響、核兵器爆発が国家、地域および地球規模の経済成長および持続的な発展に及ぼす影響、核爆発の危険およびその他の影響であったが、実際には議長国メキシコの意向を反映した核兵器の使用禁止を念頭においた議論が展開された。同会議の議長サマリーは、①これまで兵器は違法化された後に廃絶されてきており、これが核兵器のない世界を実現するための道であること、②これはNPTおよびジュネーブ諸条約共通第1条を含む国際法上の義務とも合致するものであること、③核兵器の人道的影響に関する幅広く包括的な議論によって、法的拘束力のある措

置を通じた新たな国際基準または規範に到達するための国家と市民社会のコミットメントにつなげるべき旨提言している。さらに、この目標に資する外交プロセスを立ち上げる時が到来したとの認識を示すとともに、核兵器の非人道的影響に関する会議は、特定の期限、最適な議論の場の定義および明確かつ中身のある枠組みを含むべきと結論付けている[15]。このように議題のみを見ると単に第1回オスロ会議の延長に見えるものの、実際には核兵器の法的規制を念頭に置いた議論への志向性がさらに強まった結果となった。

　こうした議論を総括する形で14年12月にオーストリア主催によりウィーンで開催されたのが第3回会議である。この会議の議題には、特に第2回会議の議論を踏まえて、国際規範と核兵器の非人道的影響の鳥瞰図と核兵器の法的規制に係る議論を開始することが明確にされている。同会議の議長サマリーでは、特に核兵器の使用について、核兵器を複数の法的観点から見た時、核兵器の保有、移転、生産および使用を普遍的に禁止する包括的な法規範が存在しないことは明らかであるが、核兵器の非人道性に関する2年間の議論を通じて明らかになった新たな証拠は、核兵器が国際人道法に適合する形で使用され得るのかという点について疑問を呈するものであるとしている。さらに、国際環境法については核兵器を明示的に規制しないものの、武力紛争において適用可能であり、また、核兵器に関連し得ることを示唆している[16]。なお、オーストリアはこの議長サマリーよりもさらに踏み込んだオーストリアの誓約を別途発表しており、これがその後の「人道的誓約」へとつながる[17]。

2　LAWS非公式専門家会合

　LAWSについては確立された定義はなく、たとえば米国国防総省は、一度作動させてからオペレーターが介入することなく標的を選定・攻撃できることを自律的（autonomous）とする理解の下で定義を試みている[18]。また、殺人ロボット・キャンペーンの代表的参加市民団体のヒューマンライツウォッチ（HRW）は、情報工学等で特定の条件下において特定の処理を繰り返す、またはそのように作られた制御構造との意味で使用されるループ（loop）概念に着目して、人によるインプットまたは介入なしで標的の識別が可能なものを人に

51

よる制御外の（human out of loop）兵器、ロボット行動に介入可能な人間のオペレーターの監視下で標的選択・実力（force）行使が可能な兵器であって、人により監督された（human on the loop）兵器として双方がLAWSに該当するとしている[19]。さらにICRCが2014年3月に開催したLAWS専門家会合報告書では、これまで試みられたLAWSの定義事例を整理するとともに、兵器システム全体の自律性よりも兵器としての決定的に重要な（critical）機能に着目することを問題提起している。いずれにせよ、定義の問題はLAWSの法的規制を考える上で解決が容易でない検討課題の1つである。

　LAWSを巡っては、武力紛争法に限定しても、人工知能および自律性を具備した殺傷力を有する軍事用ロボットが戦闘行為に関与する場合には、既存の武力紛争法の適用が困難な状況も生じ得るとして、武力紛争法の「抜け穴」になりかねないとの指摘がなされている。また軍事用ロボットが、情報・監視・偵察（ISR）データの収集活動を超えて、特に戦場での戦闘行為に自律的に運用された場合に法的問題が生じ得るとの考え方が有力であり、その上で、軍事用ロボットによる戦闘行為が武力紛争法違反となる場合の責任の帰属、戦闘意思を伴わない純然たる過失により問題が生じた場合、制御プログラムのエラーに起因して問題が生じた場合といった状況想定も例示して問題提起もなされている。

　このような問題提起の中で、無人機による標的殺害を巡っての議論とも相まって、今日の段階では実在しないにもかかわらず、LAWSの規制問題が議論の俎上に上がり、CCWの枠組みでの検討が開始された。まず、2013年11月に開催されたCCW締約国会議の決定に基づいて、2014年5月に4日間の非公式専門家会合が開催されることが決定された[20]。そのマンデートについては、議長の責任より協議の結果について締約国会議に報告されるものの、CCWの趣旨と目的の文脈の中でLAWSの分野における新たな技術に関連する問題について議論することとされた。なお、この専門家会合のような作業部会が非公式協議の形態を取ることについては、CCW締約国会議手続規則の規則45が作業部会については一般に非公開で行うこととしており[21]、知見を有する市民団体等の有識者の参加を可能にするために意図的に非公式会合として開催された。

第1回非公式専門家会合では、LAWSの技術的側面、倫理的[22]および社会学的側面、法的側面運用および軍事的側面について専門家による議論が行われた。その結果、同会合は共通の理解を形成する上で有益であったものの、未解決の問題が多く、次回締約国会議での決定により専門家会合を開催した上で議論を継続する必要があるとされた。この検討結果（CCW/MSP/2014/3）については2014年11月のCCW締約国会議に報告され、同報告を歓迎しかつ留意し、さらに2015年4月に同様のマンデートによる非公式専門家会合の開催が決定した。

　同決定を受けて、2015年4月に第2回LAWS非公式専門家会合が開催され、技術的事項、特徴、自律性が高まったことによる国際人道法に対して生じ得る挑戦、横断的な課題、透明性について議論された[23]。その結果、LAWSをめぐる議論がさらに深化される必要があること、CCWの枠組みにより検討を進めることが適切であるとの見解が多数を占めたものの、他のフォーラムを補完的に活用すべしとする意見も表明された。その関連で今後さらに議論が必要な論点として、ジュネーブ諸条約第1追加議定書第36条に規定される新たな兵器の評価の問題、マルテンス条項との関連での一般的受容性、倫理問題、人による有意の制御（meaningful human control）、重要な機能における自律性、命令および制御、システムと人間の相互性が特定された。さらに、2015年11月に開催されたCCW締約国会議では2016年4月に開催される第3回非公式専門家会合において継続審議されることが正式に決定されたものの、2016年第5回CCW再検討会議における審議に関する勧告についてはコンセンサスで合意される条件が付された上で最終的に合意されたが[24]、第3回非公式専門家会合では2017年にオープンエンド政府専門家会合が開催されることを第5回CCW再検討会議に勧告することとなった。特に人による有意の制御の概念をめぐっては活発な議論が展開され[25]、今後引き続きLAWSの定義について議論される際にはさらに重要な論点となるものと思われる。このように、核兵器およびLAWS双方の事例においては、人道的アプローチにより両兵器の使用禁止制限に向けた規範形成の可能性の模索が行われている。

3 新たな規範形成に向けて

1 核兵器の使用禁止

　核兵器の使用の法的側面については、国際司法裁判所（ICJ）による1996年核兵器の使用・威嚇の合法性に係る勧告的意見[26]（以下「核兵器勧告的意見」という）においてすでに詳細な検討が行われていることから、特に核兵器の使用をめぐる法的側面についての先行研究は同勧告的意見を踏まえたものが少なくない。同勧告的意見は武力紛争に適用される法の原則および規則は武装した敵対状況が多くの厳格な条件の下に置かれることを認めつつも、いかなる慣習国際法も条約も核兵器の包括的かつ普遍的な禁止するものは存在しないと判示しているのみならず（パラ62および主文B）、国家の存亡が危機にさらされるといった自衛の極端な状況の下では核兵器の使用・威嚇の合法性について確たる結論を導き得ないとしている（パラ97および主文E）。さらに、このような議論の帰結の背景には核兵器国による「核抑止政策」もあり、核兵器の使用を禁止する法的信念（*opinio juris*）の存在が確認し得ないことを同勧告的意見も認めている。

　核兵器の使用禁止に向けての人道的アプローチに見られる主要分野の国際法との関係について見ると、第1に核兵器の使用と国際人道法との関係について、上述のとおりICRC決議は、いかなる核兵器の使用も特に軍民目標の区別、予防および均衡の原則といった国際人道法に合致することは予見しがたいとの見解を確認しており、最も予見可能性の高いシナリオにおいても厳格な禁止の対象となる可能性が高いとする。その一方で、同勧告的意見に加えて、2010年国際刑事裁判所（ICC）規程再検討会議では、戦争犯罪の規定改正案（RC/Res.5）の審議過程でも、核兵器の使用の犯罪化について、核兵器国と非同盟諸国の間での激しい攻防の結果、最終的に削除された経緯がある。

　第2に、核兵器の使用と人権法との関係について、核兵器勧告的意見は自由権規約（市民的権利および政治的権利に関する国際協約）による保護は同規約第4条が規定する権利の制限に該当する場合を除き、武力紛争中も適用されること

を確認している。さらに核兵器の破壊威力を考慮すると、その保護される権利の中でも直接関連することが確実に予見されるのは第6条の生命に対する権利であり[27]、それが交戦状態でも保護されるのは上述のとおりである。さらには、社会権規約が保障する権利についても、広島・長崎での被爆の実相に照らしても、相当な生活水準についての権利（同規約第11条）、身体および精神の健康を享受する権利（同第12条）等が侵害される可能性が高い。

　これらの国際人権条約、慣習法および各国国内法が保障する人権について、国連総会が採択した大規模な国際人権法の違反および重大な国際人道法の被害者救済および保障を受ける権利についての基本原則およびガイドラインは、各国による国際人権法を遵守する義務があるとしている[28]。さらに、人権侵害が生じた際には救済等を可能にするための普遍的管轄権が設定されるように、各国が国内実施法を整備するものと定めている。特に核兵器の使用により侵害される可能性が高い生命に対する権利については、強行法規（*jus cogens*）や対世的（*erga omnes*）義務に該当するものと理解されており、核兵器の使用は国際人権法の要請とも両立しがたいものである。

　第3に、核兵器の使用と環境法の関係についても、ジュネーブ条約追加議定書第35条3項の規定、環境改変禁止条約（ENMOD）、ストックホルム環境宣言、リオ宣言等国際文書についても平時・戦争時を問わず適用されることがICJ勧告的意見により確認されており、核兵器の使用の結果が広範囲にわたりかつ国境を越える状況が発生するので国際環境法に対する違反になる可能性があるとしている。また、環境は日々の脅威にさらされていることに加え、核兵器の使用は環境に壊滅状況をもたらし得るとの認識も示される一方で、ニュージーランド対フランスの核実験判決を引用した上で、同判決は核実験の文脈だが、武力紛争時の核兵器の使用にも適用されると位置付ける。その上で、実在する環境保護・保全に関連する国際法は核兵器の使用を禁止していないとする。

　最後に、核兵器に関連する軍縮条約についてのICJの判断を見ると、核兵器の取得、製造、所有、配備および核兵器の実験についての条約は、特に使用および威嚇を取り上げておらず、将来の核兵器の一般的禁止を視野に入れている

ものの、核兵器を禁止するものではないと結論付けている[29]。さらに、核兵器の使用禁止が慣習法化されているかについては、45年以降核兵器が使用されていない一貫した慣行（a consistent practice）に言及しつつも、冷戦期間のみならずその後も一定数の国が「（核）抑止政策」に固執しているのみならず、50年以上に亘って核兵器の不使用についての法的信念の表明を構成しているかについて二分されている現状を指摘した上で、慣習法化していないと判断している。

ICJ は、巨大な破壊力を有する核兵器の特性に鑑み、武力紛争時に適用可能な法の原則から導かれる厳格な条件とも両立し得ないとしつつも、国家生存権、国連憲章第51条に則った自衛の権利、さらには「抑止政策」の存在に言及した上で、ICJ が検討した国際法全体の現状に鑑み、国家の存亡がかかった極端な自衛の情況（in an extreme circumstance of self-defence）においては核兵器の使用・威嚇の合法性を結論できないとする。このように生物・化学兵器といった他の大量破壊兵器の使用が禁止されている中で、核兵器の使用の非人道的結末については明らかであるにもかかわらず、現行国際法上は核兵器の使用が禁止されていない状況下で、人道的アプローチは核兵器の使用禁止が取るべき政策上の問題であるということを明確化するものである。

このような法的なギャップ（legal gap）をいかに埋めるかについては、15年 NPT 再検討会議でも核軍縮の課題として争点の１つとなったが、人道的イニシアティブの文脈においても注目されているのが「効果的措置（effective measures）」である[30]。同措置は NPT 第６条の規定する核軍縮交渉義務の対象に含まれるものの、同措置の交渉のためのフォーラムとして、ステップ・バイ・ステップ方式でブロックを積上げるように個別の条約ごとに交渉する方式、CCW のように枠組み条約に合意した後に進める交渉方法が提案され、その下で核廃絶の法的措置が模索されている[31]。もっとも、核軍縮のあり方をめぐっては核兵器国と非核兵器国の間での二極化が一層顕著となり、2015年 NPT 再検討会議での失敗のみならず、同年の国連総会第１委員会における核関連決議の表決に際しては、従来、核軍縮に消極的なロシアおよび中国に加えて、英米仏が人道的イニシアティブ関連決議に対して共同歩調を取りけん制するなど[32]、核兵器使用禁止の実現は必ずしも容易ではないのが実情である。

2　LAWSの使用規制

　LAWSについては、現時点では実在しないにもかかわらず、今日のロボット技術の発展には目覚ましいものがあることに加え、すでに近接防御火器システム（CIWS）等半自動化された兵器が開発・配備されている現状もある。このため殺人ロボット・ストップ・キャンペーンが展開される中で、CCWの枠組みにおいてLAWSについて議論が開始されたが、特に第2回LAWS非公式会合では、議長国ドイツが事前に配布した論点ペーパー（CCW/MSP/2015/WP.2）をベースにして議論が行われ、人による有意の制御、自律性および重要な機能がLAWSについて法的議論を行う前提の重要な概念とされたこともあり、同報告書（CCW/MSP/2015/3）を基に議論をたどってみる。

　人による有意のある制御については、人間と独立して機能する能力を有する兵器技術との間の相互作用であり、兵器システムが法的・倫理上の観点から説明責任を果たし得るためには何らかの人による制御が必要であるとされる。そのために、まずはどのような制御が「有意」に該当するかが検討された上で、LAWSのどのようなパラメーターが法的に受容され得るのか特定される必要があり、特に国際人道法との関係では各国が技術的・政策的措置として遵守を確保できるのかが重要となる。さらに、自律性について検討を行うためには技術的観点から自律性のレベル、ロボット・システムの多元的なベンチマークを設定する必要が指摘され、その上で人による監督のレベル、標的の性格、LAWSが使用される環境、予見性および信頼性についても考慮される必要があるとされる。こうしたLAWSの特性を踏まえ、法的側面については国際人道法、国際人権法、倫理、LAWSに使用される技術のデュアル・ユース性との関連等が議論された。

　LAWSの自律性が高度化すると既存の国際人道法がどのような課題に直面するかとの論点との関連では、新たな兵器の合法性の評価義務について規定したジュネーブ諸条約第一追加議定書第36条が重要な役割を果たし得る[33]。特に、人間が介在する場合と同様にLAWSによる軍民標的区別の原則に抵触する可能性につき懸念されており、付随被害が生じないように予防し得るか、特に人間が標的とされた場合に戦闘員・文民の識別、戦闘員についても負傷して保護

の対象とされる者との識別が可能かといった論点が指摘されている。また、LAWSが戦闘状況に投入された場合、今日の技術レベルに鑑みると、一定の条件下でのみロボットの自動標的識別能力が人間の判断より優るのが現状であるものの、将来、自律性技術が進歩すれば、逆にLAWSの方が人間の操作する兵器より正確な識別ができる可能性もあり、現時点で正確に予見しがたい側面もある。

　さらに、LAWSの法的側面を検討する上で自律性の概念をいかに捉えるかも重要である。自律型兵器が国際人道法に抵触しないかを検討する上でどのようなタイプの兵器か、そのタイプの任務にも左右される。すなわち、標的および行使される実力のタイプ、空間を移動する地理的エリアの広さ、兵器の行動の時間的枠組み等についても個々具体的に検討する必要性が指摘されている。特に新たな兵器の評価を行う上で重要な点は予見可能性（predictability）であり、LAWSに限らず予見性可能性が不十分な兵器は国際人道法の重大な違反を引き起こす可能性が高いことから、国際人道法の基本的な規則である予防原則、軍民標的区別原則、均衡原則等と抵触しないことが確保されるか否かの精査が特に重要とされていた。

　また、LAWSと国際人権法との関係については、生存権、身体の自由の権利、人間の尊厳に係る権利、人道的処遇の権利および（このような人権が侵害された場合の）侵害回復の権利、生命の権利、人権に密接な関係のある倫理の問題もあわせて議論され、これらの中でも人間の尊厳の権利が最優先事項であるとされた。また、尊厳の概念自体は非常に曖昧であり、尊厳が確保できないこと自体は違法であるとは言いがたいものの、マルテンス条項が尊厳の概念を明らかにする上で有益であることが指摘された。特にマルテンス条項との関連では、（それを許容する解除条件がなければ）武器の使用はそれ自体が罪とされる自然犯（*mala in se*）のようなものであり、LAWSについては今後出現し得る新たな兵器であるため、上記の国際人道法の論点に併せて特に上述の第36条に基づく新たな兵器の評価が特に重要である点が改めて確認された。

　最後に、LAWSにも密接に関連する民生用自律性システムとの関係については、すでに医療分野等でも広く民生利用されている中で、ロボット技術自体

が各国独自の法制度により規制されている状況にある。これらのロボット技術の使用されたシステムに付随する刑事および民事上の責任については、故意又は未必の故意によりこれらが誤使用された結果として損害が発生した場合には相応の責任を負うこととなり、国際刑事法、国家責任法等の分野で類似の検討がなされる必要も指摘されている。その関連で、民生技術の場合は損害と社会的コストの比較衡量が可能であるが、LAWSをはじめ軍事分野においては単純化できないとする見解も見られ、現時点では開発・配備されていないLAWSであってもその軍事的有益性といった国家安全保障上の考慮もうかがわれることから、今後の議論の趨勢が注目される。

4　今後の課題

　以上、本章で取り上げた人道的アプローチの2事例は、それぞれ核兵器および通常兵器（LAWS）と、異なった兵器カテゴリーに関する規範形成過程であるにもかかわらず、両者の検討手法は国際人道法、国際人権法、さらには関連する倫理等に照らして規範形成を模索するアプローチが取られていることが共通している。特に法的側面については国際人道法の否定的・禁止的性格も活用しつつ、最終的に規制対象兵器の使用制限・禁止を目指すもので、そもそも国際人道法の原則は軍縮措置とは親和性が高いものである。他方で、核兵器については既に開発・配備されている実在する兵器であるが、LAWSについては半自動化された兵器は存在するものの、現時点においては完全な自律性を有するLAWSは実在しない兵器であるという相違点もある。

　核兵器について、オスロ会議からウィーン会議までの一連の会議の結論として、核兵器の保有・移転・生産および使用を普遍的に禁止する包括的な法規範は存在しないとした。その上で、核兵器が国際人道法に合致する形で使用され得るのかとの問題提起は、ICJが下した勧告の意見に照らしても妥当なものであり、人道的アプローチは核兵器を使用禁止するか否かは政策判断の問題であるとして、核兵器の使用禁止の議論を行う際の問題の所在を明確化するものである。この点について、LAWSをめぐるCCWの枠組みにおける人道的アプ

ローチによる検討も、国際人道法、国際人権法上の具体的な法的論点の所在のみならず、規範形成において規制対象とすべき兵器の範囲・義務等、今後の新たな具体的軍縮措置を考える上で有益なアイデアを提供するものである。今後議論が深化した結果、①行動規範のようなソフトロー文書、②CCWの新たな議定書、そして③別途の条約等の規範形成につながる可能性もある。

他方で、人道的アプローチの限界については、核兵器の使用威嚇の合法性に係るICJ勧告的意見が示したように、国家の生存権および、国連憲章第51条の集団的自衛権の規定の根底にある国家の存立の問題がある。さらにはICJも核抑止力等故に判断を留保していることからうかがわれるように、核兵器の使用禁止の実現には克服すべき点の中でも、核兵器の使用禁止により得られる「保護法益」をさらに明確にすることは議論を進展させるために不可欠である。もっとも、国家安全保障については、そもそも国家は固有の国民、領土および統治機構を有するとされており、特定の政府でなくその国民の生存が脅かされるような状況が発生すると必然的に、生存権等の人権法にも関係し得るものであり、いわゆる人間の安全保障にも関連し得ることにも留意する必要がある。また、核兵器国の主張には核兵器が最終手段（last resort）であるとして国家安全保障上の考慮が常に見られるが、LAWSの事例から、実在しない通常兵器であってもその軍事的有用性を理由に一部の国がすでに警戒的になっていることがうかがわれ、これは必然的に制約として働くことになる。

本章では核兵器およびLAWSを事例として、人道的アプローチの有用性およびその限界についての考察を試みたが、両事例から人道的アプローチは一定の制約を有しつつも軍縮分野の規範形成に有益であることが明らかとなった。本書のタイトルにある、なぜ核兵器はなくならないかとの命題への解答を探る上で、一助となることを願ってやまない。

【注】
1) 本章では人道的イニシアティブに見られるように、当該兵器の非人道性に着目し、国際人道法、国際人権法、倫理等により具体的措置の規範形成を試みる手法を総称して人道的アプローチと整理する。
2) NPT Doc. NPT/CONF.2010/50 (Vol. I), para. I.A.i.

2010年NPT再検討会議で採択された最終文書に盛り込まれた行動計画において、人道的アプローチについては核兵器の使用の非人道性のみならず、国際人道法を含む適用可能な国際法に常に適合する必要性を強調している。

3） NPT Doc. NPT/CONF.20 15/ WP.29, 21 April 2015.
4） UN Doc. A/RES/1663, 24 November 1961.
　　同決議には原爆および水爆の使用が戦争の範囲を超えており、人類および文明に対する無差別の苦痛と破壊を引き起こすものであり、国際法の支配及び人道法（law of humanity）に反する（本文パラ 1（b））とし、さらに、原爆および水爆を使用するいかなる国も国連憲章に違反するものであり、人道法に違反するのみならず人類および文明に対する罪を犯すことになるものとしている（本文パラ 1（d））。
5） 1 st Joint statement on the humanitarian dimension of nuclear weapons, 2 May 2012.
6） 2 nd Joint statement on the humanitarian dimension of nuclear weapons, 22 October 2012.
7） 3 rd Joint statement on the humanitarian dimension of nuclear weapons, 24 April 2013.
8） 4 th Joint statement on the humanitarian dimension of nuclear weapons, 21 October 2013.
9） Bringing the era of nuclear weapons to an end, Statement by Jakob Kellenberger, President of the ICRC, to the Geneva Diplomatic Corps, Geneva, 20 April 2010.
10） Council of Delegates 2011: Resolution 1（Working towards the elimination of nuclear weapons）, 26 November 2011.
11） Council of Delegates 2013: Resolution 13（Working towards the elimination of nuclear weapons: our-year action plan）, 18 November 2013.
12） Conference: Humanitarian Impact of Nuclear weapons Oslo, Norway 4－5 March 2013.
13） Chair's summary Humanitarian Impact of Nuclear Weapons: Oslo, 4－5 March 2013.
14） Report from the Nayarit Conference, Ray Acheson, Beatrice Fihn, and Katherine Harrison.
15） Second Conference on the Humanitarian Impact of Nuclear Weapons: Chair's Summary, Nayarit, Mexico, 14 February 2014.
16） Vienna Conference on the Humanitarian Impact of Nuclear Weapons 8 to 9 December 2014: Report and Summary of Findings of the Conference.
17） Pledge presented at the Vienna Conference on the Humanitarian Impact of Nuclear Weapons by Austrian Deputy Foreign Minister Michael Linhart.
18） Department of Defense: DIRECTIVE 3000. 09, 21 November 2012.
19） Losing Humanity: The Case against Killer Robots, 19 November 2012.
20） CCW Doc. CCW/MSP/2013/10, 10 December 2013.
21） CCW Doc. CCW/CONF.IV/ 2 , 19 November 2015.

第Ⅰ部　武器の国際レジームと法的枠組み

  2011年9月のCCW第4回再検討会議で採択された同規則がその後の締約国会議でも適用されることを再確認することにより準用され、規則37は締約国会議および主要委員会は作業部会の設置の決定ができるとし、規則45は下部機関である作業部会が非公開会合として開催される旨定めている。

22) 倫理そのものはソフトローを含む実定法には該当しないが、ウィーン条約法条約第32条が規定する「解釈の補足的な手段」として機能することにより、軍縮条約を含めて実定法の実施等に影響を与え得る。

23) CCW Doc. CCW/MSP/2013/3, 10 December 2013.

24) CCW Doc. CCW/MPS/2015/9, 27 January 2016.

25) 2015年CCW締約国会議でも、米国が従来、主張していた人による有意の制御（meaningful human control）に対してより範囲の狭い判断（judgement）の概念を再度強調するなど、LAWSをめぐり規制派と将来の軍事的優位性が損なわれることを危惧する米国等の間での見解の相違が顕在化しつつある。

26) Legality of the Threat or Use of Nuclear Weapons, Advisory Opinion, ICJ. Reports 1996.

27) 自由権規約6条1は「すべての人間は、生命に対する固有の権利を有する。この権利は法律によって保護される。何人も恣意的にその生命を奪われない」と規定している。ジェノサイド条約との関係では、自由権規約同条3が「生命の剥奪が集団殺害犯罪を構成する場合には、この条のいかなる規定も、この規約の締約国が集団殺害罪の防止及び処罰に関する条約の規定に基づいて負う義務を方法のいかんを問わず免れることを許すものではないと了解する」と規定。同勧告的意見も、特定の集団を殺害する意図などジェノサイド条約第2条の構成要件を満たす場合にのみ集団殺害罪を構成すると判示し、核兵器の使用の場合もこれを満たすことの証明が必要とされるものの、人道に対する犯罪には該当し得る。

28) UN Doc. A/RES/60/147 Annex, 21 March 2006, p. 4, operative para.I. 1.

29) その根拠として、トラテロルコ条約、ラロトンガ条約は核兵器の使用禁止を約束するが、核兵器国は一定の状況下で核兵器を使用する権利を留保しており、この留保には両条約の締約国および安保理決議により反対が表明されていない事実を指摘している。さらに、1995年に核兵器国により表明された消極的安全保証が安保理によりエンドースされている事実、両条約より後に作成された東南アジア非核兵器地帯条約およびアフリカを対象としたペリンダバ条約に照らしても、核兵器の使用・威嚇の包括的または普遍的な条約上の禁止には至っていないとしている。

30) Tim Caughley, Analysing effective Measures: Options for multilateral nuclear disarmament and implementation of NPT article VI, ILPI-UNIDIR Paper No. 3/5.
  NPT第6条に由来する「効果的措置」についてNPT上の定義はないものの、同先行研究は国連憲章第1条1の「平和に対する脅威の防止及び除去と侵略行為その他の平和の破壊の鎮圧とのための有効な集団的措置」を示唆している。

31) UN Doc. A/62/650, 18 January 2008.
  核兵器の使用禁止については、2008年にコスタリカなどが提案した核兵器を包括的に

禁止するモデル核兵器禁止条約の他、さらには反核市民団体ICANが提唱しているまず核兵器の使用禁止のみを義務付ける核兵器使用禁止先行条約案の2つが代表的なものとして提案されている。
32) 第70会期国連総会では、複数の核関連決議の表決の際には英米仏が共同して投票理由説明を行うなど新たな動きが見られた。
33) ジュネーブ諸条約第1追加議定書第36条は、「締約国は、新たな兵器又は戦闘の手段若しくは方法の開発、取得、又は採用に当たり、その使用がこの議定書又は当該締約国に適用される他の国際法の諸規則により一定の場合又はすべての場合に禁止されているか否かを決定する義務を負う」と定めており、この検討は評価の時点でいかなる状況また は一定の状況においても新たな兵器が通常の使用に際して合法か否かを決定すれば足りると解されており、新たな兵器の誤使用の場合は含まないとされている。

〔参考文献〕

福井康人（2015）『軍縮国際法の強化』信山社

Fernadez Julian, Pacreau Xavier *et al.* (2012) *Statut de Rome de la Cour pénale internationale : commentaire article par article*, Paris: Pedone.

ICRC (2014) *Autonomous weapon systems technical, military, legal and humanitarian aspects*, 01 November 2014.

Melzer, Nils (2013) *Human rights implications of the Usage of Drones and Unmanned Robots in Warfare*, Strasbourg: Council of Europe.

Nystuen, Gro, *et al.* eds. (2014) *Nuclear Weapons Under International Law*, Cambrige: Cambridge University press.

Pilloud, Claude, *et al.* (1987) *Commentary on the Additional protocols of 8 June 1977 to the Geneva Conventions of 12 August 1049*, Geneva: ICRC.

Schimitt, Michael N. and Jeffrey S. Thurnher (2013) "'Out of the Loop': Autonomous Weapon Systems and the Law of Armed Conflict", *Harvard National Security Journal*, Vol. 4 , Issue 2 , pp. 231-281.

Springer, Paul J. (2013) *Military Robots and Drones: A Reference Handbook*, Santa Barbara, California: ABC-CLIO, LLC.

第4章

包括的核実験禁止条約 (CTBT) の意義と現状

広瀬　訓

1　CTBT の内容と背景

1　条約の意義と目的

1945年7月16日に米国、ニューメキシコ州のアラモゴードで世界最初の核爆発実験が実施されて以来、現在まで世界中で約2400回もの核爆発が実施されている。その中で、核兵器が実戦で使用されたのは、広島、長崎に対する原爆投下の2回だけで、それ以外はすべて「実験」という名の爆発であった。

核爆発実験の多くは、技術的な問題を確認、解決するためのデータの収集が主要な目的であり、その意味では「実験」という呼び方は不当なものではない。核兵器が極めて強力な兵器であることを考えるならば、それがどの程度の破壊力を発揮するかを実際に試すことなく実戦で使用することは、かなり無謀なことであろう。また、開発、製造した核兵器が設計通りに作動するかを確認し、改良のために必要なデータを収集するためにも、実際に核兵器を爆発させてみることは、最も確実な方法である。

しかし、多くの核爆発実験が実は軍事的、政治的な意味合いが強いものであったという側面も否定できない。核兵器が強力な破壊力を有する「究極の切り札」的な兵器であると一般的にみなされていることを考えれば、そのような兵器を開発、保有し、使用する意図と能力を核爆発実験によって国内外に誇示することは、軍事的、政治的にも極めて重要なパフォーマンスである。

現在、核兵器保有国の核戦略の基本は、万一、敵国から攻撃を受けた場合には、核兵器で反撃し、敵に甚大な損害を与える能力をあらかじめ備えておくこ

とで、敵の攻撃を未然に防ぐという、核抑止である。この核抑止の有効性を強調するために、自国の核兵器の威力を実際の爆発実験で誇示してみせることは最も簡単で効果的な方法に違いない。冷戦期に米ソが核爆発実験を繰り返していたのは、相手に対して核兵器の威力を互いに示すことで、相手を抑止すると同時に、各陣営の同盟国にいわゆる「核の傘」の信頼性を示すという意味合いが強く、単純に「実験」というよりは、激しく核戦力を競い合う模擬戦争であったとさえ言えるだろう。

　また、経済的に余裕のない国家であっても、国民に大きな負担を強いながら核兵器を開発し、爆発実験を行う場合には、敵国に対する抑止以外にも、核兵器の保有を誇示することで、国の内外に国家の威信を示し、政府の求心力を高める狙いがあることも多い。そのような観点からも、莫大な費用を費やしながら多数の核爆発実験が繰り返されてきたのである。

　核爆発実験に国際的に何らかの規制を設けるべきだとの主張は、かなり早い段階から見られた。それは、主に核爆発実験を規制することで、核兵器の開発や改良を抑制し、質の面での核軍拡競争に歯止めをかけ、また、新しく核兵器を開発することを困難にすることで、核兵器保有国を増やさないという核不拡散を強化する試みであった。同時に、核兵器の保有やその威力の誇示を停止することで、国際的な緊張緩和を促進したり、核爆発実験による環境破壊を回避したりすることもその理由として挙げられていた。

　54年に日本の漁船とその乗組員が、南太平洋のビキニ環礁で実施された米国の水爆実験の放射性降下物を浴びるという被害を受けた「第五福竜丸事件」により、核爆発実験に対する国際的な批判は一気に高まった。そして、核兵器を開発、保有する国が増加する危険性が懸念されたこともあり、当時核爆発実験を実施していた米英ソの間で、核爆発実験の停止に関する交渉が行われ、米英ソは58年から61年にかけて、自発的に核爆発実験を停止するモラトリアムを実施した。しかし、このモラトリアムは法的な拘束力を持つものではなく、また、モラトリアムに参加しなかったフランスが60年に核爆発実験を実施し、中国も核兵器の開発を進める中で、結局、米英ソも核爆発実験を再開し、62年には各国合計で歴史上最多となる年間170回を超える核爆発実験が実施された。

2　条約交渉の背景と経緯

　核爆発実験の再開と回数の増加に対する国際的な批判が高まると同時に、核兵器の拡散が現実の問題となったことを背景に、米英ソは、核爆発実験の法的な規制に関する交渉を本格化させた。その結果成立したのが、63年に発効した部分的核実験禁止条約（PTBT）である。この条約は、地下での核爆発実験を除くすべての核爆発実験を法的に禁止するものであった。ただし、大気圏内や地上、海中での核爆発は容易に識別できるとして、PTBTには条約違反を監視するための独自のメカニズムはとりあえず必要ないとされた。

　地下における核爆発が許容されたのは、地下での核爆発が環境に与える影響が極めて小さいと考えられていたことと[1]、核兵器の維持や改良を考えると、すべての核爆発実験を禁止することは、当時は現実的ではなく、合意の成立は困難だとみなされたからである。さらに、地下の核爆発の監視技術に関しては米英ソで見解が一致せず、実質的に先送りせざるを得なかったという事情もあった。しかし、地下での核爆発から必要なデータを収集するためには一定の技術が必要で、そのような技術に乏しい国にとっては、地下以外での核爆発実験が禁止されることは核兵器の開発に障害となり、核不拡散にはPTBTは効果的であったと考えられる。

　実際、当時核兵器の開発、保有を急いでいたフランスと中国はPTBTには加わらず、大気圏内での核爆発実験を継続した。また、PTBTの規制をさらに強化し、核爆発実験を全面的に禁止すべきだとの主張も、主に非同盟諸国などから出されていたが、東西冷戦の下で、核爆発実験の全面禁止へ向けての交渉は約30年にわたり、ほとんど進展を見なかった。

　核爆発実験の全面禁止へ向けて事態が大きく変化したのは、冷戦の終了を背景としてであった。93年、ジュネーブ軍縮会議（CD）は、包括的核実験禁止条約（CTBT）の条約作成へ向けた交渉を開始することを全会一致で決定した。その大きな理由は、冷戦の終了により、米ロ間の核開発競争の必要性が大幅に低下したことである。むしろ当時は95年に予定されていた核不拡散条約（NPT）の延長会議を控え、米ロ間での緊張緩和と核軍縮の進展を具体的に国際社会に示すことが求められていた[2]。また、技術の発達により、既存の核兵器の維持や

段階的な改良程度は、爆発実験を実施せずとも、コンピュータシミュレーションや未臨界実験等を通して可能になったことも、核兵器保有国が核爆発実験の全面的な禁止に前向きになった理由として挙げることができる。

　さらに冷戦後は、核兵器保有国を含む多くの国々にとって、安全保障上の最大の脅威は、敵対するブロックの保有する軍事力や核兵器の増強ではなく、核兵器や大量破壊兵器とその運搬手段の拡散であるとの認識が定着したことも、核爆発実験の全面禁止が急がれた大きな理由であった。特にイラクや北朝鮮、イランなど、具体的に核兵器の開発疑惑が指摘される国が出始めたことによって、それらの国々による核兵器の実用化を食い止めるために、国際的な核爆発実験の禁止が広く支持されるようになった。その結果、当初は難色を示していた一部の核兵器保有国も、最終的には核爆発実験の放棄というコストを払っても、核兵器の拡散が懸念される国々の核爆発実験を禁止することのメリットが上回るという結論に合意した。

　具体的にCTBTの条文を作成する作業は、94年からCDで実施され、最終的な条約案が完成したのは96年であり、実質的には2年半ほどの交渉であった。交渉中に大きな論点として浮上したのは、「核実験」の定義と禁止規定の例外、条約違反の検証技術および条約の発効要件だった。この中で、「核実験」の定義に関しては、核爆発を伴う実験を、目的の如何を問わずに一律に禁止し、一切の例外を認めないことで最終的に合意が成立した。ただし、何が「核爆発」に該当するかという定義については、議論が極めて複雑になり、交渉に時間がかかる可能性が高いことと、定義を厳密にすると、かえって禁止の「抜け穴」的な解釈が可能になる危険性があることから、あえて定義を規定せず、一般的に「核実験」を禁止する旨を規定するにとどめた（Ramaker et al. 2003：55）。しかし現実には、条約違反を監視するシステムに探知される規模の核反応を「核爆発」と判断するという解釈が定着している。監視システムは、一般に地球上のどの地域でも、1キロトン程度の爆発を識別できる能力を有するという前提で設計、構築されており（Dahlman et al. 2009：147）、それが実質的に「核爆発」の定義を構成していると考えて差し支えないであろう。また、爆発を伴わないコンピュータシミュレーションや未臨界実験等は、CTBTの

禁止の対象でないとされている。

CDで作成された条約草案は、インドが条約の発効要件を受け入れられないとして最終的に反対したことで、全会一致制のCDでの採択には失敗する結果に終わった。しかし、CTBTの成立を強力に推進したオーストラリアを中心とする国々が、CDで作成された条約草案をそのまま自国提案で国連総会に提出し、国連総会で圧倒的多数の賛成により可決するという異例の手順を踏むことで条文が確定され、署名のために開放されたのである。

3　条約の特徴

CTBTは、探知が難しいとされた地下での爆発実験を禁止しているため、それを国際的に監視し、疑念が生じた場合には、現地で調査を実施し、実験の有無を確認する必要があるとの前提で交渉が進められた。そのため条約の実施にあたっては、国際的な監視ネットワークの運営や現地査察を中立的な立場から実施するために、一定の専門性を備えた国際的な組織が不可欠だとの立場に異論は出なかった。交渉中は、既存の国際機構に必要な部署を増設し委託することも検討されたが、最終的に条約独自の国際機構、包括的核実験禁止機関（CTBTO）を設立することで合意が成立し、本部はオーストリアのウィーンに置かれることも決定した。

CTBTOは、全ての締約国が参加する総会と、いくつかの基準で選ばれた51カ国で構成される執行理事会、そして条約の事務局の役割を果たす技術事務局の3つの主要な内部組織から成り立っている。また、事務局は条約の履行に関する国際的な事務処理を行うだけでなく、条約違反を監視するための国際監視ネットワーク（IMS）およびIMSから収集したデータを集積、管理、解析し、各国に送付する国際データセンター（IDC）や現地査察の実施体制の運営も担当し、それに必要な技術者や専門家をスタッフとして有することから、単なる事務局ではなく技術事務局という位置付けとなっている。ただし、最終的に条約違反の核爆発が発生したか否かの決定は、執行理事会で行われる。

CTBTの締約国が条約上の義務を遵守しているかどうかを確認するための国際的な検証体制は、IMSによる国際的な監視システムと、核爆発の疑いの

ある現象が発生した場合に現地を訪問して必要な調査を行う現地査察の、2本の柱からなっている。さらに各締約国は、国際法の認める範囲内で、自国の有する技術的手段を用いて収集したデータを証拠として用いることも認められている。

　IMSは、主に大気圏内および地表での爆発を探知する微気圧変動および放射性降下物の測定、主に地下での爆発を探知する地震波の測定、ならびに主に海中での爆発を探知する水中音波の測定によりデータを収集している。微気圧の測定には60、放射性降下物の測定には80、収集した物質の分析に16、水中音の測定には水中に6と陸上に5、地震波の測定には170の監視ステーションを世界中に設置することが条約で定められている。その観測密度に多少の濃淡はあるが、世界中を隈なくカバーするように配置され、各ステーションからは常時もしくは必要に応じてIDCに観測データが送信されるシステムとなっており、各締約国はデータの観測および送信を一方的に停止したり妨害したりすることはできない。IDCに集積したデータは各締約国により利用される。また、締約国から要請があった場合、技術事務局はそれらのデータの分析に必要な技術的な助言を与えることも認められているが、該当するデータが核爆発を示すかどうかを判断する権限は技術事務局には与えられていない。核爆発かどうかの最終判断はあくまでも各締約国に委ねられている。

　IMSから得られたデータおよび各国が独自に入手したデータに基づき、核爆発の発生が疑われる場合には、まず疑いを受けた国に説明と関連資料の提出を求め、それに基づいて協議が実施される。当事国との協議を経ても核爆発の疑惑が解消されない場合には、執行理事会で51カ国のうち30カ国以上の賛成により、発生場所で調査を行うための現地査察を実施することが規定されている。現地査察を要求された締約国は、拒否することは認められず、査察チームに現地への速やかなアクセスを認めることが条約上の義務である。このようにIMS、現地査察および各国が収集したデータに基づき、執行理事会において条約違反の核爆発が発生していたかどうかの判断が下される。そして条約違反が確認された場合には、国連への通告を含めて必要な措置が取られる。

　このように厳格な検証制度が導入されたのは、CTBTに違反する核実験を

十分に抑制し、核爆発実験を許さない国際的な体制の構築を目指したからである。CTBT の目的が、核爆発実験による核兵器の開発や改良を抑制することで、質の面での核軍縮と核兵器の不拡散に貢献することにあることから、監視の対象はまず核実験を実施してきた国々に向けられた。具体的には、核不拡散条約（NPT）で核兵器の保有を認められている米英仏ロ中の5核兵器国とインドである。同時に、核不拡散の観点から、NPT に参加しておらず、実際に核兵器の開発を進めている可能性が高いとされていたイスラエルとパキスタン、および条約交渉当時、核兵器の開発疑惑を持たれていた北朝鮮やイラク、イラン等の条約への参加も、核兵器国が強く主張した（Ramaker *et al.* 2003：243）。

交渉に参加した国々の多くは、核爆発実験を実施する可能性を持つ国が参加しないままでは CTBT の意義が大きく損なわれるという点で、意見が一致していた。イスラエル、インド、パキスタンが NPT の枠外で法的に規制されることなく核兵器の開発を進めたことが国際的な不拡散体制の弱点となった教訓に基づき、核爆発実験を実施する可能性がある国々を確実に CTBT の中に網羅することが望ましい（広瀬 2008：210）とされたのである。しかし、条約の早期発効を目指す観点からは、発効要件は単純かつ容易に達成できる内容にすべきであり、そのバランスの調整で議論がまとまらず、交渉は難航した。

最終的には、条約の有効性を優先すべきだとの方針が採用され、発効要件としては、条約交渉に参加した CD の加盟国と国際原子力機関（IAEA）に原子炉の保有を登録されているすべての国、計44カ国が条約の批准を完了して初めて条約が発効する旨が規定された。しかし、この条件は対象となる44カ国すべてに事実上、発効の拒否権を与える意味を持ち、条約の発効まで時間がかかることが予想された。そのため条約の署名開放から3年が経過しても発効しない場合には、発効の促進を検討するため、すでに批准した国々による会議を招集する旨の、異例の規定があらかじめ盛り込まれたのである。

2　CTBTの現状

1　発効の遅れ

　条約の作成当初から危惧されたとおり、各国によるCTBTの批准手続きはスムーズには進まず、条約の採択から20年が経過した現在も条約発効の見通しは立っていない。発効に必要な44カ国のうち、まだ批准していないのは、米国、中国、インド、パキスタン、イスラエル、エジプト、イラン、北朝鮮の8カ国である。このうち米国は、条約の交渉時はクリントン民主党政権の下でCTBTに対し積極的な姿勢を見せていたが、ブッシュ共和党政権は信頼に乏しいとしてCTBTに反対する姿勢を示し（Deibel 2002：142-144）、上院が批准案を否決するなど、完全にCTBT拒否へと方針を変更した。その後民主党のオバマ大統領は、「核兵器のない世界」構想の一環としてCTBTの批准を訴えているものの、依然としてCTBTに反対する共和党が上院で多数派を占めており、批准のめどは立っていない。中国は、核兵器の開発において米ロから遅れており、自国の核兵器の開発の必要性から、CTBTに当初は慎重な姿勢を示し、批准についても不透明であった。しかし、最近はIMSに対するデータの提供を開始するなど、協力的な姿勢も見せ始めているが、批准の最終決定には、米国の姿勢が影響する可能性が高いと見られる。

　また、対立を続けているインドとパキスタンの両国、およびイスラエル、イラン、エジプトの中東3カ国は、米国の動向と同時に、地域的な緊張を背景に慎重に他国の動きをうかがう姿勢を見せている。現時点では、地域的な紛争が解決する見通しが立っていないこともあり、CTBTの批准に関し、近い将来、何らかの合意が成立する可能性は高くないであろう。しかし、地域的な合意が成立すれば、複数の国がまとまって批准する可能性もある。

　このような状況の下で、条約の規定に従って、1999年からは、隔年で発効を促進する方法を検討する批准国会議が開催され、さらに2002年からは、批准国会議と交互に開催する形で、CTBTの発効を強く求める日本、オーストラリア、オランダなどが中心となって「CTBTフレンズ外相会合」を隔年で開催

している。こうした国際的な動きは未批准国に対する一定の圧力となっていると考えられるが、特にCTBT発効の鍵を握るとされる米国の批准を促すための決定的な方法は無く、若干手詰まりの印象がある。

2 検証制度の稼働

　CTBTの発効が遅れ、発効の見通しが立たない中、発効に備えての準備を担当している準備委員会の下では、着実に準備が進められている。準備委員会は、すでに批准した国々により構成され、総会に当たる締約国会議、執行理事会に当たる作業グループA（行財政）と作業グループB（検証問題）およびアドバイザリーグループと技術事務局に当たる暫定事務局により構成されている。

　この準備委員会の下で、現在までにIMSの監視施設はほぼ90％が完成、稼働しており、IDCも問題無く稼働している。現地査察については、条約が未発効のために、各国の査察の受け入れ義務がまだ発生せず、現地査察の発動を決定する執行理事会も未成立のため、法的には実施できないままである。しかし、査察用の機材やスタッフの準備は進められており、14年にヨルダンで実施された大規模な模擬査察の結果から、暫定事務局は現地査察の実施に自信を示している（CTBTO Press Release 9 December 2014）。

3 核実験モラトリアム

　核兵器を保有しながらCTBTを批准していない国々は、北朝鮮を除き、核実験モラトリアムを継続するか、現在まで政策として核実験を回避しており、「すべての核爆発実験を禁止する」というCTBTの目的は、実質的には達成されていると言うこともできる。もちろんこれらのモラトリアムは政治的なコミットであり、法的な義務ではない。CTBTが国際社会の大きな支持を得ており、核兵器保有国がモラトリアムを長期間にわたって継続することで、CTBTが実質的に慣習法化する可能性も否定はできない。しかし、その場合でも義務と権利の明確性と安定性の点では条約の発効には及ばないであろうし、また、条約独自の実施機関としてすでに設立され、機能しているCTBTOをどう位置付けるのかという問題は未解決のまま残ることになる。

現在、核爆発実験の禁止は「ほぼ普遍的になっているが、まだ法とは呼べない」段階にあるとされている (http://www.ctbto.org/specials/who-we-are/)。これを確実に法として確実に定着させるためには、やはりCTBTの早期発効が望ましいことは言うまでもない。

3　新しい課題

1　検証技術の更新と信頼性の確保

　CTBTの検証制度は、現時点ではその有効性について具体的に問題点が指摘されてはいない。しかし、CTBTOが現在設置、運営している検証制度は、条約交渉時、つまり1990年代の前半の技術を基にして構築されて、その後、大幅な更新や改良は実施されていない。条約自体が未発効のため、検証制度について規定している条文や議定書および付属書の改正ができず、検証制度とその中核を成しているIMSの枠組みを大きく変更することができないためである。

　条約交渉から20年が経過し、その間、さまざまな関連分野において技術の改良が進んでいるのに、それがCTBTの検証制度に適切に反映されないのは、やはり大きな問題である。一例を挙げれば、条約交渉時には潜在的な有効性は認められながらも、主に費用の面で検証制度への導入が見送られ、将来的に検討される旨が規定されている人工衛星からの監視も、費用が大幅に低下したことなどから、真剣に導入を検討すべき時期に来ている。

　将来にわたり、新技術の導入や制度の更新が滞るなら、検証制度の信頼性に深刻な疑問が生じる可能性は小さくない。特に米国がCTBTへの批准拒否の大きな理由として、検証制度の信頼性の問題を挙げていること（Medalia 2012：39）を考慮すれば、少なくとも検証制度に関する部分だけでも、早急に必要な改正と技術の更新を可能とする方法を検討する必要があろう。

2　3.11とIMSデータの目的外使用

　北朝鮮による地下核爆発実験の探知を除けば、CTBTOの検証制度が本来の目的で、有効性を確認するような事態は、現在まで発生していない。しかし、

災害等でCTBTOの検証制度、特にIMSがその能力を発揮したことは過去に何度か実例がある。その最大の例が、2011年3月11日の東日本大震災である。

IMSは世界規模で地震、水中音、微気圧振動および放射性降下物を観測しており、地震と津波、そしてそれに続いた福島第一原子力発電所での事故のデータは当然、IMSを通して収集されていた。IMSの地震波監視施設は、地震発生と同時にほぼ正確にその震源と規模および津波の発生を探知していた。また、水中音監視施設でも、やはり津波の発生が観測されていた。

その後、微気圧振動監視施設が福島第一原発の水蒸気爆発の時刻と場所を測定し、また、放射性降下物監視施設は、福島第一原発から放出された放射性物質の拡散をほぼ正確に把握していただけでなく、世界気象機関（WMO）から提供されたデータに基づき、本来任務ではないが、放射性物質の拡散予測シミュレーションも行った。

東日本大震災から約1カ月の間に、毎日数十回ずつ発生していた余震の規模と震源の測定、大気中に放出された放射性物質の検出、測定と分析を行うことにより、ほぼリアルタイムでそれらが核爆発に起因するものではないことを確認する作業をCTBTOは実施している。その結果、CTBTOが設置したIMSとIDCは、錯綜した状況の中でも、着実にデータを測定、解析し、どのような事象が発生しているのかを短時間で識別する高い能力を持っていることが実証される結果となった。その意味では、CTBTOはCTBTの検証組織としての任務を確実に果たしたと言うことができる。

同時に、CTBTOが地震や津波、火山の噴火などを観測することのできる世界規模でのネットワークを維持していることで、核爆発実験の監視以外の分野へそのデータを応用できる可能性も明らかになった。CTBTのデータの他分野への応用は、検討されていなかったわけではなく、すでに津波の早期警戒に関し、関連機関に対し、一部データの提供も行われてはいた。CTBTOが毎年1億3000万ドル規模の予算を使っており、その多くの部分が検証制度の維持に充てられていることを考えれば、その成果を、核爆発の監視のみに限定するのは費用対効果の面からも望ましいことではない。そのような観点から、むしろより幅広い分野への応用を検討すべきであるとの意見が出されたことは当然で

あろう。しかし、同時に、CTBT の目的はあくまでも核軍縮・不拡散の促進のために核爆発実験を禁止することであり、CTBTO 本来の活動に支障をきたすことが無いように、慎重に検討する必要があると言うべきだろう。

3 他機構との関係

CTBT には、条約の実施を円滑に進めるために、他の国際機構と協定を締結し、連携を進めるための条項も含まれている。条約の発効前ではあるが、締約国会議の決定により、準備委員会と国連との間では、00年に協定が結ばれている。また、放射性降下物の拡散をシミュレートするための気象データに関しては、WMO から提供を受けている。

しかし、東日本大震災、特に福島原発の事故に際し、CTBTO は重要なデータを受信しながら、民生用の原子力や医療に関する部門を持たない CTBTO 自体ではそれらを活用する方法が無かった。幸いなことに、CTBTO は当日の内にデータを IAEA と世界保健機関（WHO）に提供し、対策に役立てることができた。この経験を踏まえ、震災から1週間後の3月18日には、IMS から収集したデータを、条約の締約国と同様に IAEA と WHO にも提供する合意が成立した。さらに、3月28日に潘基文国連事務総長が開催した原子力事故に対応するための国際的な枠組みに関するテレビ会議の席上、CTBTO 暫定事務局のティボル・トート事務局長は、この分野で、IAEA を始めとする関連諸機関との連携、協力を積極的に進める方針を明らかにしている。

また、現地査察の実施に関しても、すでに豊富な経験を有する化学兵器禁止条約機関（OPCW）との交流を強化しており、CTBTO の現地査察実施訓練に OPCW の担当者が参加するなどの試みが進められている。このように関連する他の国際機構との連携を進めることは、CTBTO 本来の任務の強化につながるだけでなく、収集したデータの潜在力を引き出すものであり、結果として CTBTO の活動の費用対効果を改善し、国際社会の支持を得るためにも重要なものであると言える。しかし、条約が未発効のままではまだそれらの機構と正式に協定を締結することは難しく、この点でも制約があると考えられる。

4　今後の展望

1　発効前の選択肢

　CTBTの検証制度を改善することによってその信頼性を確保、向上し、また、IMSから得られたデータを核爆発の監視以外の分野にも応用することは、国際社会におけるCTBTの重要性を確保し、発効を促進するために極めて重要である。しかし、条約が未発効であるために議定書や付属書を含めてCTBTの条文自体を改正することはできず、たとえば条約の改正が必要な旨が明記されている人工衛星からの監視の導入などは不可能である。現在に至るまでCTBTは既存の条約の枠内で、準備委員会の合意や条約で認められている検証制度の運用手引書の改定の範囲内で基本的に監視技術の向上に対応してきた。しかし、この方法では全く新しい検証技術の導入を含め、大幅な変更は困難であり、将来的にはこのような条約の改正を伴わない方法で状況の変化にCTBTを適応させてゆくことには限界があると言わなければならないだろう。

　そのような状況の中で、実質的に条約を改正し、検証制度を更新し、新しい要請に対処するためには、いくつかの方法が考えられる。1つは「ラテンアメリカ及びカリブ地域における核兵器の禁止条約」（トラテロルコ条約）のように、すでに批准した国々の間だけで、条約を暫定発効させ、条約の改正条項を用いる方法である[3]。しかし、あらかじめ該当する条文が含まれていたトラテロルコ条約と異なり、そのような規定の無いCTBTで同じ方法が可能かどうかは疑問が残るところである。

　また、新しい検証技術の追加やデータの提供の拡大だけなら、追加議定書を作成するという方法も考えられるであろう。そして、条約本体と同じように準備委員会により追加議定書の実施準備を進め、条約が正式に発行した際には、追加議定書も発効するように規定しておくことで、実質的に条約を改正することは可能である。ただし、この方法は新しい要素の追加には向いているものの、条文を書き換えるような改正は技術的に難しいかもしれない。

　条約の発効前に実質的に条約を改正する方法としては、国連海洋法条約

(UNCLOS)の第11部深海底に関する規定に関して行われた、実質的に条約を改正する内容の実施協定書を作成し、これをあわせて批准することで、条約の発効と同時に、実質的な改正も発効するというアプローチの前例もある。しかし、これは例外的な手続きであり、事実上条約の再交渉を迫るものであり、果たして現状で各国がこのような異例の手続きに合意するかどうか、疑問が残る。

さらに、最後の手段としては、かつて国際貿易機関（ITO）のハバナ憲章が結局未発効に終わった際に、本来はその一部として考えられていた「関税及び貿易に関する一般協定」（GATT）だけが抜粋される形で成立、存続し、結局世界貿易機関が成立するまで国際的な貿易体制の基盤となったように、CTBTが未発効に終わった場合でも、IMSとIDCを中核とする検証制度は維持するという協定を作成し、各国がそのデータを活用するという選択肢も存在はするだろう。もちろんこのような協定を別に作成することは、事実上CTBTの発効を断念するという意味であり、現時点でそこまで悲観的になる必要はないだろう。

こうして見ると、いずれの選択肢も一長一短があり、やはり条約の正式発効を完全に代替するものではない。

2　発効の見通しとCTBTの将来

CTBTは、条約案の成立当初からその早期発効が危ぶまれていたが、結局採択から20年が経過した現在に至るまで発効の見通しすら立っていない。しかし、CTBTが採択され、多数の国による批准がすでに得られていることの意味は決して小さくはない。現実に北朝鮮を除く核兵器保有国は、事実上核爆発実験の停止を余儀なくされている。また、条約の検証制度はすでにほぼ完成し、その能力と信頼性については、東日本大震災という大きな災害の中にあって証明されただけでなく、核爆発の監視という本来の任務以外の分野へも応用できる可能性が検討されるまでになっている。条約は発効していなくとも、条約の目的はほぼ達成されているという若干皮肉な状況である。

しかし、現在の条約が未発効という状態のままでは、将来的な状況の変化や

技術の発達に十分に対応することができず、CTBT がその価値を失う危険性は高いだろう。そのような事態を回避するためには、CTBT の 1 日も早い発効が望ましいことは言うまでもない。同時に、仮に早期発効が困難であったとしても、実質的に条約を改正する方法を検討しておくことは、継続的に条約の信頼性と有効性を確保するために重要であろう。逆説的であるが、条約の早期発効が困難であるという前提で、なおかつ CTBT に状況の変化へ対応する方法を見出そうと努力することで条約への信頼性を高めることは、未批准国に対し、結果として批准を促す効果も持ち得るであろう。

【注】
1） PTBT の主な目的は、環境保全であったとの指摘も根強い。(Ramaker *et al.* 2003：7)
2） CD で同時に複数の大きな条約交渉を実施するのは困難であったにもかかわらず、1995年にあえて兵器級核分裂性物質生産禁止条約（カットオフ条約）の条約交渉開始を決議したのも同じ理由であると考えられる。
3） 実際にトラテロルコ条約のような暫定発効に関する条項をあらかじめ設けるべきであるとの提案が交渉中にはあったが、採用はされなかった。(Ramaker *et al.* 2003：238)

〔参考文献〕
浅田正彦（2000）「CTBT と条約法条約第18条」『法学教室』238号、34-37頁
浅田正彦（2003）「未発効条約の可能性と限界」山手治之・香西茂編『現代国際法における人権と平和の保障』東信堂、381-421頁
浅田正彦（2004）「国際機構の法的権能と設立文書の法的性格」安藤仁介ほか編『21世紀の国際機構：課題と展望』東信堂、99-171頁
一政祐行（2008）「核実験の禁止と検証」浅田正彦・戸﨑洋史編『核軍縮不拡散の法と政治』信山社、223-245頁
黒澤満（1997）「包括的核実験禁止条約の基本的義務」『阪大法学』47巻 4・5 号、207-228頁
小鍛治理紗（2011）「CTBT を巡る状況と今後の課題」『軍縮研究』2 号、49-70頁
広瀬訓（2008）「多国間核軍縮・不拡散交渉と核敷居国問題」浅田正彦・戸﨑洋史編『核軍縮不拡散の法と政治』信山社、203-222頁
広瀬訓（2012）「核実験の禁止」黒澤満編『軍縮問題入門　4 版』東信堂、85-105頁
福井康人（2013）「核実験監視体制のあり方——CTBT を超えた監視体制をめざして」『国際安全保障』41巻 2 号、116-132頁
堀江訓（2000）『包括的核実験（CTBT）の現状と展望』（財）日本国際問題研究所 軍縮・不拡散促進センター「軍縮・不拡散問題シリーズ」No. 9
堀江訓（1997）「核軍縮・不拡散における普遍性と平等性——CTBT 第14条をケースとし

て」『北陸学院短期大学紀要』28号、211-225頁
Dahlman, Ola, *et al.* (2009) *Nuclear Test Ban: Converting Political Visions to Reality*, Netherlands: Springer.
Deibel, Terry L. (2002) "The Death of A Treaty," *Foreign Affairs*, Sept/Oct 2002, Vol.81 Issues 5.
Mackby, Jenifer (2015) "Did Maridia Conduct a Nuclear Test Explosion? On-Site Inspection and the CTBT," *Arms Control Today*, Vol.45 No.1.
Medalia, Jonathan (2012) *Comprehensive Nuclear-Test-Ban Treaty: Background and Current Development*, Congressional Research Service, USA, August 3, 2012.
Melamud, Mordechai *et al.* eds. (2014) *Banning the Bang or the Bomb?*, Cambridge : Cambridge University Press.
Ramaker, Jaap, *et al.* (2003) The Final Test: A History of the Comprehensive Nuclear-Test-Ban Treaty Negotiations, Technical Secretariat of the Preparatory Commission for the CTBTO (http://www.ctbto.org/, last visited, 10 March 2015).

第 II 部

国家と核兵器

第5章

欧州の安全保障とNATOの核政策

倉科　一希

1　なぜ欧州の核兵器はなくならないのか

　1989年に東欧の共産党政権が相次いで崩壊し、さらに91年にソ連邦が解体して冷戦が終結すると、欧州の国際関係に画期的な変化が起こった。米ソ対立の最前線であり、東西両陣営が大量の通常兵器と核兵器を手に睨み合っていた欧州で、東側陣営の解体と大規模な軍備削減が行われたのである。さらに旧東欧諸国および旧ソ連の一部が、NATO（北大西洋条約機構）とEU（欧州連合）に加盟し、かつての西側陣営に組み込まれた。ウクライナに見られるように、ロシアと西側諸国の間に一定の緊張が生まれているものの、冷戦期と比較すれば明らかに欧州の国際関係は安定している。

　では、なぜこの地域から依然として核兵器がなくならないのであろうか？冷戦期の西欧は、ソ連とその同盟国の脅威にさらされていた。米国は、東側の膨大な地上軍からこの地域を防衛するため、大量の核兵器を配備した。また、英国とフランスはそれぞれ独自に核兵器を開発した。これらの兵器は、欧州の国際関係が大きく変化した現在でも、依然として維持されている。もちろん配備された核兵器の数は大幅に減っており、特に米国の核兵器の減少が著しい。しかしながら、主な目標であった東側の軍事的脅威がほぼ消滅した現在では、米国が欧州に何らかの核戦力を配備したり、欧州諸国が核兵器を保有したりする必然性に乏しいように見える。現在の欧州国際関係において、核兵器にどのような必要性があるのだろうか[1]。

　この問題を検討する上では、まず、そもそも欧州に核兵器が配備された目的

を検討する必要がある。ソ連に対抗することが、欧州の核戦力の唯一の目的だったのだろうか。もし異なる目的が確認できるなら、冷戦の終焉は欧州に核兵器を置く理由の1つがなくなったにすぎず、他の目的を達成するために核兵器が依然として保持されていると考えられる。これに対して、もし対ソ関係のみが目的だったなら、冷戦終結後に新たな目的を見出した可能性を検討する必要があるだろう。

したがって本章では、50年代末から60年代中頃の核兵器をめぐるNATOの議論を検討し、主要な西側諸国の核兵器政策が決定された過程を検討する。この時期に着目するのは、米国の核兵器の配備と英仏の独自核戦力、NPG（核計画部会）を通じた情報共有からなる現在の欧州核兵器体制が、60年代中頃に確立したからである（岩間 2013：37）。この体制の形成に至る過程を解明することで、当時は欧州の核兵器にどのような役割が期待され、現在ではそれがどう変化したかを検討する。

本章ではまず、欧州の核兵器体制の現状を描写した後、この体制が形成された当時、西側諸国が直面した問題を検討する。その上で、この問題を解決するために取られた具体的な措置、すなわち米国による欧州への核兵器の配備と非核保有国との関係、そして英仏および西独の核兵器政策を検討する。

2　NATOにおける核戦力の現状とその起源

現在、欧州に核兵器を配備しているのは米国、英国、フランスの3カ国である。これは1960年にフランスが核兵器を開発し、世界で4番目の核保有国になって以来変わっていない。しかし、この地域に配備された核戦力は大きく変化している。米国とソ連が激しく対立した80年代中頃に、上記3カ国合計で9000発以上の核弾頭が欧州に配備、または欧州で使用することを前提に配備されていた（Gregory 1996：2）。これに対して現在では、米国の航空機に搭載する核弾頭が180発、英国の潜水艦に搭載された核弾頭が225発、フランスの潜水艦搭載および航空機搭載の核弾頭が300発と言われている（Blechman and Rumbaugh 2014；長崎大学核兵器廃絶研究センター 2014）。

これらの核兵器を管理する枠組みは、冷戦期からさほど変わっていない。米国と英国の核兵器はNATO統合軍の一端をなしており、その核兵器は全NATO加盟国が共同で策定した統一作戦計画に従って実戦に投入される。66年にこの統合軍事機構から脱退したフランスは、2009年まで自国の決定に基づいて核兵器を使用できた。しかしフランス政府は09年にNATOに復帰し、米英と同じように統一の作戦計画に基づいて核兵器を使用することになる（山本 2013：97）。ただし、統一作戦計画があるからといって、NATOが核兵器の実戦使用を決定するわけではない。米国の核兵器に関する決定権は、米大統領の手にある。また英国の核戦力も、国益にかかわる緊急の場合には独断で使用できることになっている。したがって、特に米国の核兵器について、作戦計画や配備状況、核兵器の性能などの情報を他のNATO諸国と交換し、協議を行う必要があった。このような機能を果たすのが、上述したNPGである。

 このような欧州の核兵器体制は、50年代末から60年代中頃に段階的に成立した。ソ連の核戦力が拡大して、米ソ間に「核の手詰まり」状態が生じるという見通しが、その発端になった。ソ連が米国本土を核攻撃できるようになれば、米ソ双方が核戦争による滅亡を恐れて核兵器の使用をためらう「核の手詰まり」が生じると予想された。この予想は一方で、米ソ両国政府に直接衝突の回避を促し、欧州を中心に「本来的な意味での冷戦」（石井 1992：48）を成立させた。その一方で、「核の手詰まり」状態の予想がNATOを大きく揺るがし、欧州における核兵器のあり方に影響を与えていった。

 NATOが揺らいだ原因は、この同盟の根幹をなす米国の拡大抑止が、「核の手詰まり」によって信頼性を失うことにあった。ソ連が欧州を攻撃すれば米国が核兵器で対抗するという脅しによってソ連の攻撃を抑えるのが、拡大抑止である。この戦略の前提は、米国が核兵器を自由に使えることにある。しかし「核の手詰まり」状態では、米国の核攻撃に対してソ連も核兵器で報復攻撃を行う可能性が高いため、米国政府が核攻撃を控えるかもしれないという疑いが生じる。そうなれば、米国の拡大抑止は成立しなくなる。

 米国の拡大抑止の信頼性が揺らぐと、西欧諸国の中には自ら核兵器を開発したり、地域内で協力して核兵器を製造したりして、米国に頼らない安全保障を

模索する動きが現れた。このような動きが本格化すれば、西欧諸国は米国との同盟を不必要とみなすかもしれない。仮に独自の核兵器開発を断念したとしても、依然として米国への不信を拭えず、ソ連に接近して自国の安全を確保しようとするかもしれない。いずれの場合でも米欧関係が悪化し、NATOの弱体化や、西欧諸国が米国と距離をとる独自政策の追求につながりかねなかった。

　特に重要だったのが、西独（当時）の核兵器開発を阻止することであった。2つの世界大戦を引き起こしたドイツに対する周辺諸国の警戒感は、第2次世界大戦の結果としてドイツが分断された後も拭いきれなかった。54年に西側諸国は西独の再軍備を認めてソ連の封じ込めに動員することを決めたが、その際には周辺諸国の不安を抑えるために特別な措置が取られた。これを「二重の封じ込め」と呼ぶ。西独が核兵器を保有すれば、「二重の封じ込め」で抑えていた周辺諸国の不安が再燃するかもしれない。ドイツの将来への不安を拭うためにも、拡大抑止の信頼性を回復することが重要だった。

　この課題を達成する上で、当時の米国政府は核兵器共有と呼ばれる一連の政策を用いた。米国の核兵器を同盟国が直接運用したり、米国の核政策の形成に同盟国が関与したりすることで、必要な時には米国の核兵器を利用できるという確信を与える政策であった。NATO諸国がこのような認識を持てば、米国との同盟の意義を再確認し、自ら核兵器を開発する意欲を削ぐことができる（鶴岡 2013：4）。このような狙いから、アイゼンハワー政権からケネディおよびジョンソン政権にかけて、米国と西欧諸国の間で核兵器共有をめぐる交渉が進められたのである。

3　米国による核兵器共有の提案

1　核兵器共有策の概要

　米国政府が提案した核兵器共有策の中で、NATO核備蓄計画とNPGは実現したが、MLF（多角的核戦力）は長い間検討されたものの結局は実施しなかった。現在の欧州核兵器体制の起源を検討する本章の趣旨から重要なのは、MLFの放棄とNPGの設立が確定した1960年代中頃である。

第5章　欧州の安全保障とNATOの核政策

　最初に実現した核兵器共有策は、57年のNATO首脳会談で導入が決まったNATO核備蓄計画であった。ソ連の人工衛星打ち上げで「核の手詰まり」への不安が募る中で開かれたこの首脳会談の目的は、米国の拡大抑止の信頼性を速やかに回復することだった。NATO核備蓄計画は、ソ連との戦争が始まれば米国の核弾頭をNATOの非核保有国に提供し、これら同盟国の軍隊も核兵器を使用できるようにするものだった。必要な時に核弾頭を速やかに提供するため、これらの弾頭は事前に同盟国領内に貯蔵された。

　基本的には戦場で敵の軍隊に対して使用される戦術核兵器を中心としたNATO核備蓄計画に対して、ソ連本土の都市などを攻撃する戦略核兵器を共有する提案も実現された。米国が英国やイタリアに配備したIRBM（中距離弾道ミサイル）がそれである。これらのミサイルは、米国と配備国の合意によって実戦投入されることになっていた。ただし、米国が北米大陸からソ連を直接攻撃できるICBM（大陸間弾道ミサイル）を開発すると、西欧のIRBMは戦略的価値を失い、老朽化に伴って撤去された。同じように戦略核兵器の共有を提案したのがMLFである。

2　MLF提案とその展開

　60年12月にアイゼンハワー政権が提案したMLFは、ケネディ、ジョンソン両政権に引き継がれ、66年初頭まで米国の公式提案であり続けた。結局実現しなかったMLFではあるが、その交渉過程を検討することで、核兵器共有がさまざまな目的を達成するために導入されたことが明らかになる。

　MLFは、国際機関を新設してこれに核戦力を保有・運用させる計画だった。その戦力は、核ミサイルを搭載する新造の水上艦艇25隻からなる。実際の運用は加盟国の兵員が行うが、1カ国が独断で核兵器を使用できないよう、1隻あたり少なくとも3カ国の兵員が乗り込む混成運用方式を取ることになっていた。NATO核備蓄計画と異なってソ連本土を攻撃できる戦略核兵器を配備する一方、複数の国家が参加する国際機関が主体となる超国家性を有する点でIRBM配備とも異なっていた。

　MLFは米国の拡大抑止の信頼性を回復しつつ、西独に対する不安を惹起し

ないように設計された。非核保有国も含む MLF 加盟国の兵員が核兵器を直接運用することで、非核保有国に同盟の核政策決定にかかわっていると認識させ、自ら核兵器開発に踏み切らないようにする。その一方で、特に西独が核兵器を保有するという印象を避けるため、MLF の超国家性が強調された。この手法は、超国家的な国際機関を通じて西独経済を周辺諸国と緊密に結び付け、西独への脅威感を和らげる欧州統合の延長線上にあった。

その一方、米国政府内には MLF に批判的な声も強かった。特に前任者からこの提案を引き継いだケネディ政権には、MLF に否定的な声があった。しかしケネディ政権の態度は、63年1月に急変する。この時、フランスのドゴール大統領が、米国が支援する英国の EEC（欧州経済共同体）加盟申請を公然と拒否したのである。さらにそのフランスと西独が独仏協力条約（エリゼ条約）を締結したことで、仏独の率いる西欧が米国から自立するとの懸念が広がった。そこでケネディ政権は、西独との提携を強めるため、MLF の早期実現を目指した。11月のケネディ暗殺で大統領に就任したジョンソンも、この政策を継承した。しかし64年後半になって、西独以外の西欧諸国が MLF に消極的ないし反対であることが明らかになり、MLF がかえって NATO を分裂させかねないという懸念があがった。これを受けて64年末にジョンソン大統領が方針を転換し、米国は積極的に MLF の実現を目指さないことを決定した。MLF は米欧同盟の維持を目的に導入され、その米欧同盟に軋轢を生じさせかねないとして敬遠されたのである（倉科 2014：248-249）。

ジョンソン大統領が積極的に MLF を支持する政策を変更した後も、米国政府はこの提案を完全に放棄したわけではなかった。MLF を支持してきた西独政府の梯子を外すことになるのを恐れたためだった。しかし65年春、米国が新たな核兵器共有策である NPG を提案すると、核兵器共有の焦点は徐々に変化していった。

3　MLF と NPG の選択

65年5月の NATO 国防相会議で、米国のマクナマラ国防長官が NPG の原型となる選抜委員会構想を発表した。この構想には、NATO 核備蓄政策や

MLFとは大きく異なる特徴があった。従来の核兵器共有策が非核保有国に核兵器の運用に直接かかわらせることを想定したのに対して、NPGが実現しても核保有国のみが核兵器運用することは変わらなかった。非核保有国の関与は、米国から核兵器に関する情報を提供され、これについて協議を行うことのみとされた。情報交換や協議に限定した核兵器共有策をソフトウェア方式と呼び、非核保有国が直接運用にかかわるハードウェア方式と区別する。この時まで核兵器共有がハードウェア方式を中心に議論されていたので、選抜委員会提案はソフトウェア方式に議論の方向を変える一歩になった。

「選抜委員会」提案は、4ないし5カ国の国防相からなる委員会を設置し、核兵器に関する協議を行うものであった。米国政府や西欧諸国には、この計画を歓迎しない声があった。米国の国務省や西独政府には依然としてMLFへの支持が根強く、選抜委員会を実現すればMLFが放棄されるのではないかという警戒があった。また、選抜委員会の構成国をめぐる軋轢もあった。米英仏独伊の参加は当然視されていた（ただしフランスは出席しないと想定されていた）が、それ以外にどの非核保有国が参加するかをめぐって、対立が生じた。さらに強い反発を招いたのが、西独の扱いだった。11月に特別委員会と改名して開かれた第1回国防相委員会や12月のNATO閣僚会談の際、米英独3カ国の国防相が夕食会を開いたという情報が、他の国々の不満を煽ったのである。

にもかかわらず、特別委員会がMLFに代わって核兵器共有の中心を占めるようになる。その一因は、11月の特別委員会を高く評価した米国政府が、これをMLFの代替策にしようとしたことである。一方の西欧諸国にも、対仏関係を考慮して、MLFよりも特別委員会を好ましいとする声が広がった。この年の6月以来、農業政策の対立からフランスがEECの協議をボイコットしていた。この「空席危機」の間も、イタリアやベネルクス諸国はフランスの復帰を望んでいた。フランス抜きでは西独がEECを支配することになると警戒したためである。そしてこれらの国々は、核兵器共有の問題が対仏関係を悪化させないよう配慮し、フランス政府の反対が小さい特別委員会を支持するようになっていた（倉科 2013：36-43）。

結局、66年3月にジョンソン大統領が事実上のMLF放棄を決定し、核兵器

共有に関する議論に決着がついた。本節の議論は、核兵器共有の交渉がNATO加盟国間のさまざまな思惑によって影響されたことを明らかにしている。それゆえ、米国が西欧に配備している核兵器の推移も、同盟国との関係という視点から検討しなくてはならないのである。

4　西欧諸国の反応

1　英国の核戦力とその意味

　英国は1952年に独力で核兵器を開発し、米ソに次ぐ核兵器保有国になった。英国の核戦力は、ソ連に対する抑止という軍事的目的のみならず、西側陣営内の政治的な目的をも達成するための手段であった。すなわち、米国から独立し、他の西欧諸国と峻別された「大国」としての英国を象徴するのが、英国独自の核戦力だったのである。その一方で英国政府は、戦略的に有効な核戦力を独力で維持することができず、米国の技術支援に依拠するようになっていた（橋口 2001：52-53）。英国の核政策に内在するこの矛盾は、核兵器共有をめぐる英国政府の対応にも顕著に表れていた。

　核兵器共有、特に戦略核兵器の共有を図るMLFは、英国政府の政策をくつがえしかねなかった。米国政府の一部には、MLFに英仏の独自核戦力を吸収しようとする目論見があった。そうなってしまえば、英国は米国に従属する1同盟国にすぎなくなる。英国が参加せずにMLFが実現した場合でも、英国とMLF参加国との差は曖昧になり、英国の「大国」性が揺らぎかねない。したがって英国政府は、公然と反対することは避けたものの、MLFに消極的な姿勢を続けたのである。

　その一方で、英国が単独で核戦力を維持できないことは日に日に明らかになっていった。米国が英国に最新鋭ミサイルの提供を約束した62年のナッソー協定は、その典型である。ケネディ政権はこの時、特別な場合を除いてNATOの指揮下に置くという条件で、ミサイル提供を約束した。一方の英国政府内は、独自核戦力の条件を「兵器システムの保有、維持、管理」を自ら行って、戦略核兵器の実戦投入の最終決定権を自国政府が保持していることと

定め、米国製ミサイルの導入や、戦略核戦力をNATOの指揮下に置くことを受け入れた（橋口 2001：57）。これ以降の英国は、米国の支援を受けて「独自」の核戦力を維持するのである。

64年に成立した労働党政権は、MLFの修正を提案した。混成運用方式下にある水上艦隊の規模を縮小する一方、英米が同程度の戦略核戦力を提供し、両者を併せて国際委員会の管理下に置くANF（大西洋核戦力）構想である。労働党政権はNATOが存続する限り核戦力を提供すると約束したので、これをもって英国が「独自」核戦力を放棄したという解釈がある（小川 2013：159-161）。その一方、英国が自国の提供する核戦力を他国の将兵が運用することを拒否し、さらに国際委員会では米英のみに拒否権を認めるよう求めていたので、英国は依然として非核保有国より有利な立場を維持しようとしたと考えられる（Dockrill 2002：60-63）。

英国政府は、米国や他の西欧諸国との関係で「独自」核戦力が政治的な役割を果たすことを意識して、核兵器政策を決定していた[2]。技術的・財政的な国力の低下に悩まされながら、政治的な手段としての核兵器を維持し続けたのである。

2　フランスの自立を「演出」する核兵器

フランスの独自核戦力は、西側の一員でありながら独自路線を追求したこの国の外交政策の重要な手段であった。60年に独力で核実験に成功したフランス政府は、米国の協力がなくとも独自の政策を追求する意志と能力があることを誇示した。さらに、独自の核戦力を保持することで、米国に依存しない自立した大国になったという印象を与えた。実際にドゴールは、核実験の成功までベルリンをめぐる首脳会談を引き延ばし、核保有国の立場を活用しようとした（Buffet 2002：83）。

フランスが核保有国として特別な地位を主張するということは、非核保有国に対する優位を主張することである。たとえば大統領就任直後、ドゴールは米英仏による自由主義陣営の共同管理を提案した。他の西側諸国に対して、この3カ国の優位を主張したのである。さらに彼は、西独のアデナウアー首相と親

交を結んで仏独の関係改善を進めたが、この仏独友好はフランスの優位を前提とするものであった。

しかしながら、フランスの核戦力は抑止力としてあまりに貧弱だった。核実験成功から3年後、フランスは核弾頭を実戦配備したが、これは航空機搭載型にすぎなかった。防空システムの発達で航空機による敵都市部への侵入はすでに困難であり、同時期の米国は長距離ミサイルを配備していた。同種の兵器をフランスが配備したのは70年代に入ってからで、米英ソから大きく遅れた（Heuser 1997：101-102）。独自の核抑止力を保有したというレトリックに反して、フランスの安全保障は、実質的に米国とNATOに依存していたのである。フランスの政策は、その貧弱な核抑止力を、自立を象徴する外交上の装置として利用する「演出された自立」にあった（渡邊 2013：246-250）。

では、核兵器共有はフランスの自立の「演出」にどのような影響を与えたのだろうか。米国との関係では、フランスの核戦力が核兵器共有に取り込まれ、独自性を演出する装置としての機能を失う恐れがあった。そのためフランスは、MLFへの自国の参加を拒否し続ける。ケネディ政権がナッソー協定の直後にフランスにも同種の提案を行ったが、フランス政府はこれも拒否している。NPGについても、当初から自国の参加を拒否していた。自立の体裁を整えるために、核兵器共有を拒否したのである。

しかし問題は、フランスが核兵器共有に参加しないだけでは解決されない。核兵器共有が実現してNATOの非核保有国が核兵器の運用にかかわるようになれば、核保有国としてのフランスの特別性が揺らぎかねないのである。特に西独が核兵器の運用にかかわれば、フランスの優位を前提とした仏独和解にも影響が及びかねなかった。

したがってフランスは、西独が実際に戦略核兵器の運用に参加するMLFを厳しく批判するようになった。当初は西独のＭＬＦ参加に反対しなかったフランス政府は、64年後半からこの計画の実施そのものに反対するようになった。当時の駐米フランス大使は、アメリカ政府に対してMLFが同盟を「分断」させかねないとまで警告している。この年の7月、西独のエアハルト新首相との会談が失敗に終わり、アデナウアー期のような親密な仏独協力が見込めなかっ

たことなどが影響したと考えられる（倉科 2014：241）。興味深いことに、戦術核兵器の運用にとどまる NATO 核備蓄計画や、西独が核兵器の運用にかかわらない NPG に対して、フランスは MLF ほど厳しく反対していない。

　フランスの核戦力は、フランスと西欧の非核保有国、特に西独を峻別する装置であった。しかしこの戦力は、独自の核抑止力の証明としてはあまりに貧弱であった。この矛盾を覆い隠すため、フランスは MLF に反対したのではないだろうか。そしてその強い反発は、上述したように他の西欧諸国の姿勢にも影響を与え、MLF が放棄される一因になったのである。

3　核兵器と西独の平等性の追求

　西独は、米国が提案する核兵器共有策とこれをめぐる論争の中心にあった。「核の手詰まり」状態の中で西独が独自に核兵器開発に踏み切るのではないかという不安が、米国政府をして相次ぐ核兵器共有策を提案させた。その一方、核兵器共有の名の下に西独が自由に核兵器を使うという不安が広がれば、かえって西独への不信を煽りかねなかった。

　では、西独政府は核兵器共有や核兵器をどう考えていたのだろうか。西独政府は NATO 加盟が認められた54年に核兵器の製造を放棄したが、その保持や使用を否定したわけではなかった。実際に50年代後半には、NATO 核備蓄計画の下で米国が西独連邦軍に戦術核兵器を提供している。さらに57年には、仏独伊共同の核開発計画が持ち上がった。西独政府は MLF にも強い興味を示し、さらにフランスとの協力を模索する声もあった。

　西独にとって核兵器は、西側の最前線に位置する自国の安全を保障するだけでなく、政治的な装置としての意味も持っていた。特に西独政府が西側陣営の中で他国と平等な地位を求めたことが、核政策に影響を与えた。西独政府は周辺諸国に自国への警戒心が根強いことを理解していたが、その一方で同盟国として対等の立場を認めるよう求めた。第一次世界大戦後の懲罰的な講和がナチスの台頭を招いたという理解から、西独への不平等な扱いは他の同盟国にとっても望ましくないと主張したのである。たとえば上述した核兵器製造放棄は、敗戦国に対する懲罰にならないよう、西独が自ら放棄するという形を取った。

また、50年代後半からソ連政府が東西両独の非核化を提案するようになったが、西独政府はドイツに対する差別的な措置であるとして強く反発した。

このような西独政府の立場からすると、核兵器共有は自国に対する不安を煽らずに軍事的な安全保障を確保し、他の参加国との平等を確保できる装置であった。したがって西独政府は核兵器共有を支持し、60年代前半には西欧諸国の中で唯一MLFに積極的であった。一方で英国が提案したANFについては他国の将兵が、英国の核戦力の運用に関わらないことに強く抵抗した。NPGについても、非核保有国の筆頭として参加を認められたことは評価したように見える（岩間 2013：50）。選抜委員会構想の発表以来、参加国の選択をめぐって議論が生じていたが、この委員会に席を得ることが政治的な資産であるとの認識があったことを示唆している。

西独政府は安全保障上の理由と同時に、西側諸国との平等性を確保するために核兵器共有を支持した。英国やフランスが「大国」として他の同盟国とは異なる地位を確保するため、独自の核戦力に固執したのと対照をなす。西独は結局、核兵器の分野で英仏との対等性を得ることができなかった。しかし成長を続ける経済が、現在の西独に大きな影響力を与えることとなった。

5　今後の展望

米国の拡大抑止の信頼性を回復するために提唱された核兵器共有は、米国の優位に対する西欧諸国の不満、西欧諸国間の影響力をめぐる競争、西独に対する根深い不信などと絡み合いながら、欧州の核兵器体制に定着した。この核兵器体制は、ソ連圏に対する安全保障策であると同時に、米欧関係および欧州国際関係を調整する役割も果たしていたのである。したがってソ連圏の脅威が消滅しても、核兵器体制が直ちに目的を失うわけではなかった。

では、冷戦終結から20年以上を経た現在において、かつての核兵器体制を必要とした米欧関係・欧州国際関係の要因を確認できるだろうか。米欧関係については、米国政府がアジア・太平洋地域により関心を払うようになっているので、欧州政策を見直す可能性がある。ただし、欧州諸国の反応には不透明な部

分が残る。ウクライナ問題でも明らかなように、ロシアとの関係は必ずしも安定していない。そのため、特に旧東欧・ソ連圏諸国にとって、NATOを通じた米国の安全保障が無意味になったとは言えない。また、米国は長きにわたって欧州国際関係にかかわっており、その全面的な後退は欧州諸国を動揺させる可能性がある。米国にとって欧州の重要性が後退したとしても、欧州にとって米国の重要性が大きく減じたとは言えないであろう。

　欧州国際関係を検討する上では、まず欧州統合に着目する必要がある。冷戦終結後に著しい進展を見せた欧州統合であるが、近年はかつてほど順調に統合が進んでいるとは言えない。むしろ欧州統一が遠のいたとする「統合の終焉」さえ論じられている（遠藤 2013：233-234）。もちろんこれは、欧州統合が意味を持たなくなったということではない。しかし当面の間は、欧州各国の政府がEUの枠組みの中でそれぞれの利益を追求して競合を続けるであろう。この競合関係の中で、引き続き米国の存在を求める声も残ると予想される。

　今後しばらくの間は米欧関係・欧州国際関係に大きな変化が起こらないと仮定した場合、欧州における核兵器体制の変化はどのようにして起こるのだろうか。最初に考えられるのは、厳しい財政状況から各国政府が核戦力の削減を選択する可能性である（Blechman and Rumbaugh 2014）。ただし、歴史上は国防予算削減のために核兵器に依存した例もあるので、財政問題が直ちに核戦力の廃絶につながるとは言えない。

　もう1つの可能性は、核兵器が政治的な影響力の源泉としての価値を大きく減じ、核保有国であることが影響力の増大につながらないと認識されることである。このような認識が広がれば、各国は核兵器よりも効率的な影響力の源泉に資源を集中するであろう。財政問題の深刻化は、この傾向を強化するはずである。たとえばドイツの場合、核兵器の保有やNATO核政策形成への参加よりも、自国の経済力の方がより大きな影響をもたらすと判断する可能性がある（岩間 2013：51）。ただし、それぞれの国家が置かれた状態によって判断は異なるであろう。たとえばドイツより経済状態の厳しい英仏にとって、核戦力に代わる影響力の源泉は入手困難かもしれない。またNPGに参加する欧州小国も、核政策形成への参加に代わる源泉を見つけることができず、NPGを空文

化しかねない戦術核兵器の撤廃に反対するかもしれない。欧州における核兵器廃絶の行方については、各国の状況や統合の進展、欧州外の国際関係との関連などを踏まえた検討が必要である。

【注】
1）　この問題を検討する前提として、冷戦後の欧州における NATO の役割を検討する必要があると思われるが、稿を改めて論じたい。
2）　英国が核兵器開発を決定した背景に、ソ連との対抗という東西対立に加えて、大国としての地位を保持することや、米国への影響力行使の手段とする目的があったことも指摘されている。橋口 2015 を参照。
3）　ただし西独政府内では、外交政策をめぐる親米派と親仏派の対立があり、MLF はその焦点になっていた。倉科 2014 などを参照。

〔参考文献〕
青野利彦（2012）『「危機の年」の冷戦と同盟——ベルリン、キューバ、デタント 1961～63 年』有斐閣
石井修（1992）「冷戦の『55年体制』」『国際政治』100号、35-53頁
岩間陽子（2013）「西ドイツと戦術核兵器」『国際安全保障』40号、36-53頁
遠藤乾（2013）『統合の終焉——EU の実像と論理』岩波書店
小川健一（2013）「核抑止力の『自立』を巡るウィルソン政権内の相克——大西洋核戦力（ANF）構想の立案・決定過程の解明」『国際政治』174号、153-166頁
小野沢透（2010）「アイゼンハワー政権と NATO——拡大抑止をめぐって」肥後本芳男ほか編『現代アメリカの政治文化——20世紀初頭から現代まで（アメリカ史のフロンティア）』昭和堂
川嶋周一（2007）『独仏関係と戦後ヨーロッパ国際秩序——ドゴール外交とヨーロッパの構築 1958-1969』創文社
倉科一希（2008）『アイゼンハワー政権と西ドイツ——同盟政策としての東西軍備管理交渉』ミネルヴァ書房
倉科一希（2013）「NATO 危機と核兵器共有——1960年代における米欧同盟の変容」『20世紀研究』14、29-51頁
倉科一希（2014）「『二重の封じ込め』の動揺——1960年代における米独関係と冷戦の変容」菅英輝編著『冷戦と同盟——冷戦終結の視点から』松籟社、231-256頁
鶴岡路人（2013）「欧州戦術核問題の構図」『国際安全保障』40号、1-18頁
長崎大学核兵器廃絶研究センター（2014）世界の核兵器・核分裂性物質、世界の核弾頭一覧（http://www.recna.nagasaki-u.ac.jp/recna/datebase/nuclear0/nuclear/nuclear_list_201408-3, last visited, 29 April 2016）
橋口豊（2001）「冷戦の中の英米関係——スカイボルト危機とナッソー協定をめぐって」『国

際政治』126号、52-64頁
橋口豊（2015）「イギリスの原爆開発と冷戦——1945～1947年」益田実ほか編著『冷戦史を問いなおす——「冷戦」と「非冷戦」の境界』ミネルヴァ書房、39-57頁
山本健太郎（2013）「フランスのNATO統合軍事機構復帰を巡る一考察」『国際安全保障』40号、86-103頁
渡邊啓貴（2013）『シャルル・ドゴール——民主主義の中のリーダーシップへの苦闘』慶応義塾大学出版会
Blechman, Barry and Russell Rumbaugh (2014) "Bombs Away: The Case of Phasing Out U.S. Tactical Nukes in Europe," *Foreign Affairs*, 93-4, pp. 163-174.
Buffet, Cyril (2002) "De Gaulle, the Bomb and Berlin: How to Use a Political Weapon," in Gearson, John and Kori Schake eds., *The Berlin Wall Crisis: Perspectives on Cold War Alliances*, Houndmills: Palgrave Macmillan.
Dockrill, Saki (2002) *Britain's Retreat from East of Suez: The Choice between Europe and the World*, Houndmills: Palgrave Macmillan.
Gregory, Shaun R. (1996) *Nuclear Command and Control in NATO: Nuclear Weapons Operations and the Strategy of Flexible Response*, Houndmills: Macmillan Press.
Heuser, Beatrice (1997) *NATO, Britain, France and the FRG: Nuclear Strategies and Froces for Europe, 1949-2000*, Houndmills: Macmillan.

第6章

中国の核政策

茅原　郁生

1　大国意識を背景に核戦力を増強する中国

　中国は経済高度成長を足がかりに急台頭したが、領域拡大を追求する中で周辺諸国と海洋での摩擦を多発させている。大国化した自負の下、中国は影響力の拡大を図っており、力で国際秩序の現状の変革を目指していると見られ、関係国の懸念を招いている。中国の大国意識の背景には、経済力に加え強大な軍事力の保有や国連安保理常任理事国としての自負があり、核戦力保持を大国の要件と見ている。

　中国は世界で5番目に核開発に成功した、アジア唯一の核保有国である。核戦力の保有を重視する中国は今日もなお増強を続けており、その核戦力は今や米ロ両国の次に位置付けられる。中国は核戦力について、「力の信奉者的」な安全保障観から軍事力の中核と見ており、国力の源泉だけでなく重要な国際政治のカードとも認識している。現に2015年末には戦略ミサイル部隊である第2砲兵部隊をロケット軍に格上げしている。さらに中国の通常戦力が、情報戦と言われる新しい戦争に対応できる水準に及ばない現状から、最大脅威と見る米国に対抗できる唯一の抑止力は核戦力であると見ている。

　このように中国は政治性も含めた特異な核戦力観に立っており、それは核開発が国益を踏まえた政治的な配慮の中で進められてきたことからもわかる。実際、中国は抗日戦の最終段階で広島・長崎への原爆投下に衝撃を受け、建国後は国共内戦の疲弊も癒えぬ1956年に高度の政治判断により核開発に着手した。そして中ソ対立のリスクを克服しながらの核開発により今日の核大国の地位を

確保している。

　冷戦下では、中国の核戦力は弱者の立場に立って米ソ核戦力に対して中国の生存を賭けた抑止手段として重視し、その分だけ核使用の敷居は低いと見られてきた。今日でも中国は自国を取り巻く安全保障環境を厳しく見ており、通常戦力の劣勢を補う抑止力にも核戦力を位置付けている。したがって冷戦後に米ロ間で進む核軍縮への中国の対応は消極的で、逆に核戦力の増強に努めている。このような姿勢の中国は、「なぜ核はなくならないか」という本書のテーマから見ても、厄介な存在となろう。

　本章の構成は、まず中国の特異な安全保障観や情勢認識から習近平政権の核戦力の位置付けを整理する。そして中国の核開発経緯を振り返って核開発の狙いや中国が核戦力に懸ける政治的な意義を考察し、今日の核戦力の現況や核戦略の実態をまとめる。その上で今日の中国の核政策を検討し、核軍縮など国際的な核管理への対応姿勢を探ることとする。

2　「偉大な中華の復興」を目指す習近平政権と核戦力

1　中国の安全保障情勢の認識

　国際的なパワーバランスの変化を中国はどう受け止めているか、安全保障環境に対する中国の情勢認識を探っておこう。中国では、2年ごとに国務院新聞弁公室から『中国の国防』（国防白書）が発行されるが、その2015年版の1章からから中国を取り巻く安全保障環境の認識を抜粋する。

　まず総括的な見方として「伝統的脅威と非伝統的脅威が混在し、安全保障上の問題が複雑に顕在化した」としている。その上で「中国は多元的で複雑な脅威と挑戦を受けており、軍事的および非軍事的脅威が絡み合う事態への対応に迫られ、国家統一、領土保全などの重い任務の達成に難渋している」とも認識している。そして米国を指す「覇権主義、強権政治、新たな干渉主義の台頭」と「リバランス戦略」を中国の主要な脅威と位置付けている。そこには「世界では軍備競争が熾烈化し、軍事変革（軍事技術の革命的な進展：筆者）は新発展段階に進み、宇宙戦力、反ミサイル防衛、地球規模の偵察・監視能力の近代化が

進む中で、新兵器や戦略核戦力の重要性が増して軍備管理を難しくしている」との見方が示されている。

さらに「新しい戦争は機械化戦争から情報化戦争に移行し」、「宇宙空間やサイバー空間が戦略的キーポイントとなって国際競争を激化させ、軍事ハイテク技術の発展が重要になる」とし、中国の軍事革命の進展の遅れを認識した上で、核戦力への依存を強めている。

このように中国は、軍事的脅威と非軍事的脅威を含む多元的で複雑な脅威に迫られると自覚している。また新しい戦争は情報化戦争となり、統合運用やハイテク兵器などの重要性が増すが中国の水準は遅れていると見て、15年秋に中央軍事委員会軍事改革工作会議で大規模な軍事改革を決定している。このような軍事情勢の認識があって、中国は冷戦後もNPTの「垂直拡散」の禁制にもかかわらず、対米抑止力としての核戦力の強化を進めている。

2　核戦力を大国化の条件とする中国の戦略

中国は、1978年から鄧小平主導の改革・開放政策によって経済の高度成長を遂げ、GDPは2010年には日本を抜いて世界第2位に躍進した。特に中国は、共産党独裁体制による安定の上に経済分野での市場経済の導入で、経済大国に発展してきたが、国民各層の経済格差の拡大などの歪みも拡大している。それでも貿易量は世界一となり外貨準備高は4兆ドルを超える圧倒的な経済力を誇るようになってきた。

一方、中国は核兵器を保有し、核不拡散条約（NPT）に加盟して5核兵器国の一角を占め、核大国として国際政治に大きな影響力を発揮している。特に冷戦終結後、米ロ間での核軍縮が進む中、中国の核戦力の相対的な位置付けは一段と重いものになっている。中国が冷戦後も核戦力の強化を続け、特に運搬手段では、大陸間弾道ミサイル（ICBM）：東風31号などは固形燃料化により車両積載が可能になるなど核戦力の質的強化を進めており、NPT体制が自制を求める核兵器の質的強化「垂直拡散」を強行してきた。

14年秋に北京で開催されたAPEC首脳会議を契機に中国は「特色ある大国外交」を展開し、対米重視外交や周辺国外交を仕切り直した。そこでは習主席

が求めた米国との対等な「新型大国関係」は同床異夢に終わったものの、急台頭する中国の存在感を世界に示すことには成功した。その背景には、米国が12年に、二正面の戦争に同時対処できる軍事戦略を放棄すると発表し、世界の警察官の役割を辞すると宣言したことが象徴する米国の影響力の低下がある。

それでも中国は米国がなお強大な軍事力を保有している実態を現実的に至当に評価している。米国の底力には強大な核戦力だけでなくミサイル防衛網、その基盤となる宇宙空間を戦力化する情報戦能力があることを、中国はしっかりと認めるとともにその米国に対して抑止力となる核戦力の保有を重視している。

そして習主席は「偉大な中華の復興」を目標に、核戦力を大国の威信を象徴する存在として重視している。そしてロシアとともに、米国主導の世界一極体制ではなく、世界の多極化を追求し、米国を牽制しながら米中の相対関係の改善を図っている。実際、習主席は14年秋のアジア信頼醸成措置会議（CICA）で「アジア新安全保障観」を提唱した。その際、「アジアの事はアジア諸国の主導で解決する。アジアにはアジアの安全を維持、促進する能力と知恵がある」と表明してアジア近隣諸国との連携強化とともに対米抑止力につながる核戦力の強化を図って、自国の安全保障環境の改善を目指している。

3　中国の核戦力の位置付けと核開発の狙い

1　特異な安全保障観と核戦力開発の狙い

中国は「力の強い者が勝つ」という「力の信奉者的な安全保障観」を持ち、その根底には近代史の幕開けとなったアヘン戦争で敗北し、列強諸国からの領土侵食で半植民地化された屈辱の体験がある。さらに「力がなければやられる」との特異な認識は、冷戦下で米国やソ連から何度も核攻撃の脅迫を受けた経験に基づいており、核による威嚇への対抗手段として自前の核戦力保有の強い願望を抱いてきた。

中国の原爆開発は、1956年4月25日の中央政治局会議で毛沢東により決断され、「両弾一星（原爆・水爆と人工衛星）の夢」として推進されてきた。その時点の核開発の狙いとしては、①米国によって引き起こされる核戦争から中国を

防衛する、②米国の核による恫喝や脅迫に対抗する、③米国など核大国の核独占を打ち破り、核兵器を廃絶する、などを掲げていた。その背景には、45年8月6日の広島への原爆投下の3日後には内陸奥地の延安革命根拠地の司令部へも原爆が「すべての生物を焼き尽くす兵器」として伝えられた事実がある。そして原爆は強敵日本を降伏させた新型巨大兵器であり、共産革命が成功した後の中国防衛には不可欠な兵器であると強く認識されていた。

　また冷戦下でも米国から核恫喝を受ける中で「他国から侮られないための原子爆弾」と政治的な威信も含めた動機も加味されてきた。中国の核開発は冷戦下の中ソ一枚岩の団結下で着手されたが、中ソ間で対立が激化する中で、中国の核保有にソ連は反対してきた。しかしフルシチョフ首相から「大鍋の薄いスープをすすり合い、パンツさえはけない中国に核兵器を開発・製造する資格はない」との嘲笑に陳毅外相が「パンツをはかなくても核兵器を作る」と反論したエピソードのように、中国の核戦力保有には強い執念があった。

　そして核開発の責任者であった聶栄臻元帥の回想録には「4年前後で原爆を完成、3年間で中程度のミサイル開発、5年前後で長距離ミサイルを完成し、原爆及び関連施設の開発を前提にして空・海・陸の順で軍の近代化を推進する」との楽観的な認識と意気込みが示されていた[1]。

　今日に至っても中国の核兵器の意義は、まず最大の脅威である米国に対する唯一の抑止力としての重い存在である。さらに政治的には、核戦力は大国としての重要な国力の要素であり、国威発揚の手段としての意義も認識されており、核戦力は心理的な脅しとして国際政治における有効な圧力手段でもある。

2　最優先で進められた核開発の経緯

　中国社会科学出版社発行（1987年）の『中国核的工業』を中心に60年代以降の開発の軌跡を見ておこう。56年の核開発の決断を受けて、57年には「中ソ国防新技術協定」の締結で原子爆弾（原爆）の資料やサンプルの提供を受ける手はずであった。しかし60年代を迎える前後に中ソ間の不和が表面化し、ソ連による協力協定等の一方的破棄、科学技術者の引き揚げ等で中国の核開発は打撃を受けた。中国は自力で核開発を推進するため61年11月には国務院に核開発を

担当する第二、第三機械工業部、国防科学工業委員会等を統括する国防弁公室を設置し、軍の大物・羅瑞卿元帥をその主任にすえた。

そして64年10月16日に初の原爆の爆発実験に成功した（以下、経緯は図表１参照）。これは新疆ウイグル自治区ロプノールの実験塔上での実験で、プルトニウム型原爆ではなく、より技術的に困難を伴うウラン235による爆発実験であった。これは中国が当初から対米核反撃力の保有という明確な目的の下、メガトン（MT）級水爆の開発を視野に入れていたことをうかがわせる[2]。

さらに４回目の核実験が同年10月にミサイルの飛翔実験とともに実施され、ミサイル搭載用に核弾頭の小型軽量化の開発がほぼ完成したことを示唆した。文化大革命の混乱にあっても核開発の継続は保障され、同年６月17日に中国は初の水爆実験に成功し、引き続き70年までに３MT級の核実験を集中的に繰り返した。中国の核開発は、最初の原爆実験以降のテンポが早く、水爆実験成功はフランスよりも早かった。また核開発の進展に伴い中国は66年に戦略ミサイル部隊である「第２砲兵部隊」を新しく編成した。

70年代には地下核実験を含めて核実験を15回繰り返し、長征１号ロケットによる初の人工衛星（東方紅１号）の打ち上げに成功した。76年には射程7000kmの「限定ICBM」にも成功し、実戦配備されている。また76年の21回目の実験で水爆弾頭の小型化にも成功している。

70年後半からソ連の核戦力が質的に強化され、米ソ間で相互確証破壊戦略に発展する中、中国は３個の人工衛星の同時打ち上げに成功して多弾頭複数個別誘導弾頭（MIRV）化の可能性をうかがわせた。このように中国は限定的ながら抑止力につながる核戦力の実戦化の幕を80年代に開けた。

80年代の核戦力の開発は国防科学技術委員会により実戦化が目標とされ、開発の重点は、①太平洋に向けての運搬ロケットの打ち上げ、②実験通信衛星の打ち上げ、③運搬ロケットの水中発射実験、に置かれた。実際、80年には米本土を射程に収める１万kmの東風５号ICBMを太平洋中部・ギルバート諸島南方に向けて発射し、実距離のミサイル飛行実験に成功した。82年にはG型潜水艦から巨浪１号SLBMの水中発射実験にも成功した。

なお核爆発実験については、図表１のように、80年10月に大気圏で20〜30キ

第Ⅱ部　国家と核兵器

図表1　中国の核爆発実験の経緯

No.	実験年月日	爆発規模(KT)	実験条件 大気圏内	実験条件 地下	備考
1	1964.10.16	22	○		高塔を使用した最初の核実験（U235使用）
2	1965.05.14	35	○		Tu-4から投下
3	1966.05.09	250	○		H-6から投下
4	1966.10.27	12	○		東風2号に搭載（初のミサイル実験）
5	1966.12.28	300	○		高塔を使用。
6	1967.06.17	3300	○		初の水爆実験。H-6から投下
7	1967.12.24	15～25	○		H-6から投下
8	1968.12.27	3000	○		H-6から投下
9	1969.09.22	20		○	初の地下核実験。プルトニウム型
10	1969.09.29	3400	○		H-6から投下
11	1970.10.14	3000	○		H-6から投下
12	1971.11.18	15	○		
13	1972.01.07	8～12	○		A-5から投下
14	1972.03.17	170	○		H-6から投下？
15	1973.06.27	2000～3000	○		H-6から投下
16	1974.06.17	200～1000	○		
17	1975.10.27	2～5		○	
18	1976.01.23	2	○		
19	1976.09.26	10	○		
20	1976.10.17	10～20		○	
21	1976.11.17	4000	○		
22	1977.09.17	20	○		
23	1978.03.15	20	○		
24	1978.10.14	20		○	
25	1978.12.14	20	○		
26	1979.09.13	?	?		
27	1980.10.16		○		
28	1982.10.05	3～15		○	
29	1983.05.04	20～100		○	
30	1983.10.06	20～100		○	
31	1984.10.03	15～70		○	
32	1984.12.19	5～50		○	
33	1987.06.05			○	
34	1988.09.29	1～20		○	
35	1990.05.26	15～65		○	
36	1990.08.16	50～200		○	
37	1992.05.21	700～1800		○	
38	1992.09.25	1～2		○	
39	1993.10.05	10～50		○	東風31号用のMIRV核弾頭試験？
40	1994.06.10	10～50		○	東風31号用のMIRV核弾頭試験？
41	1994.10.07	?		○	
42	1995.05.15	?		○	東風31号用のMIRV核弾頭試験？
43	1995.08.17	?		○	
44	1996.06.08	20～80		○	東風31号用のMIRV核弾頭試験？ 複数の核爆発という情報もある
45	1996.07.29	1～5		○	

（資料）http://www.fas.org/nuke/guide/china/nuke/tests.htm を参考に新聞報道などの情報を加えて編集。　なお上記の資料には1980.10.16の実験が抜けている。
（出典）茅原郁生編著（2006）『中国軍事用語事典』蒼蒼社、482頁〔榊純一執筆〕

ロトンの実験を行った後はすべて地下核実験に移行した。また88年9月の核実験は「5キロトンより低威力の爆発」と推定され、中性子爆弾の開発ではないかと推測された。

4　中国の核戦力の実態と核抑止戦略

1　核戦力の現状

中国の核戦力はストックホルム国際平和研究所の2015年版年報によると核弾頭が260発で、1発の威力は10キロトンから4メガトンと推定されているが、別に核弾頭は250〜350個保有しているとの情報もある。近年、原子力発電所の増築と使用済み核燃料等の増産などで、核弾頭増産の条件は整ってきた。

中国は核運搬手段として、大陸間弾道ミサイル（ICBM）、中距離弾道ミサイル（IRBM）、潜水艦発射弾道ミサイル（SLBM）、さらに爆撃機への搭載など多用な手段を保持している。ミサイルは地上発射ミサイルを中核としているが、平成27年の『防衛白書』は、射程1万〜1万3000kmで米本土まで届くICBMを56基、ロシアや周囲アジア地域を射程に収めるIRBMを132基、SLBMは巨浪1・2号（JL-1/2）48基、さらに爆撃機搭載用36基を保持していると推定している。

ICBMについては、東風5A（DF-5A）が20基および東風31（DF-31）の改良型のDF-31Aが30基配備されている。この中で米国本土に到達可能なものはDF-5AおよびDF-31Aとなる。DF-5Aは配備数こそ少ないが4メガトンの核弾頭の搭載やMIRV化が可能と見られ、対都市報復力を狙いとする限定的な抑止効果は発揮できよう。液体燃料型のDF-5は80年代から配備され、固体燃料型・道路移動式のDF-31に代替されつつある。同じく固体燃料型・道路移動式のDF-31Aは数年前に導入され、その一部はMIRV化弾頭を搭載可能だと米国防総省は指摘している。

IRBMについては、DF-3が6基、DF-4が10基、DF-21が116基で、15年秋の軍事パレードではグアム島を射程内とするDF-26が初出現するなど、中国だけが保有する中距離射程の戦域ミサイルも増加している。冷戦時には米ソ

のICBMより劣勢な核戦力を補強するため、IRBMを強化してきた名残なのか、周辺国を射程に収めるIRBMを多数保有しているが、これは中国の「非核保有国には核攻撃をしない」核政策に疑念を抱かせるものである。

DF-3は、数は少ないがロシア東部や中国の周辺国をカバーし、極東の米軍基地に対しても抑止効果を発揮できる。DF-21は中国が最も多く保有するミサイルで、台湾の対岸に集中的に配備されている。DF-21Dの弾頭は終末誘導が可能だとの一部にある見方が正しければ、西太平洋海域を行動する米空母攻撃部隊にとっては大きな脅威となろう。

SLBMは12基を装着した夏（XIA）級原潜1隻が80年代から実戦的に配備されてきたが、これに新型の晋級原潜3隻の就役と射程を延伸した巨浪2号の搭載でSLBMが強化されている。揚少格・戦略潜水艦隊司令官は「原潜は活動し隠ぺいするミサイル基地であり、後から打って出て敵を征し、敵に対し外科手術的な攻撃が実施でき、国家が信頼できる第2反撃力である」[3]と強調している。

爆撃機は、主力爆撃機Tu-16の一部が核爆弾を搭載可能にすべく改修されたH-6K36機が実戦配備されてきた。周辺諸国およびウラル山脈以東のロシアの主要都市や工業地域が攻撃範囲に入るが、近代的な防空網の突破力に限界があるとの見方もある。

2　核戦力部隊とその運用体制の課題

戦略核部隊であるロケット軍は、習主席によって「戦略抑止力の中心であり、わが国の大国の地位を保つ戦略的な支えだ」とされ、15年末にロケット軍として陸、海、空軍に匹敵する単独の「軍」に格上げされた。その戦力は9個の発射基地に配備されたミサイル発射を担う射撃連隊や旅団の外に核実験や研究開発、整備などの部隊もあり、兵力は10万人と見られている。中国における軍事力の管理運用体制は図表2のような指揮運用関係にあるが、他の陸・海・空軍が統合参謀部などを経て指揮されるのに対して、ロケット軍は戦略核部隊としての重要性から最高統帥部・中央軍事委員会から直接命令を受けるとされているが詳細は不明である。

戦略性の高い核戦力の運用にあたって、直接指揮する中央軍事委員会又は統合作戦指揮センターが宇宙からの常時監視や衛星を多用したグローバルな情報収集態勢を駆使できるC⁴IS（指揮・通信・統制を瞬時にコンピュータ管理するデジタル化したシステム）を実働させているか、司令機能の実態もなお不明である。核抑止力につながる車載機動力のあるDF-31Aミサイル以外には、固定サイロ配備のDF-5ミサイルがあるが、発射サイロのコンクリート硬化技術や鋼製ドアが弱点となっており、先制攻撃に対する残存性は低いと見られている。隠密性のある原子力潜水艦も常時配備できているか不明である。

3　「最小限核抑止戦略」から「有限核抑止戦略（戦略的抑止・核反撃戦略）」へ

中国の核戦力の抑止力は先に見たような体制下で形成され、その初歩的な抑止効果が成立した80年代後半から「最小限核抑止戦略」が追求されてきた。それはかつての「人民戦争戦略」を原型とする「積極防御国防戦略」思想の背景があって、「後発制人（攻撃を受けた後から報復する）」の防勢的な狙いに沿った核抑止戦略とされてきた。

「最小限核抑止戦略」は軍事科学院編『戦略学』によると「敵の核および非核戦略兵器の威嚇と攻撃に遭遇した場合、我は戦略核兵器を巧妙に運用し、その他の手段と調和して敵の核威嚇を抑制し、敵の核あるいは非核戦略兵器の攻撃に反撃する」と定義されている。

それは、冷戦下で米ソ両国の核戦力の圧倒的な優位に対抗し、都市や産業施設を目標とした対価値（countervalue）攻撃を実行する反撃用の核能力を保持することで、米ソ両国に中国に対する核攻撃や核による威嚇を思いとどまらせることを追求する程度のものと解釈できる。冷戦中の米ソ間の相互確証破壊戦略の水準とはほど遠いものであった。また中国の核戦力の運用は、中央軍事委員会の直接指揮によるが、それは宇宙からの常時監視や衛星を多用したグローバルな情報を活用した判断の上の指揮であるかについては疑問が残る。また中国は米国を中心としたミサイル防衛網に反発し、自らのミサイル防衛網構築に関心を示しているが、まだ構築途上の段階だと見られる。

当初段階の「最小限核抑止戦略」は中国に核攻撃をすれば、必ず一定の核反

第Ⅱ部　国家と核兵器

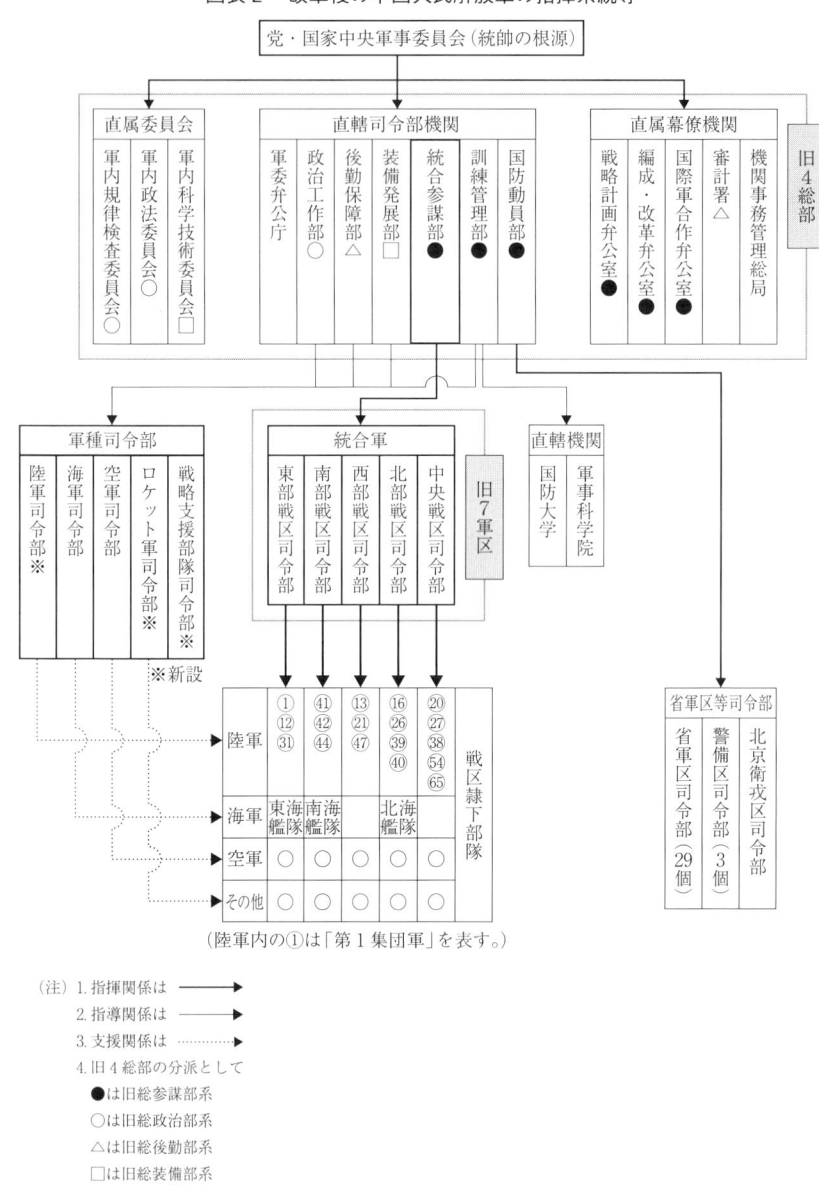

図表2　改革後の中国人民解放軍の指揮系統等

党・国家中央軍事委員会（統帥の根源）

直属委員会
- 軍内規律検査委員会 ○
- 軍内政法委員会 ○
- 軍内科学技術委員会 □

直轄司令部機関
- 軍委弁公庁
- 政治工作部 ○
- 後勤保障部 △
- 装備発展部 □
- 統合参謀部 ●
- 訓練管理部 ●
- 国防動員部 ●

直属幕僚機関
- 戦略計画弁公室 ●
- 国際軍事合作弁公室 ●
- 編成・改革弁公室 ●
- 審計署 △
- 機関事務管理総局

旧4総部

軍種司令部
- 陸軍司令部 ※
- 海軍司令部
- 空軍司令部
- ロケット軍司令部 ※
- 戦略支援部隊司令部 ※

※新設

統合軍
- 東部戦区司令部
- 南部戦区司令部
- 西部戦区司令部
- 北部戦区司令部
- 中央戦区司令部

旧7軍区

直轄機関
- 国防大学
- 軍事科学院

戦区隷下部隊

	東部	南部	西部	北部	中央
陸軍	①⑫㉛	㊶㊷㊹	⑬㉑㊼	⑯㉖㊴㊵	⑳㉗㊳㊴㉞㊿㉕
海軍	東海艦隊	南海艦隊		北海艦隊	
空軍	○	○	○	○	○
その他	○	○	○	○	○

（陸軍内の①は「第1集団軍」を表す。）

省軍区等司令部
- 省軍区司令部（29個）
- 警備区司令部（3個）
- 北京衛戍区司令部

（注）1. 指揮関係は ──→
　　　2. 指導関係は ──▶
　　　3. 支援関係は ……▶
　　　4. 旧4総部の分派として
　　　　● は旧総参謀部系
　　　　○ は旧総政治部系
　　　　△ は旧総後勤部系
　　　　□ は旧総装備部系

（出典）諸資料から筆者作成

撃を受けることを覚悟させられるという心理面での抑止効果に依存する戦略と言えよう。同年代に発表された中国の論文は「中等核保有国家の核兵器は、米ソ超大国の支配と圧迫から逃れ、世界外交実務の中で自己の役割を発揮させるための重要な物的条件」との認識を示していた。

さらに同論文は核兵器の4機能として「①劣勢な通常戦力の補完、②重装備軍事力発動の抑制、③核威嚇に対する対抗力、④核戦力を背景とした介入や干渉への対抗・抑制」と説明しており、同戦略を特色づけている。

冷戦後は中国の核戦力の強化に伴い「ポスト核時代においても依然重要な役割を果たす」(『解放軍報』1995年8月1日) と表明しているように、中国は核戦力の強化を続けており、核抑止力の選択の幅を増やした「限定核抑止戦略」への脱皮を追求してきた。

その後、中国の核戦力は弾頭数の増加や運搬手段の近代化などの強化により、抑止力は強化されている。特に15年9月の「反ファシスト戦勝70周年記念軍事パレード」では7種類もの新型ミサイルを登場させ、運搬手段の多様化、機動化に加えて巨大ミサイル DF−5A などの MIRV 化の誇示は米抑止力の強化につながっている。さらに晋級の原子力潜水艦が実戦配備されることで隠密化の向上などは核反撃力の残存性を高め、対米・露核抑止力を強化することになって、核戦略も最小限抑止を越えて有限抑止へと積極性を増すことになろう。

また周辺国を射程内に収める IRBM や短距離ミサイルの増強、さらに戦術核の開発などは、中国の「非核保有国は攻撃しない」との宣言にもかかわらず、周辺国への心理的、政治的威圧効果を発揮できるようになり、核戦略の選択肢が増えることを意味している。このように中国は核力の発展に伴って「最小限核抑止戦略」から「有限核抑止戦略」へと強化している。

5　中国の核政策と国際的な核管理への対応

1　世界に向けた中国の核政策

中国の核政策は核実験初成功の時から「中国の核戦力の性質は防御的かつ自衛的なものにする。核戦戦力を発展させる目的は核独占の打破であり、核恫喝

に反対し、消滅させることにある。核反撃力を維持して一定の報復力を保有する。核の平和利用を含めて核技術の民生用化に努める」を基本としてきた。

国際社会に向けた核政策としては、①自衛上の必要から少量の核兵器を保有する、②先に核兵器を使用しない、③非核兵器保有国に対し核兵器を使用しないか、または核兵器を使用すると威嚇しない、を公にしている。その背景には「核戦力は世界の主要国の重要な国力の要素で、戦争や強権政治に利用でき、外交上の重要手段である。中国は核戦力では弱者の立場にあるが、いかなる国も中国に攻撃すれば懲罰を受けることになる（要旨）」との認識があった[5]。

中国はNPTで核保有を認められた5カ国の1国だが、冷戦後に米ロ間で新START条約などによる核軍縮が進捗する中、NPT6条の「誠実に核軍縮交渉を行う義務」にもかかわらず、核軍縮に中国は参加していない。

中国の国際的な核管理への参画状況は、NPTに加盟する外に、1998年12月、国際原子力機関（IAEA）の保障システムの強化を目指す付属議定書にも署名している。また99年7月には東南アジア非核地帯条約の議定書に署名している。さらに包括的核実験禁止条約（CTBT）にも署名しているが、米国とともに批准はまだしていない。

2　国際的な核軍縮への対応

中国の国際的な核管理への対応は80年代に核戦力の実戦化を整えてから国連を通じた軍縮会議等へも参加し、原子力平和利用の協力協定、宇宙技術に関する学術会議等の国際的な場にも参加するようになった。しかし、冷戦下では米ソによる核の威嚇を受けてきた経験から、核軍縮には消極的で逆に核戦力の強化を進めてきた。

中国の核軍縮に対する基本的態度は、86年に北京で開催された「世界平和擁護大会」で、当時の趙紫陽首相が「軍縮問題に対する中国の基本的態度」の演説で表明し、今日に至っている[6]。

その主旨は、「中国の核戦力は防衛的なものであり、核兵器を決して先制使用しない」を基本とし、以下の9項目「①核軍縮は全面禁止と完全廃絶を最終目標としなければならない。②米・ソは最大の核兵器を保有しており率先して

削減すべきである。それによりすべての核兵器保有国が参加する核軍縮国際会議開催の条件が整うことになる。③全ての核保有国は、いかなる状況下でも先に核兵器を使用せず、非核兵器保有国等に対し核兵器を使用したり威嚇を行ったりしない義務を負い、国際条約で保障するべきである。④米・ソは欧州、アジアに配備している中距離核を削減、廃棄すべきである。⑤核とともに通常軍備も大幅削減すべきである、⑥宇宙空間は平和目的に利用すべきで、いかなる国の軍隊も、いかなる方式にせよ宇宙兵器の開発、実験、配備をしてはならず、全面禁止の国際協定をできるだけ早く締結しなければならない。⑦化学兵器の全面禁止と完全廃棄の国際条約の早期締結、それに先行した化学兵器製造能力を有する国の不使用と実験、生産、譲渡、配備の停止を約束するべきである。⑧軍縮の実施を保障するための査察措置が必要である。⑨軍縮問題について世界各国は平等に討議、解決に参加できるようにすべきだ」が表明された。

　86年の第41回国連総会では中国の「宇宙空間における軍拡の禁止」「核兵器の全廃を目指した核軍縮」「通常戦力の軍縮」の３案が一括提案され、無投票で採択されている。特に核軍縮について中国は米ソの特別の責任を強調し、「全世界、とりわけ中小諸国の切実で具体的な要求を正しく反映する」と述べ、非同盟諸国の立場を代弁して発言した。[7]

　また90年代には、米ロの戦略兵器削減条約（START）合意に対し、中国国営通信・新華社は「軍縮の歩調と幅は世界の人々を安心かつ満足させるには程遠いが、歓迎に値する」と、一応好意的に論評したが、その一方で、「たとえSTARTが締結されても両国の核がさらに削減されない限り中国は核軍縮には加わらない」という意見も出している。その理由として「世界の核兵器総量の97％は米ソが占めており、その他の国のすべての核兵器を廃棄したとしても人類の頭上に垂れこめる核戦争の暗雲は払うことはできない」と述べていた。

　さらに中国は「中等核国家はその安全のためにも限られた核を軽々には放棄できない。米・ソの核が削減されれば核大国との格差が縮小でき、中国は一躍世界の強国の隊列に加わる歴史的機会が与えられよう」と本音を話しており、核軍縮に関する中国の対外戦略の狙いを露呈している。

第Ⅱ部　国家と核兵器

3　核不拡散への対応

　他方で中国の核不拡散に対する取り組みについては、これまで余り熱心に取り組んではこなかった。北朝鮮やイランの核開発阻止への対応では、中国は国益を前面に出して、制裁を含む米国主導の国際的な対応には曖昧な姿勢で応じてきた。特に北朝鮮の核問題に対しては、中国が議長国となる6カ国協議（北朝鮮と米中韓露日が参加）に委ねられながら、取り組み不十分で機能しないまま16年1月の4回目の核爆発実験を許してしまった。また核実験に続く北朝鮮によるミサイル発射が繰り返される中で、中国は米国からの強い圧力もあって国連安保理決議の北朝鮮制裁に初めて積極的に参加している。

　その延長で、16年3月末にワシントンで開催された「第4回核安全サミット」には53カ国の一員として参加して、核テロ防止を含む核安全を「永続的に優先する」ことには同意した。しかし第1回同サミット時に比べて中国だけの弾頭数が増加するなど核戦力の「垂直拡散」を進めてきた実態が明らかになっている。

6　求められる大国としての責任

　中国の核戦力は、今日、大国としての象徴であるとともに核不拡散問題をはじめとする国際的な核軍備管理政策に影響を与える根源ともなっている。本章では、1950年代に遡って核開発の動機や開発の経緯を探り、さらに展開された核抑止戦略の狙いと抑止効果などを分析し、国際的な核軍備管理・軍縮への対応を観察してきた。

　冷戦下の米ソ間の核戦力をめぐる対立が「相互確証破壊戦略」にまで尖鋭化した厳しい戦略環境下で、中国は核戦力の強化を進め、その核戦力が一定の報復力を保有する段階で「最小限核抑止戦略」を成立させてきた。それは80年代に米ソ2超大国の核攻撃や核の威嚇から逃れる弱者の立場から核抑止を追求したものであった。その特色は、軍事力を重視する中国が核戦力を弱体ではあるが、それ以上に劣勢な通常戦力を補完するものとし、外交を展開する際の重要な物的条件と位置付けていたことにあった。

その後、核戦力の増強が進むに伴い、中国は最小限核抑止戦略から外交の後ろ盾としての選択肢を拡大させる、有限核抑止戦略へと発展させつつある。それは中国の核戦力が大国に対する抑止力の強化だけでなく、周辺国への心理的、政治的な威圧効果を持つようになってきたことでもある。

同時に中国は、21世紀に進められる核軍縮や核廃絶への参画が求められてきたが、中国は大国として国際協調路線に沿って軍備管理・不拡散に協力しようとすれば、自らの核戦力強化が縛られるというジレンマに遭遇している。これまで自国の核戦力を劣勢な水準にあると認識し、核大国との戦力格差の解消を国益として追求してきたからである。しかし経済大国となった今日、中国は責任ある大国としての矜持が求められている。

非軍事的な脅威が拡大する今日の安全保障環境にあっても、核戦力の国際政治に及ぼす影響は不変である。15年3月からのイランの核開発阻止を巡る交渉はやっと進展したが、核の「水平拡散」が進む中で、核保有国家の核軍縮は各国の国益を超えて世界平和の大局的観点から取り組まれる必要がある。特に中国は、安全保障理事会の常任理事国として国際的な「核兵器なき世界」の構築に向けた重い責任を有している。

少なくとも中国はミサイル開発など運搬手段の強化「垂直拡散」を即刻中止する必要がある。さらに今後、大国を自認する中国は、核軍縮のテーブルに着くとともに、今日北朝鮮などで進められる「水平拡散」を封じ込める核不拡散に取組む責任がある。中国が国際的な核管理・軍縮に積極的に取り組む対応姿勢を引き続き注視し続ける必要性は高い。

【注】
1) 「核爆弾とミサイル開発について」『北京週報』(1985年5月7日)。
2) 石田隼人「中国の核、ミサイル兵器の開発」『中国総覧(1978年版)』(霞山会編)(322-326頁)に同主旨の詳しい分析がある。
3) 「中国海軍原潜部隊」『艦船知識』(中国海軍専門誌、1988年8月)。
4) 張健志「中等核保有国家の核戦略に対する私見:有限・自衛・反撃戦略」『解放軍報』(1987年3月20日)。
5) 郭学遠編著『世界の核保有国家の核戦力量と核政策』(中国科学出版社、1991年)。
6) 「軍縮についての中国の基本的態度」『北京週報』(1986年3月25日)。

7）「アメリカの新戦略防衛構想に対する中国の立場」『極東の諸問題』（ソ連科学アカデミー編、1988年3月10日）。

〔参考文献〕
茅原郁生（1994）『中国軍事論』芦書房
茅原郁生編著（1997）『中国の核・ミサイル・宇宙戦力』蒼蒼社
茅原郁生（2012）『中国軍事大国の原点―鄧小平軍事改革の研究』蒼蒼社
当代中国図書編纂委員会（1987）『当代中国的核工業』北京・中国社会科学出版社

第7章

中東の核問題と紛争

吉村慎太郎

1　核戦争の脅威と中東情勢の激変

　1980年代末の中東における核戦争勃発の可能性について、A. エフテシャーミーは、①中東諸国自身の安全保障上および政治的に避けられない理由から引き起こされる場合、②域内の戦略的利害への真の脅威とかかる脅威の域外への深刻な影響のため、域外勢力が開始する場合、③ヨーロッパ、中央アジア、南アジアや極東から、中東に流れ込む形で核戦争化する場合という、3つのシナリオを挙げている（Ehteshami 1989：138）。

　上記の指摘からすでに四半世紀が経過し、この間90年代のイラクによるクウェート侵攻と湾岸戦争の勃発、ソ連崩壊と冷戦の終焉、そして米国の一極集中化、2001年の米国同時多発テロ（9.11事件）と「反テロ戦争」の強行、翌年のイラン核開発疑惑の浮上、さらに10年末にチュニジアから瞬く間に、他のアラブ諸国に波及した俗称「アラブの春」[1]という一連の民主化・経済格差是正を求める市民抗議運動の展開、そして「イスラム国」（IS）の台頭など、さまざまな変化が目撃されている。かかる重大な激変は、上記の核戦争発生リスクを増幅し、新たなシナリオを加えるものであろうか。これに即答することは難しいとしても、国際的緊張と紛争が恒常化してきた中東において、今後も核の脅威が消え去ることはないに違いない。

　本章では、図表1にあるように核不拡散条約（NPT）に加盟せず、しかし核兵器保有に疑問の余地のないイスラエルの核問題を、まずは歴史的に遡って取り上げる。それが中東の核問題の根幹をなすことに加え、常に域内紛争と一体

第Ⅱ部　国家と核兵器

図表1　中東主要国の大量破壊兵器関連条約加盟状況

関連条約 主要国	NPT（核不拡散条約）	IAEA（国際原子力機関）	IAEA追加議定書	CWC（化学兵器禁止条約）	B（T）WC（生物（毒素）兵器禁止条約）	CTBT（包括的核実験禁止条約）
サウジアラビア	○	○	×	○	○	△（オブザーバー）
イスラエル	×	○	×	△	×	△
イラン	○	○	△	○	○	△
シリア	○	○	×	×	△	×
エジプト	○	○	×	×	△	△
リビア	○	○	○	○	○	○
トルコ	○	○	○	○	○	○

○：加盟、△：署名・未批准、×：未加盟
(出典) Center for Nonproliferation Studies (CNS), *Weapons of Mass Destruction in the Middle East*, http://cns.miis.edu/wmdme/index.htm

的に変化してきた問題の特性を理解するために不可欠と考えるからである。

2　イスラエル核戦略の展開と国際関係

　1948年の建国期から始まるイスラエルの核技術への関心は、当初より核兵器開発を目的としていた。設置された原子力委員会はイスラエル国防省傘下に組織化され、常に核の軍事転用が重要な目標であり続けたからである。そして、初代首相ベングリオン（D. Ben-Gurion）の友人で、国防省科学研究部長ベルグマン（E. D. Bergmann）が48年に同委員長に抜擢された。シオニスト武装組織「ハガナ」（後のイスラエル国防軍）に所属し、イスラエル「核開発の父」と呼ばれた彼の指導下で、核開発プロジェクトは本格的に実施されていく。

1　「恐怖心」と絡み合う紛争と国益
　イスラエルが原子力の軍事転用を図った背景には、建国当時からの根強い

「恐怖心」がある。公式演説で「ホロコースト」にめったに言及しなかったとはいえ、ベングリオンは外国要人との会談でそれをしばしば引き合いに出した。『イスラエルと原爆』を著したコーエンは、これについて「ホロコーストの教訓に染まったベングリオンがイスラエルの安全保障に対する恐怖心にかられた」旨指摘する（Cohen 1998：11-14）。実際、ベングリオンは48年（「第1次中東」）戦争での軍事力やマンパワーで、アラブ諸国に比べて圧倒的に脆弱なイスラエル国家の現実を直視せざるを得なかった。「世界のどの国にも引けを取らないユダヤ人の頭脳」から生まれる科学を礼讃し、その産物としての核兵器開発こそがこうした状況を打開し、ホロコースト再現阻止のために、イスラエルが達成すべき国家的課題であったという。

当時イスラエルの主たる武器供給国フランスがパートナーとして核兵器開発に協力した。そこには、米国アイゼンハワー（D. D. Eisenhower）政権が研究用原子炉供与を承認こそすれ、核兵器開発を許さない政策（「原子力平和プログラム」）に立脚していたことを前提に、イスラエル・フランス間で国益が一致したからである。両国が共に、核の軍事転用の国際的なパートナーを必要としていた事情だけでなく、特にフランスは欧米からイスラエルに移住した科学者から核関連の専門知識・技術を入手し、核兵器開発の遅れを取り戻すと同時に、54年より直面していたアルジェリアの他、チュニジアやモロッコでの独立闘争に関する情報の入手を、イスラエルに期待していたからでもあった（Farr 1999：3-4）。その結果、フランスはネゲブ砂漠のディモナでのイスラエル地下核施設の建設・完成に積極的に協力した。

こうした両国間の国益一致は、56年勃発のスエズ戦争（「第2次中東戦争」）にも影響を与えた。エジプト・ナーセル（G. A. Nasser）政権が断行したスエズ運河国有化に強く反発した英仏がイスラエルを巻き込み、共謀して実施された戦争であったことはすでに知られているが、そこでは核開発で協力するフランスが英・イスラエルの間に立つ仲介的な役割を担った（Yaacov 1987：27-43）。しかし、暗に核兵器使用さえ示唆したソ連に加え、米国も強い圧力を加えた結果、英・仏・イ3カ国は計画半ばで戦争継続を断念せざるを得ず、エジプトのスエズ運河国有化は達成された。

スエズ戦争後、中東域内で影響力が低下した英仏に代わり、域内進出を加速した米ソ間で対立が激化し、それとともにナーセル指導下のアラブ民族主義（カウミーヤ）の高揚の時代が訪れる。57年10月、フランスとの間でプルトニウムの分離技術を含む核開発協力体制を強化したイスラエル政府は、こうした事態に危機感を募らせ、核の軍事転用をさらに急ぐこととなった。

2　米国の姿勢と核戦争の脅威

60年に核実験を成功させたフランスのドゴール（Ch. De Gaulle）政権が対イスラエル核開発協力を見直す方向転換を行い（Spector 1988：387）、他方アイゼンハワーに続くケネディ（J. F. Kennedy）政権も原子力の平和利用に限定し、イスラエルの核兵器開発に対する警戒姿勢を強めている。60年12月完成のディモナ原子炉の存在は、たとえイスラエルが「平和目的」と主張しても、米国政府はそれを認めず、両国関係が緊張する材料にもなった。そうした対立回避のために、63年8月に米・イスラエル間ではIAEA（国際原子力機関）に代わる米国の査察実施に関する合意も成立したという（木村 2000：86）。しかし、それはケネディ暗殺で、63年11月に副大統領から大統領に昇格し、徐々に親イスラエル姿勢を取るジョンソン（L. B. Johnson）政権期から形骸化した。以後、米国歴代政権に引き継がれるこの姿勢により、ひそかにしかし着実に核開発に邁進したイスラエルは、その後の紛争過程で核兵器使用に訴える警戒態勢（nuclear alert）さえ採用している。

60年代初頭からアラブ諸国、特にエジプト・ナーセル政権は、国内メディアで問題視しても、自らが直ちに核開発に着手するより、ディモナ上空への偵察機派遣を通じて確証が得られた場合に核兵器製造施設を破壊し、イスラエルの核開発を阻止する方針であった。他方、66年までにプルトニウム分離を開始し、2発の原爆をすでに保有していたイスラエルの首相エシュコル（L. Eshkol）は、国家が存亡の危機に陥れば、核兵器使用を準備していたという（Cohen 1996：190-210）。この警戒態勢がより現実味を帯びたのは、67年（「第3次中東戦争」）にわずか6日で大敗北を喫したエジプト・シリアが今度は急襲し、イスラエルを不利な戦局に追い込む73年（「第4次中東」）戦争時である。

この当時、核弾頭20発を保有していたイスラエルのメイア（G. Meir）政権は国家崩壊を極度に危惧し、パニックに近い状態にも陥った。その結果、カイロとダマスカス近郊の敵軍司令部を標的に据えた核兵器使用の準備さえ進めたという（Hersh 1991：225-231）。結局、米国ニクソン（R. M. Nixon）政権からの軍事支援拡大を通じてイスラエルが戦局を挽回し、また核戦争へのエスカレートを危惧したソ連のエジプト指導部への説得工作により、核戦争勃発の危機はようやく回避された。

3 「曖昧化政策」と紛争・和平への影響

74年までには米国中央情報局（CIA）がイスラエルの核兵器製造を確認していた。また、ディモナ核施設に技術者として勤務していたヴァヌヌ（M. Vanunu）が、76～85年に約400kgのプルトニウムを製造しているというイスラエル核開発の詳細な情報を、英紙『サンデー・タイムズ』（*The Sunday Times*, 1986年10月5日号）に暴露する事件も発生した。イスラエルが米国、ソ連（ロシア）、フランス、中国に次ぐ事実上6番目の核保有国となったことが国際的に知られるようになったが、イスラエル政府指導部はそれでもなお、表向き「曖昧化政策」（ambiguity policy）を貫いている。

『中東の核兵器と武器管理』を著したフェルドマンは、この政策が緊急の要請に応えるものであったと捉えている。彼の指摘を簡潔にまとめれば、①イスラエルの核兵器保有とその報復使用の可能性を排除できない中で、その政策が果たす戦略的な抑止効果、②その延長線上で考えられる核開発の対抗的な動きを域内諸国に助長させない効果、③核不拡散の立場を原則とする米国に加え、NPT体制との衝突を回避するという、広く域外国際関係における有効性、さらに④信頼できる核関連情報の少なさから生じる国内での論争発生の未然防止とイスラエル国防軍の闘争心維持などがある（Feldman 1997：97-99）。

実際、こうした「曖昧化政策」の影響はアラブ・イスラエル紛争に重大な影響を及ぼした。たとえば、78年に突然エルサレムを訪問し、キャンプデーヴィッド合意を経て、翌3月に対イスラエル和平条約を締結するエジプト大統領サーダート（A. Sadat）の決断にも影響を与えた（Hersh 1991：269）。また、

81年にフランスの協力を得て完成直前のバグダード近郊のオシラク原子炉をイスラエルが空爆した際、イラクのサッダーム・フサイン（S. Hussayn）政権が軍事的な報復行動を控え、国連やIAEAで対イスラエル批判に終始したことも挙げられる。それは、対イラン戦（1980～88）とそれに伴う財政的苦境に加え、イスラエルからの核の報復攻撃を恐れてのことである（Spector 1988 : 209-210）。核開発計画を諦めざるを得なかったイラクは、88年にイラン軍と国内クルド（ハラブジャ住民約5000人）に使用する化学兵器開発を推進した。

さらに、イラン・イラク（イ・イ）戦争停戦から2年を経た90年8月のクウェート侵略後、サッダーム政権が米主導の多国籍軍による「クウェート解放戦争」（湾岸戦争）過程で、スカッドミサイル39発をイスラエルに発射し、「アラブ・イスラエル紛争」化を目論んだが、その際に通常弾頭を使用したのも、同じくイスラエルの核の脅威を意識した結果であった（Karsh and Navias 1996 : 86-87）。

以上のように、イスラエルの「曖昧化政策」がもたらしたアラブ諸国への心理的圧力は大きい。と同時に、75年に「域内で最初の核兵器導入国にはならない」と発言した後、首相ラビン（I. Rabin）が「そうした兵器導入の最初でも、また2番目にもなる必要もない」（Barnaby 1996 : 105）と述べたように、「曖昧化政策」は、域内で中長期的な核の脅威の芽を事前に摘み取る「先制攻撃」をもいとわない政策であった（Kober 1996 : 200）。それは、先のオシラク原子炉空爆にとどまらず、2007年9月の対シリア軍事施設攻撃でも繰り返されている。

あわせて「曖昧化政策」は、核戦争の勃発を警戒する米国の積極的なイスラエル支援を引き出した。既述の73年時戦争でのニクソン政権の対イスラエル軍事支援拡大はその一例であり、また上述の湾岸戦争で43日もの間、イスラエルが核兵器使用の警戒態勢を取る中で、ブッシュ政権がシャミル（Y. Shamir）政権に報復攻撃の自粛に向けて、説得工作を実施したことも同様である（Freedman and Karsh 1993 : 331-341）。さらに「曖昧化政策」は、米国の軍事的・政治的庇護を最大限に引き出し、またIAEAの査察免除とNPT体制の不備を突くものであった。そして、紛争と和平の動向に深刻な影響を及ぼす要因であったがゆえに、パレスチナ問題は87年末に発生するインティファーダ以降、イスラ

エル・アラブ国家間の紛争ではなく、圧倒的軍事力を持つ前者に闘いを挑むパレスチナ住民の必死の抵抗運動という様相を一段と強くした。

3 イラン「核開発疑惑」の浮上と国際関係

1970年代末から国家民族主義に基づく現状変革が中東で大きく後退する趨勢を示す中、イスラム復興運動がそれに代わる政治的イデオロギーとして台頭した。こうした動きは、草の根レベルの社会福祉組織としての性格が濃厚なムスリム同胞団の結成（1928年）と、その後50年代以降の政治運動化、そこから分派した急進的組織の成立にすでに見られるが、しかし世俗的民族主義から政治的な宗教復興の時代の到来を決定的にした事件は、79年2月達成のイラン（・イスラーム）革命である。そして、2002年以降今日まで、革命を経験したイランの「核開発疑惑」が緊張を孕む国際問題として取り上げられている。

1 パフラヴィー独裁政権下の「原子力開発」と革命

詳細は省くが、米国の支援の下でパフラヴィー国王（シャー）独裁王政が強化されたイランの場合、1957年から原子力開発計画に着手している。しかし、それはイスラエルと異なり、直ちに軍事目的を目指したものではない。それゆえ、米国アイゼンハワー政権は「原子力平和協定」に基づきイランに協力支援を行っている。その後、5メガワットの研究用原子炉を米国から供与されたイランは68年にNPTに加盟し、議会も70年にこれを批准した。さらに、シャーは71年の議会開会式典で「中東非核兵器地帯」化を宣言するなど、もっぱら米国の意向に沿った核の平和利用を目指す姿勢を打ち出している。その点でも、イスラエルとの対照性が目立つということができる。

とはいえ、1974年創設のイラン原子力庁初代長官エテマード（A. E'temad）は、シャー政権に核の軍事転用計画が存在しなかったわけではないとも指摘している（Afkhami 1997：56-57）。その背景としては、NPT体制下で5常任理事国のみに認められた核兵器保有へのシャーの野心に加え、73年に石油価格の4倍増に伴う国家収入の急増、既述のイスラエルによる核兵器開発の実現、そし

てソ連の支援を受けた隣国イラクとの緊張関係などが挙げられる。

　もちろん、シャー政権は核の軍事転用を公言したわけではない。それゆえ、米国の原子力協力はその後も順調に進んだ。74年の国務長官キッシンジャー（H. Kissinger）の訪問により、実際両国の協力範囲は拡大し、翌3月には総額150億ドルにも上る8000メガワットの原子炉8基の建設協定が米・イ間で調印された。また、ウランの使用済み燃料再処理施設建設への前向きな姿勢、マサチューセッツ工科大学との間のイラン核技術者養成協力も合意された。そして、ニクソン、フォード共和党政権からカーター民主党政権が誕生した後も、使用済み核燃料の再処理についてイランを「最恵国」扱いする合意だけでなく、核エネルギー協定も調印された（Kibaloglu 2006：213-214）。さらにこの間、イランは独仏とも原子炉建設契約を締結する活発な動きを示した。

　しかし79年革命後、ホメイニー（M. Khomeini）指導下のイラン革命政権は、前シャー政権が残した原子力開発計画を一切放棄した。あらゆるシャー政権期の政策や親欧米路線を真っ向から否定する革命政権の姿勢に加え、79年11月発生のイラン米国大使館占拠・人質事件に見られる強固な反米姿勢から、欧米諸国も革命後のイランへの原子力分野での協力を事実上停止したからである。

2　紛争とイラン「核開発疑惑」の急浮上

　イラン革命政権が一旦放棄した原子力開発政策を再開する契機となったのは、すでに言及した対イラク戦に他ならない。実際、戦局が膠着状態に陥り始めた84年頃より中ソやパキスタンなどの国々との原子力エネルギー開発協力交渉は活発化した。だが、それは深刻な国内電力不足を補うことにあり、核の軍事転用にまで至っていない。その点は、核兵器開発を「非イスラム的」とみなす最高指導者ホメイニーの考え（Pollack 2004：259）に基づいている。

　しかし、イ・イ戦争終盤に国連安保理がサッダーム政権による化学兵器使用を非難せず、にもかかわらず国際的孤立を余儀なくされたイランが大量破壊兵器をもって自国の安全保障を確保しようとの姿勢を強めたことも否めない。89年に死去したホメイニーの後任にハーメネイー（A. Khamenei）が最高指導者に選出される中で、彼に代わって大統領となったラフサンジャーニー（H. Rafsanjani）は大量破壊兵器保有の必要性を訴えている（Jafarzadeh 2007：132）。

　そうであれ、特に米国クリントン（B. Clinton）政権がイランに協力姿勢を取る国々に圧力をかけ、対イラン「封じ込め政策」を行った結果、ラフサンジャーニー政府に続き、欧米との「文明間対話」を唱道し、97年に誕生したハータミー（M. Khatami）政府の下でも、その実現は遅々として進まなかった（吉村 2009：155-156）。その結果、唯一成果として実現性を帯びたのは、ブーシェフルでの原子力発電所（軽水炉）に関するロシアとの契約であった。95年に締結された建設契約により、南部ブーシェフル原発（出力100万キロワット）が完成し、稼働を開始するのは2011年になってのことである。

　ともあれ、02年8月にイラン反体制派「モジャーヘディーネ・ハルク」政治部（「イラン国民抵抗評議会」）在米代表部から、イラン政府がアラークで重水製造施設を、ナタンズでウラン濃縮施設を秘密裏に建設中であると暴露したことを契機に、イラン「核兵器開発疑惑」が一挙に浮上した。前年9月には「米国同時多発テロ」（9.11事件）が発生し、ブッシュ（G. W. Bush）政権による反「テロ戦争」の名の下にアフガニスタン・ターリバーン政権に対する戦争が強行されていた。そして、02年1月の大統領一般教書演説で、イランは北朝鮮・イラクとともに、「悪の枢軸」として名指しで非難された。この点から、イランは03年にサッダーム政権を打倒した米国の次なる標的ともみなされ、核疑惑が以後国際的緊張を孕む問題となることは火を見るよりも明らかであった。

3　迷走する交渉・制裁と「喧伝」される脅威

　以後、イラン「核疑惑」はNPT第4条に基づく「原子力の平和利用に関する加盟国の奪い得ない権利」を主張するイラン側と、兵器級にまでウランを濃縮するための時間稼ぎだとして、イランの主張と動向を疑問視あるいは否定する欧米諸国間の交渉が紆余曲折を経ながら続いた。

　その交渉プロセスを詳細に説明する暇はないが、それを簡潔に示せば、まず02～05年に至る交渉解決がイラン・ハータミー政府とEU-3（英仏独）間で模索された。その結果、IAEAによるイラン核施設への抜き打ち査察を認める追加議定書の署名と議会の批准を見返りに、EU-3側でのイランの原子力平和利

用の権利承認と中東非核化構想の推進などを骨子とした「テヘラン合意」(2003年10月)、イランによるウラン濃縮活動の停止を前提とした、EU-3 によるイランの WTO（世界貿易機関）加盟交渉の再開支援など内容とする「パリ合意」(2004年11月) も成立した。しかし、05年2月から2期目を迎える米国ブッシュ政権が対イラン強硬姿勢を打ち出すとともに、同年8月に「保守強硬派」と目されるアフマディーネジャード（M. Ahmadinejad）がイランの新大統領に就任し、これまでの合意を覆すがごとき対決姿勢を取り始めた結果、交渉による解決の道は閉ざされ、イラン核疑惑への対応は IAEA から離れ、国連安保理の審議に委ねられた。そして、イランの対応が不十分として06～10年までに計6本の対イラン制裁決議が打ち出されることになる（吉村 2014：210-219）。

　もちろん、イランが「核兵器開発」をひそかに進めているとすれば、その情報は最重要の極秘事項として外部に漏れるはずもない。だが、イランの核施設に関して最も情報を把握しているはずの IAEA 事務局長エルバラダイ（M. El-Baradei）は、『ニューヨーク・タイムズ』(2009年10月) が核爆弾の設計・生産を可能とする十分な情報をイランが入手している旨を報道した際、「幾度も述べたように、……IAEA はイランにおいて兵器計画が進行しているとの具体的証拠を掴んでいない。……これは全く根拠のないものである」と表明している（Entessar 2013：77）。また、イラン最高指導者ハーメネイーが「核兵器の生産・備蓄・使用はイスラムの下で禁止され、……これら兵器を決して獲得することはない」旨、さらにエネルギー需要に見合う方向で第一歩を記したイランを、世界の脅威として米国が恥ずべき宣伝を行っていると表明している（Ritter 2006：170-172）。

　米・イ間の根深い不信感を以上からも垣間見ることができるが、常にそれに拍車をかける役割を果たしてきたのはイスラエルである。中でも、1954年創設後活動を展開してきた AIPAC（アメリカ・イスラエル公共問題委員会）が圧力団体として米国政府に影響力を行使してきた。特にカーター政権以来、その存在感を増し始めた AIPAC はクリントン政権の対イラン封じ込め政策の立案とも無関係ではなかった。91年湾岸戦争後、周辺アラブ諸国が核武装するイスラエルに軍事的に対抗できない状況の中で、レバノンのヒズブッラー（「神の党」）

や占領下ガザで抵抗運動を継続するハマース(「イスラム抵抗運動」)に軍事・財政支援を行うイランが、イスラエルにとって最大級の脅威であったからである(立山2010：31-32)。そして、イスラエルはイランとの対立を「中東唯一の民主主義」国家と「西欧を嫌悪する神権政治の間の衝突」として描き出し、イランへの強硬姿勢を米国政府に迫った(Parsi 2012：25-26)。

「イスラエルを地図上から抹殺する」といった趣旨の挑発的発言を幾度も繰り返すアフマディーネジャード政府の強硬姿勢に対して、イスラエルはそれゆえ2010年頃より対イラン攻撃も辞さない構えを見せ始めた。しかし、国内の政治社会問題に限らず、対外政策でも柔軟な姿勢を鮮明に打ち出したロウハーニー(H. Rouhani)が経済制裁に苦しむ有権者の支持を得て、2013年選挙で新大統領に選出された結果、事態は大きく変わるかに見えた。実際、ロウハーニー政府成立後、米・EUとイラン間で交渉打開に向けた動きが活発化した。しかし、イラン中部のファルドゥ地下ウラン濃縮施設の扱い、イランの保有する遠心分離機数の制限、制裁緩和のあり方などをめぐって、両者の間では隔たりが大きいことも否めなかった。

さらに上記の交渉過程をめぐって、一方的な妥協を警戒する最高指導者ハーメネイーを中心とする「保守派」が反発を強める一方、イスラエル右派(リクード党首)のネタニヤフ(Benjamin Netanyahu)政府とその意に沿う米国共和党の批判に加え、GCC(湾岸協力会議)の主導国サウジアラビアがイラク、シリア、レバノンとの関係強化を図るイランの影響力拡大を脅威とみなし、オバマ政権による対イラン政策に圧力を加え続けた。

こうした中でしかし、2015年7月にイランとP5＋1(安保理常任理事国とドイツ)の間で、ようやく「最終合意」が成立した。低濃縮ウラン貯蔵量と稼働遠心分離機数の大幅削減、ウラン濃縮上限の設定とIAEA(国際原子力機関)による核関連施設の査察強化、ウラン濃縮地下施設の研究施設への転用などの履行が確認されれば、段階的に対イラン制裁を解除するという合意である。これを受け、欧米諸国、日本、そして中国の対イ関係拡大の動きが活発化している。ただ、これによりイランの核問題が完全決着したとも言い切れない。

4　問われる「国際社会」の責任と今後

　中東に関して言えば、国際的な緊張と幾多の紛争が「なぜ核はなくならないのか」という本書のテーマと深くかかわっていることは明らかであろう。それと同時に重要なのは、近代以降の国際社会の中心であり続ける欧米列強の対中東政策の歴史的影響と、いまだにそれが中東のあり様を強く規定し続けていることである。前者は、イスラエル政府による核兵器開発がヨーロッパ全土での反ユダヤ主義を背景に発生したナチ・ドイツのホロコースト再現への恐怖心に発していることに見られる。後者については、欧米列強がイスラエルの核兵器の開発・製造を問題視せずにきたことが例として挙げられる。

　こうしたことは核問題に限ったことではなく、イスラエルの建国、繰り返される紛争、さらにイスラエルの膨張主義政策さえ許してきた戦後処理のあり方にも認められる。08年12月にイスラエルのガザ攻撃でパレスチナ側に1400人以上の死者が、さらに14年7月には婦女子を含む2100人以上の犠牲者が出るという惨劇に対して、国連安保理はイスラエルに制裁を科さずにきた。にもかかわらず、国際社会をリードする欧米列強がそれらを不問に付してきたことは、問題がいかに深刻であるかを突き付けている。こうした「イスラエル基準」（免責特権）に目を瞑る欧米列強中心の国際社会に対して、過激な手法で抗う勢力が次々と生まれても不思議ではない。

　その1つが、03年のイラク戦争と10年末から始まったアラブ民主化運動で生じた権力の真空の間隙をつくかのように台頭し始めた「イスラム国」である。第1次世界大戦後に引かれた人為的国境線を否定し、日本人人質・殺害事件（2015年1月）を含む残忍行為と殺戮を引き起こす「イスラム国」が多方面からの軍事攻撃を通じて今後も存続し得るのかどうかは不明だが、たとえこの組織が潰えても、同様のテロ組織は後を絶たないに相違ない。

　こうした混迷はなはだしい状況だからこそ、外部からの攻撃で存続を脅かされれば、イスラエルが核兵器を使用する可能性も皆無ではない。イランにしても、今後状況次第で制裁が再開され、核兵器開発へと舵を取る可能性もある。

加えて、日本も技術売り込みに積極的な原子力プラントが中東域内で拡散すれば、破壊活動の格好の標的となり得る。本論冒頭で挙げた核戦争とは言わずとも、原発破壊による放射能汚染をも視野に入れれば、広く核をめぐるリスクは姿を変えて存続し、今や限りなく危険な将来が中東を覆いつつあるということさえできるのである。

【注】
1) この用語は米国で発行されている政治ジャーナル *Foreign Policy* 掲載論文（Lynch, Marc, "Obama's 'Arab Spring'?," January 6, 2011）で使われ、以来アラブ諸国の「民主化」に向けた政治変動を総称する「決まり文句」となっている。だが、レッテルとしての効能は別にして、一連の事態の個別的性格、それによりイスラエル占領支配下のパレスチナ・アラブの問題を隠蔽する言説であることを視野に入れなければならない。
2) コーエンは自著（1998）の序文で、「核兵器の存在は国家指導者によって認められていないが、存在の証拠は他の諸国の認識・行動に影響を与えるに十分なほど強固である状況」を指し、「核の不透明性」（nuclear opacity）が説明概念として、より適切であると指摘している。
3) エジプト・イスラエル間の平和条約と中東和平の2つの枠組みを備えたこの条約はしかし、前者では67年戦争でイスラエルが占領したシナイ半島の返還を引き換えにした関係正常化が合意されたが、後者に関わるパレスチナ問題については一切の進展はなかった。この条約締結のため、アラブ連盟はエジプトを資格停止処分とした。

〔参考文献〕
宇野昌樹（2009）「イスラエルの核をめぐる諸問題」吉村慎太郎・飯塚央子編『核拡散問題とアジア――核抑止論を超えて』国際書院、175-196頁
木村修三（2000）「イスラエルの核と中東の国際関係」山田浩・吉川元編『なぜ――核はなくならないのか』法律文化社、83-98頁
立山良司（2010）「イスラエルの対イラン政策――『脅威』の拡大と新たな問題」『国際問題』No.596、30-38頁
吉村慎太郎（2009）「イラン核問題の底流にあるもの――内外情勢の変容の狭間で」吉村慎太郎・飯塚央子編『核拡散問題とアジア――核抑止論を超えて』国際書院、151-191頁
吉村慎太郎（2014）「イラン『核開発』疑惑の背景と展開――冷徹な現実の諸相を見据えて」髙橋伸夫編『アジアの「核」と私たち――フクシマを見つめながら』慶應義塾大学出版会、201-229頁
Afkhami, Gholam Reza ed.（1997）*Iran's Atomic Energy Program: Mission, Structure, Politics, An Interview with Akbar Etemad*, Bethesda: Iranbooks.
Aronson, Geoffrey（1992）"Hidden Agenda: US-Israeli Relations and the Nuclear Question,"

第Ⅱ部　国家と核兵器

　　The Middle East Journal, Vol.46, No. 4 , pp. 617-630.
Barnaby, Frank（1996）"Capping Israel's Nuclear Volcano," in Karsh, Efraim ed., *Between War and Peace: Dilemmas of Israeli Security*, London: Frank Cass, pp. 93-111.
Cohen, Avner（1996）"Cairo, Dimona, and the June 1967 War," *The Middle East Journal*, Vol.50, No. 2 , pp. 190-210.
Cohen, Avner（1998）*Israel and the Bomb*, New York: Columbia University Press.
Ehteshami, Anoushiravan（1989）*Nuclearization of the Middle East*, London: Brassey's.
Entessar, Nader（2013）"Iran's Nuclear Program and Foreign Policy," in Juneau, Thomas and Sam Razavi eds., *Iranian Foreign Policy since 2001*, London and New York: Routledge, pp. 70-86.
Farr, Warner D.（1999）"The Third Temple's Holy of Holies: Israel's Nuclear Weapons" (http://fas.org/nuke/guide/israel/nuke/farr.htm, last visited, 18 November 2014).
Feldman, Shai（1997）*Nuclear Weapon and Arms Control in the Middle East*, Cambridge and London: MIT Press.
Freedman, Lawrence and Efraim Karsh（1993）*The Gulf Conflict: Diplomacy and War in the New World Order*, London: Faber and Faber.
Hersh, Seymour M.（1991）*The Samson Option: Israel Nuclear Arsenal and American Foreign Policy*, New York: Random House.
Inbar, Efraim（2008）*Israel's National Security: Issues and Challenges since the Yom Kippur War*, London and New York: Routledge.
Inbar, Efraim ed.（2013）*The Arab Spring, Democracy and Security: Domestic and International Ramifications*, London and New York: Routledge.
Jafarzadeh, Alireza（2007）*The Iran Threat: President Ahmadinejad and the Coming Nuclear Crisis*, New York: Palgrave.
Karsh, Efraim and Martin Navias（1996）"Israeli Nuclear Weapons and Middle East Peace", in Karsh, Efraim ed., *Between War and Peace: Dilemmas of Israeli Security*, London: Frank Cass, pp. 75-92.
Kibaloglu, Mustafa（2006）"Good for the Shah, Banned for the Mullahs: The West and Iran's Quest for Nuclear Power," *The Middle East Journal*, Vol. 60, No. 2 , pp. 207-232.
Kober, Avi（1996）"A Paradigm in Crisis? Israel's Doctrine of Military Decision", in Karsh, Efraim ed., *Between War and Peace: Dilemmas of Israeli Security*, London: Frank Cass, pp. 188-211.
Lewis, Samuel W.（1999）"The United States and Israel: Evolution of an Unwritten Alliance," *The Middle East Journal*, Vol.53, No. 3 , pp. 364-378.
Mozley, Robert F.（1998）*The Politics and Technology of Nuclear Proliferation*, Seattle and London: University of Washington Press.
Parsi, Trita（2012）*A Single Roll of the Dice: Obama's Diplomacy with Iran*, New Haven and London: Yale University Press.
Pollack, Kenneth（2004）*The Persian Puzzle*, New York: Random House.

Ritter, Scott (2006) *Target Iran: The Truth about the White House's Plans for Regime Change*, London: Politico's.
Spector, Leonard S. (1988) *The Undeclared Bomb*, Cambridge: Ballinger Publishers.
Yaacov, Bar-Siman-Tov (1987) *Israel, the Superpowers and the War in the Middle East*, New York, Westport and London: Praeger.

第8章 北朝鮮の核開発

孫　賢鎮

1　北朝鮮の核開発と国際危機

　朝鮮民主主義人民共和国（北朝鮮）の金正日国防委員長の急逝後、2012年4月11日、金正恩体制が正式に発足し、4年目を迎えたが、北朝鮮は依然として北東アジアや世界平和の脅威である。その原因の1つは、核開発に伴う核実験やミサイル発射など挑発的な行為にある。同月13日、北朝鮮は憲法を改定し、その前文に「核保有国」であることを明記した。また核開発を自衛目的だとしてその正当性を強調し、「核保有国の地位」と「停戦協定の白紙化」を宣言した[1]。北朝鮮の核保有を前提とすれば、朝鮮半島だけでなく北東アジアの安全保障環境に重大な変化をもたらし、周辺諸国にも核武装の動機を与える。北朝鮮の核開発は核不拡散体制への重大な脅威である。

　北朝鮮体制内部の正確な情報を得るには限界があるため、核開発状況を把握するのに非常に難しい。13年3月、朝鮮労働党中央委員会総会は、金正恩体制の国家発展戦略として、経済建設と核戦力建設を同時に発展させる「経済・核戦力並進路線」を提示した[2]。これは、金正日が残した核戦力を強化・発展させて国家の防衛力を固め、経済建設にも大きな力を入れて「強盛国家」を建設する政策路線であり、経済発展と国防力の強化に最大の効果を出す政策である[3]。原子力産業に基づいて核戦力を強化するとともに電力不足も解消できる。

　現在、北朝鮮の経済苦境を自力で克服するのは困難で、外部から広範な支援が必要だ。だが一方、北朝鮮の改革・開放は体制崩壊につながるという懸念から内部統制を強化している。北朝鮮は4回にわたる核実験とミサイル発射など

第 8 章　北朝鮮の核開発

で国際社会との対決の雰囲気を醸成している。そして、これを媒介に体制保証と経済支援を同時に得るための「瀬戸際戦術」(brinkmanship) を積極的に駆使している。このような戦略は、国際社会と朝鮮半島の軍事的緊張を高めただけでなく、北朝鮮の孤立を深めてきた。

　これまで米国をはじめとする国際社会は、北朝鮮の核問題を解決するために、1994年に北朝鮮とジュネーブ合意を締結し、2003年から6カ国協議を開催し、05年の9.19共同声明、07年の2.13合意、10.3合意など一定の成果を生んだ。しかし、北朝鮮は06年10月、1回目の核実験を実施して、また長距離ミサイルを発射するなどの挑発行為に出た。09年5月にも2回目の核実験を強行したために、国際社会の非難と制裁措置を受けて国際的に孤立した。10年3月26日には韓国の哨戒艦「天安」を沈没させる事件を起こし、10年11月23日には延坪島を砲撃して兵士や民間人を殺傷する事件を起こした。国際社会の懸念にもかかわらず北朝鮮は、12年2月長距離ミサイルを発射したのに続き、13年2月には3回目の核実験を強行した。北朝鮮は核実験で核能力を強化し、プルトニウムの再処理に加えて高濃縮ウランまで確保する段階に至った。また核実験で核兵器の小型化・軽量化に成功したと主張する一方[4]、弾道ミサイルの実験・開発により核能力の実戦配備とその高度化を追求していたが、16年1月6日、4回目の核実験を行い、それを「水爆実験」だと主張して世界に衝撃を与えた。

　もともと北朝鮮は高品質のウランを多量に有しており、その総埋蔵量は2600万トンで、このうち採掘可能な量が400万トンに達するが、これは現在、全世界で探査されたウラン埋蔵量 (Conventional uranium resources) と同じ量である (Nuclear Energy Agency 2001：25)。北朝鮮は技術さえあれば、ウラン濃縮計画を稼動し、プルトニウムも抽出できる豊富な資源を有している。国際社会は北朝鮮の核開発にどのように対応し、その核計画を放棄させることができるかが問われている。

　本章では、このような問題意識のもと、北朝鮮の核問題に対する現況とその対策について検討する。まず北朝鮮の核開発の背景について概観し、その核開発の意図を考察する。さらに現在の核兵器の保有実態について考察し、北朝鮮の核開発に対する国際的な取り組みを検討する。最後に、北朝鮮の核放棄およ

第Ⅱ部　国家と核兵器

び北東アジアの非核化と平和構築の可能性について考える。

2　北朝鮮の核開発の背景

　北朝鮮は1948年9月の政権樹立以降、朝鮮戦争の停戦協定が締結された53年7月までにソ連や中国など社会主義諸国と外交関係を結んだ。停戦協定締結後は戦後復興のための経済支援の獲得を外交の最優先課題とし、特に中国とソ連からの無償援助に重点を置いて協力関係強化に力を注いだ。62年に中国とソ連の国境紛争が激化すると、中ソ対立に関しては中立の立場を堅持し、体制保証と経済支援の確保を目指した。

　一方、北朝鮮は核開発でソ連の力を積極的に活用した。この時期の北朝鮮の核兵器開発に対する意欲はソ連に代わって中国に期待できないとなれば、ソ連との関係を破綻させない範囲内で追求されるものであったし、結局、技術的にも政治的にもソ連の管轄下に封じ込められざるを得なかったのである。しかし、ソ連は北朝鮮が核を平和的利用することについては協力的であったが、北朝鮮が核兵器を保有することについては否定的であった（平岩 2007：26-27）。

　北朝鮮の本格的な核開発は、金日成時代に遡る。マッカーサー連合国軍最高司令官は朝鮮戦争中、原爆の使用を検討していたことは知られているが、事実、北朝鮮は米国による核兵器の使用を恐れていた。すでに金日成は米国が日本に投下した原子爆弾の威力を知っていたからだろう。北朝鮮は53年3月、ソ連と原子力平和利用協定を結び、朝鮮戦争後に核開発を本格化させ、ソ連のドブナ多国籍核研究所の設立に参加するためにソ連との核協定を締結した。北朝鮮はこの時、30人余りの研究員をソ連に派遣して核技術を習得させる一方で、国内に「放射化学研究所」を設立した。その後、59年9月、北朝鮮はソ連との間で原子力協定を締結し、同協定に基づき両国は「シリーズ9559」という契約に署名し、これに基づき寧辺（ヨンビョン）に最初の核研究施設を建設し、同施設に「IRT-2000研究用原子炉」を62年1月に着工して65年に完成させた（Moltz and Mansourov 2000：15-16）。その後86年1月、寧辺で大型の5メガワット（MWe）黒鉛減速炉の運転を開始した（綛田 2011：68）[5]。

132

もう1つの歴史的背景は、89年の中国の天安門事件とドイツのベルリンの壁の崩壊、ルーマニアのチャウシェスク大統領夫妻の公開処刑に代表される、89年の社会主義国家の民主革命、そしてソ連の崩壊など国際社会の変化である。中でも最も北朝鮮にとって衝撃的な出来事が91年のソ連の崩壊である。これらを通じて北朝鮮は、軍隊が体制維持のために果たす機能を確認することになった。天安門事件は人民解放軍が体制を守るために動いた事例であるが、ルーマニアの場合は、軍が反政府側に立って大統領夫妻を銃殺し、共産党政権は崩壊したからである。これら社会主義体制の崩壊をきっかけに金正日は軍との協力関係強化こそ、体制を安定化させる方法であり、権力継承を安定的に進める方法だと認識するようになる（平岩 2013：79-80）。90年初めの韓国による対ソ、対中国交正常化も北朝鮮を孤立させた。それに北朝鮮は、米国の脅威をそれまで以上に強く認識するようになり、体制維持のためには核兵器の保有しかないと決断したと思われる。

3　北朝鮮の核開発の意図

　北朝鮮はなぜ核兵器の開発に執着するのか。この問いに明確な根拠を持って答えるのは困難だが、北朝鮮内外の状況の時期的な変化を分析すれば、核開発の意図を推定することができる。

　北朝鮮は当初は、外部脅威に対する漠然とした対応として、核兵器開発を目指した。その外部脅威とは米国の核兵器と韓国に配置された米国の戦術核兵器を意識したものである。実際に北朝鮮は朝鮮戦争の直後に、核開発のため大勢の科学者・研究者をソ連に送って核関連の技術を習得させた。その後、金日成総合大学と金策工業大学に核物理学院を設立して核科学者・技術者を養成し、現在の寧辺の核施設の基礎となった。その後も1970年代までソ連の支援を受けて核関連技術を伝授・発展させた。

　だが91年のソ連の崩壊は、北朝鮮の核開発をさらに加速させたと思われる。なぜならソ連の崩壊で北朝鮮に提供された核の傘が失われたからだ。以後、北朝鮮はロシアの核科学者をひそかに招待し、さらにパキスタンの核開発で主導

的な役割を果たしたアブドゥル・カディール・カーン（Abdul Qadeer Khan）博士に頼って核開発を続けた[6]。ソ連・東欧の社会主義国家の崩壊と共産主義市場の消失により、北朝鮮の経済が危機に陥り、また通常戦力が大幅に弱体化したことも、核兵器開発を促したと思われる。一方、経済の悪化が続き国防への投資が制限された北朝鮮に比べ、韓国は高度経済成長により国防費を増やして軍事力を増強した。このため北朝鮮は、通常戦力の近代化では韓国に対抗できないと判断し、核兵器の開発によって軍事バランスを取ろうとした。経済の悪化による国民の不満や、通常兵力の弱体化による軍部の不満が高まり、政治体制が不安定化したことも、核兵器開発を促進した要因であろう（綛田 2011：69）。

北朝鮮は核兵器保有で軍事バランスが自国に有利になれば、核兵器を使用すると威嚇し、あるいは核兵器を実際に使用することで韓国との戦争に勝利できると信じている。韓国経済の発展で経済格差が拡大し、体制競争に敗北した北朝鮮は、生き残りをかけて核兵器開発に着手したと思われる。イデオロギーや経済の競争に敗れた国家は、核兵器の保有が国内体制を固め、外部からの脅威に打ち勝つ唯一の手段だと確信しているのだ。つまり、北朝鮮にとり核兵器やミサイル開発は体制維持と不可分な関係にある。

実際に北朝鮮は、核兵器開発を通じて国内体制を固める一方、国際社会との交渉では核カードを用いて体制の保証を確保しようと努力している。6カ国協議で北朝鮮が要求した最優先事項は彼らの安全保障である。2005年9月の6カ国協議で米国は、北朝鮮を核兵器で攻撃しないとする、いわゆる消極的安全保障（Negative Security Assurance）を約束した（韓国安保問題研究所 2014：183-184）。その一方で米国は北朝鮮への経済制裁を継続し、軍事的にも敵視政策を維持しているため、米朝関係は依然として改善していない。北朝鮮は、朝鮮半島の核問題の平和的解決は米国との対話を介してのみ可能であると主張している（金 1996：384）。

4 北朝鮮の核保有の現況

1 北朝鮮の核施設

　北朝鮮の核開発疑惑は、1989年にフランスの商業衛星SPOT2号により撮影された核関連施設の写真が公開されて浮上した。具体的な核関連施設は、92年以降に行われた国際原子力機関（IAEA）の査察で明らかになった。最も重要な核関連施設は、プルトニウムの追加生産に関連する寧辺の5MWe原子炉と再処理施設である放射化学実験室、核燃料加工工場、50MWe原子炉、そして核実験が可能な咸鏡北道の豊渓里の核施設である。5MWe原子炉は北朝鮮で唯一、プルトニウムの生産が可能な施設だが、老朽化で稼働中断や故障が頻発し、原子炉の安定性と信頼性に多くの問題を抱えている。5MWe原子炉が100％の熱出力で稼働する場合に生産されるプルトニウムの量が年間8kg前後であることから、再稼働によるプルトニウムの生産量は6kgを超えることは難しいと考えられる（韓国統一研究院 2013：28-32）。

　北朝鮮が黒鉛炉を再稼働して生産したプルトニウムを軍事利用するためには、最低10kg以上のプルトニウムが必要だ。そして、プルトニウムの生産に必要な期間（2年）、燃料を引き出すための冷却期間（3カ月）と再処理期間（3カ月）をそれぞれ考慮すれば、プルトニウムを軍事利用するには最低2年6カ月かかると推定される（韓国統一研究院 2013：33）。米国科学国際安全保障研究所（Institute for Science and International Security（ISIS））のデビッド・オルブライト（David Albright）所長が2007年2月に訪朝した際、北朝鮮当局が「原子炉は05年6月に再稼働して正常稼動し、07年末または08年初めに再び使用済み核燃料棒を引き出す予定だ」と述べた（Albright and Brannan 2007：1-2）。その後、08年6月に北朝鮮は冷却塔を爆破したが、09年11月に再び寧辺核施設の再稼働を宣言した（Hecker 2013：2-3）。

　北朝鮮の再処理施設は86年に着工され、90年に小規模の再処理を行い、94年の凍結当時、年間80トン程度の使用済み核燃料を再処理できる第1ラインをすでに完成していた。また03年から05年にかけて処理能力を拡大し、現在では年

間110トン程度の処理が可能だと言われる（韓国統一研究院 2013：33）。再処理施設である「放射化学実験室」は、現在の再処理容量が1日約5kgで年間約100トン以上の使用済み核燃料棒の再処理が可能と推定される。「核燃料加工工場」は、85年に着工し、87年に完成した。ウランの転換と加工施設、貯蔵施設、その他の研究施設で構成される。

また4回目の核実験が実施された豊渓里の核実験場は標高2204mで、周囲は1400～1600mの高地に囲まれている。2つのトンネル施設を備え、周辺が岩場で構成され、核実験場としての利用条件が備わっている。

北朝鮮の核開発関連の業務は最高指導者が軍需工業担当秘書を通じて直接指導・管理する。科学技術委員会と人民武力部は、それぞれ核関連研究機関の監督と軍事部分の核開発の支援を担当するものと推定される（韓国安保問題研究所 2014：139）。他方、北朝鮮の核研究組織は放射能、同位体、核燃料などの核原料物質の生産に関する研究を行う「寧辺原子力研究センター」と、核開発に必要な基礎科学研究を行う「平城科学研究センター」に区分される。70年代以降、北朝鮮は国家の最優先課題として核開発のための人材を選抜し、国内外の著名な研究機関で教育の機会を与えるなど体系的に専門人材を養成してきた。現在、こうして養成された専門家は、優秀な人材200人を含む約3000人に達すると推定される[7]。

2　北朝鮮は核兵器をどれだけ保有しているのか

北朝鮮は上記の核関連施設で、これまで4回の核実験を行い、かなりのレベルの核兵器を製造・保有していると推定される。前述したように、すでに小型化・軽量化に成功しており、弾道ミサイルに搭載すれば、朝鮮半島はもちろん、日本、米国領土までが射程圏内に入り、十分な脅威となる[8]。北朝鮮の核兵器保有量を推定するには、プルトニウムと高濃縮ウランの抽出量をもとに、核兵器1個あたりに必要な核物質の量から計算するのが一般的な方法である（韓国安保問題研究所 2014：155）。高レベルのプルトニウム兵器の製造技術を持つ国が威力1～5キロトンの核兵器を製造するにはプルトニウム約2kg、威力10～20キロトンの核兵器を製造するにはプルトニウム約3kgが必要とされる

(Norris and Christensen 2005：64-67)。

　北朝鮮の寧辺核施設の5MWe原子炉からは、これまで約50kgの兵器級プルトニウムが抽出されたと考えられる。また1回目の核実験で2～4kg、2回目と3回目の核実験でそれぞれ6～8kg、9～12kg使用したと見られる。これらから推定すると現在、北朝鮮は核兵器6～7個分に相当するプルトニウムを30±5kg保有していると推定される（韓国統一研究院 2013：79-93）。一方、ISISの2012年8月の報告書は、プルトニウムの保有量は34～36kg、核兵器保有数は6～18個と分析している（Albright and Walrond 2012：9-10）。また英国国際戦略問題研究所（International Institute for Strategic Studies：IISS）は、42～46kgのプルトニウムを保有し、7～11個の核兵器製造が可能だと分析している（IISS 2011：112-113）。

　いずれにしても、北朝鮮は核兵器の製造が可能なプルトニウムを相当量保有していると考えられる一方、ウラン型核兵器のための高濃縮ウランも保有していると推測される。IAEAは2011年9月、北朝鮮がウラン濃縮に必要な技術や情報を「核の闇市場」から入手したと分析し、シリアやリビアに核関連技術や原料を提供した可能性があるとも指摘している（IAEA 2011）。ウラン型の核兵器は、原料であるウランを兵器級の高濃縮に濃縮させる高度な技術が必要となる。ウラン型核兵器はプルトニウム型核兵器の3～4倍の臨界量の核物質が必要だが、起爆装置の構造が比較的単純で、プルトニウム型に比べて兵器化が容易だとされる（小都 2005：18-20）。プルトニウム型よりウラン型の方が爆発させやすく爆発実験の必要性が低いため、大規模な核施設は必要ではなく、放射線放出量も低いという特徴がある。このため衛星などでの追跡や監視が難しく、秘密裏に開発がしやすいとされる。ISISは、北朝鮮の寧辺の核施設で年間約80kgの高濃縮ウランの生産が可能だと推定している。北朝鮮が戦略核兵器製造のため、1発あたり最低20kgの高濃縮ウランが必要だとすると、年間4発の核兵器の製造が可能だと推定される（韓国統一研究院 2013：81）。

　他方、核兵器の運搬手段である弾道ミサイルに関し、北朝鮮は71年、中国と弾道ミサイル協定を締結して共同開発に参加したが、技術獲得に失敗した。その後、77年にエジプトから旧ソ連のスカッドBミサイルを導入して模倣生産

した後、弾道ミサイル開発に本格的に着手した（Bermudez 2001：237-247）。90年代初め、スカッドC（射程500km）ミサイルを実戦配置し、93年5月にはノドンミサイル（射程1300km）の発射実験に成功した。98年8月31日、テポドン1号の発射実験を行ったが、失敗した。その後、06年7月5日、スカッドミサイルや、ノドンミサイル、テポドン2号の発射実験を行ったが、いずれも失敗した。さらに09年4月5日、改良型テポドン2号の発射実験を行い、この時以降、3段階推進体を使用している。これらを通じて北朝鮮はテポドン1号ミサイルの推進燃料、航法装置、弾頭分離などの技術をさらに発展させた。数回の失敗を繰り返しながら、北朝鮮は12年12月、光明星3号と名付けた人工衛星を軌道に載せるのに成功したようだ（韓国国防部 2014：28）。

　このように北朝鮮は、1998年以来これまでミサイル能力の向上と宇宙開発を並行して行っており、その発展速度は注目すべきだ。現在、スカッドミサイル600基以上、ノドンミサイル200基以上、その他のミサイル1000基以上を保有していると見られる（韓国統一部統一教育院 2014：157-158）。北朝鮮は10年10月、朝鮮労働党の創建65周年記念軍事パレードでムスダン（舞水端）ミサイルを公開し、12年4月15日の「太陽節」（金日成の誕生日）には射程5000km 以上の新型ミサイルを公開した。また13年4月の軍事パレードで公開されたKN-08新型長距離ミサイルは大陸間弾道ミサイルだと推定されている（Hansen 2012）。弾道ミサイルの射程を見ると、スカッドミサイルは朝鮮半島全域を射程圏に置き、ノドンミサイルは日本列島まで射程圏に含まれている。またムスダンミサイルはグアムや米国本土、フィリピンまで射程に収めていると推定される。このように、北朝鮮の弾道ミサイルは朝鮮半島を越え日本や米国本土まで射程圏内に入れ、十分な脅威となっている。北朝鮮は引き続き核や弾道ミサイルの性能向上に力を入れており、時間が経つほどその脅威は増すと見られる。

5　北朝鮮の核開発阻止に向けた国際的な取り組み

1　朝鮮半島非核化共同宣言
さて次に北朝鮮の核開発に対して国際社会はどのように対応したのであろう

図表1　朝鮮半島非核化に関する共同宣言

南と北は、半島を非核化することにより、核戦争の危険を除去し、平和と平和統一に有利な条件と環境を作り、アジアと世界の平和と安全に資するため、次のとおり宣言する。

1　南と北は核兵器の試験、製造、生産、接受、保有、貯蔵、配備、使用をしない。
2　南と北は核エネルギーを平和的にのみ利用する。
3　南と北は核再処理施設とウラン濃縮施設を保有しない。
4　南と北は朝鮮半島の非核化を検証するため、相手側が選定し双方が合意する対象に対し、南北核統制共同委員会が規定する手続きと方法により査察を実施する。
5　南と北はこの共同宣言の履行のため、共同宣言の発効後、1カ月内に南北核統制共同委員会を構成・運営する。
6　この共同宣言は南と北が発効に必要な手続きを経て、その本文を交換した日から効力を発生する。

1992年1月20日
南北高位級会談南側代表団首席代表　大韓民国国務総理　鄭元植
北南高位級会談北側代表団団長　朝鮮民主主義人民共和国政務院総理　延亨黙

(出典) 筆者作成

か。北朝鮮の核開発の国際問題化のきっかけはNPT脱退表明にある。核兵器不拡散条約（NPT）第3条は、締約国である非核兵器国は、国際原子力機関（IAEA）と保障措置協定を締結し、すべての原子力活動を申告し査察を受ける義務を負うと規定している。1985年12月にNPTに加盟した北朝鮮は、92年1月にIAEAとの保障措置協定の調印に応じた。その前年の12月、北朝鮮は韓国との間で、核兵器の実験、製造、保有などの禁止や核燃料再処理施設とウラン濃縮施設を保有しないことを内容とする「朝鮮半島の非核化に関する共同宣言」を採択した。こうして、北朝鮮の核開発問題は解決に向かうものと思われたが、IAEAの査察結果と北朝鮮の申告内容に不一致が生じると、追加査察の受入れを拒否した。そして93年3月にNPTからの脱退を表明したため国際的な緊張が高まった[9]。

　このような危機的状況は、94年6月に訪朝したジミー・カーター（Jimmy Carter）元米大統領と金日成主席の会談で打開された。会談の結果、北朝鮮は核兵器保有の意思を否定し、米朝協議の開催や黒鉛減速炉の軽水炉への転換などを条件に、核開発計画を凍結する用意があることを表明した。同年7月に金

第Ⅱ部　国家と核兵器

図表 2　北朝鮮の核実験・ミサイル発射後の国連安保理決議

決議	採択日	原因	主な内容
1695号	2006.7.15	ミサイル発射 （2006.7.5）	ミサイル関連物資、商品、技術などの北朝鮮への移転禁止
1718号	2006.10.13	第1回核実験	物的規制（通常兵器、WMD、贅沢品など）、金融規制、出入国規制、貨物検査強化など
1874号	2009.6.12	第2回核実験	1718号＋貨物および海上での船舶検査の強化、金融・経済制裁の強化、武器禁輸措置拡大
2087号	2013.1.22	長距離ミサイル発射 （2012.12.12）	決議1718号および1874号の制裁対象の拡大、金融機関の活動監視強化、対北朝鮮輸出の統制強化などの追加措置
2094号	2013.3.7	第3回核実験	制裁対象と統制品の拡大、金融制裁、貨物検査、船舶・航空機の遮断、禁輸措置の実質的強化など

（出典）筆者作成

日成首席は急死したが、同年10月に米朝協議が開かれ、米国が軽水炉の建設を支援し、完成まで代替エネルギーとして重油を提供する代わりに、北朝鮮が寧辺の黒鉛減速炉および関連施設を凍結し、NPTにとどまることなどを柱とした「米朝枠組み合意」が結ばれた。しかし、その後の北朝鮮によるミサイル発射（テポドン1号）やウラン濃縮計画などの発覚により、米国は重油提供を凍結したため、北朝鮮はIAEA特別査察官を追放し、NPT脱退を表明した。これによって、米朝枠組み合意は再び崩壊したのである。その後、北朝鮮は3回にわたって核実験を強行し、弾道ミサイルを発射するなど核開発を強行した。

2　国連安保理決議

　一方、北朝鮮の核開発に対して国連安全保障理事会は、北朝鮮に対する制裁を含むさまざまな決議案を採択し、北朝鮮の自制を求めてきた。2006年10月13日、国連安保理は北朝鮮の第1回核実験を世界平和と安全を脅かす行為とみなし、国連憲章第7章を適用して対北朝鮮制裁決議案1718号（S/RES/1718〔2006〕）を全会一致で可決した。09年6月12日、北朝鮮の第2回核実験後、国連安保理は北朝鮮を強く非難し、制裁決議案1874号（S/RES/1874〔2009〕）を採択した。

同決議案には北朝鮮への武器禁輸、金融制裁、北朝鮮国籍の貨物検査措置の拡大などが含まれている。続いて13年2月12日、北朝鮮は3回目の核実験を行い、国連安保理は決議案2094号（S/RES/2094〔2013〕）を採択した。この決議案では、制裁対象としての核関連品目、ミサイル関連品目、贅沢品など品目を拡大した。北朝鮮はこのような決議案に反発し、核兵器の開発やミサイルの発射は自衛のためだと主張してきた。16年1月6日の4回目の核実験に対して3月3日、国連安保理は、決議案第2270号（S/RES/2270〔2016〕）を採択した。同決議案には北朝鮮の核実験および弾道ミサイル発射に対して安保理決議違反と認定し、強く非難するとともに、貿易、金融、人の往来、航空・海上輸送等に関する措置の大幅な追加・強化を定めた。

3 6カ国協議

6カ国協議は、北朝鮮の核問題を解決し、朝鮮半島の非核化を実現するために米国、中国、日本、ロシア、韓国、北朝鮮の6カ国が参加する多国間協議フォーラムである。94年、米国と北朝鮮はジュネーブで会談し、北朝鮮が核開発プログラムを凍結して核査察を受ける代わりに、米国は北朝鮮の体制を保証し、軽水炉の発電所を建設することに合意した。しかし02年10月、北朝鮮の新たな核開発疑惑が浮上し、朝鮮半島に再び緊張感が高まった。米国は北朝鮮がまず核を放棄すべきだと強く主張したが、これに対し北朝鮮は、米国との間で不可侵条約を締結した後に核問題を議論すべきだと主張し、両者は対立した。6カ国協議は、米朝間のこうした対立を受け、北朝鮮の核問題を平和的に解決し、朝鮮半島に平和を構築しようと提案されたものである。

中国・北京で03年8月27日から29日まで開かれた第1回会議以来、07年9月の会議まで計6回の6カ国協議が開催された。第1回会議は、北朝鮮が03年1月にNPT脱退を宣言し、IAEAの特別理事会が国連安保理の決議案を採択した後に開かれた。この会談で米国は、北朝鮮が先に核廃棄すべきだと主張したのに対し、北朝鮮は核廃棄と対北支援などすべての問題の同時推進（Simultaneous Action）、いわゆる「一括妥結方式」による解決案を改めて提案して対立した。しかしこの会議が、北朝鮮核問題の平和的解決へ向けて対話の場を提供し、6

第Ⅱ部　国家と核兵器

図表3　9.19共同声明

> Joint Statement of the Fourth Round of the Six-Party Talks
> Beijing, 19 September 2005
> 2005年9月19日、第4回6カ国協議で合意された。
> 「朝鮮民主主義人民共和国によるすべての核兵器および現存する核計画の放棄と核不拡散条約（NPT）、国際原子力機関（IAEA）保障措置への復帰」「米国は朝鮮民主主義人民共和国に核攻撃を行わない」「朝鮮半島の平和的方法による非核化を目標とする」「米朝間の信頼関係の構築」「エネルギー、貿易および投資の分野での経済協力の推進」などを骨子とする。

（出典）筆者作成

カ国に共通の問題認識が形成された点は、成果として評価された。

第2回会議は04年2月25日から28日まで開かれた。この会議では核兵器のない朝鮮半島の実現へ向け、対等な立場で協議を行い、対話を通じて平和的に解決を目指すことで合意した。しかし、北朝鮮は放棄の対象を核計画全体から「核兵器計画」にすり替え、平和目的での核保有の余地を残そうとした。

第3回会議は04年6月23日から26日まで開かれた。この会談では朝鮮半島非核化の目標に対する意思を再確認し、核問題の平和的解決のため「約束対約束」「行動対行動」という段階的プロセスの必要性を議論した。また、非核化へむけた初期段階の措置に関し、その範囲、期間、検証、相互措置等などは、第4回会議で提案することで合意した。

第4回会議は本来、04年9月に開かれる予定だったが、第3回会議での米国の提案に北朝鮮が反発したことが原因で延期され、さらに05年2月の北朝鮮の核保有宣言などで延期され、同年7月26日にようやく開かれた。[11] この会議はあらかじめ期間を定めない形式で始まり、8月7日まで13日間、開かれた。韓国が軽水炉に代わる「対北朝鮮直接送電」という重大提案を行い注目されたが、合意に達しなかった。主な争点は、核廃棄の対象の範囲と、北朝鮮の核の平和利用の権利を認めるかどうかであったが、米朝間の意見は平行線のまま3週間の休会に入った。会議は9月に再開されたが会議終了後には、朝鮮半島の非核化、米国の対北朝鮮不可侵の意思確認など6項目からなる「9.19共同声明」が発表された。

この共同声明は、多国間の合意文書として初めて北朝鮮に核計画の放棄を認

図表4　2.13合意

> Initial Actions for the Implementation of the joint Statement
> 13 February 2007
>
> 「9.19共同声明の実施のための初期段階の措置」として2007年2月13日に合意された。主要内容は以下のとおり。
> 北朝鮮は寧辺の核施設を閉鎖・封印し、監視・検証活動のためIAEA査察要員を復帰させる。その補償として北朝鮮は重油5万トン相当のエネルギー支援を受ける。初期段階の措置実施および共同声明の完全実施のため、以下の作業部会を設置する。①朝鮮半島の非核化、②米朝関係正常化、③日朝関係正常化、④経済、エネルギー協力、⑤北東アジアの平和および安全メカニズム。

（出典）筆者作成

図表5　10.3合意

> Second-Phase Actions for the Implementation of the Joint Statement
> 3 October 2007
>
> 「9.19共同声明の実施のための第2段階の措置」として2007年10月3日に合意された。主要内容は以下のとおり。
> 北朝鮮のすべての核施設の不能化およびすべての核計画の申告、北朝鮮による核物質・技術・ノウハウなどの移転禁止、米国による北朝鮮のテロ支援国家指定解除のプロセス開始および北朝鮮への対敵通商法の適用の解除推進、米朝・日朝関係正常化の努力、北朝鮮への重油100万トン相当の経済・エネルギー支援など。

（出典）筆者作成

めさせた。また北朝鮮へのエネルギー援助、安全保障、漸進的な制裁解除をはじめ、各国が共同で朝鮮半島の非核化という目標へ向けて取るべき行動を明記したという意義がある（Cossa 2005）。

第5回会議は05年11月から07年2月まで3セッションに分けて行われた。この会議で、北朝鮮の核施設の閉鎖と無能力化、北朝鮮によるすべての核計画の申告、5カ国による対北朝鮮重油100万トン相当のエネルギー・経済・人道支援、米国による北朝鮮のテロ支援国指定解除のプロセスの開始など、いわゆる「2.13合意」が採択された。

第6回会議は第1セッションでは「2.13合意」の履行措置の具体化を議論した。07年9月に開かれた第2セッションでは、07年末までに北朝鮮が核施設を無能力化し、北朝鮮のすべての核計画を年内に申告し、見返りに米国はテロ支

援国リストから北朝鮮の削除と経済制裁の解除、5カ国は重油100万トン相当のエネルギー・経済的な補償などを骨子とする「10.3合意」が採択された。

6 北朝鮮の核放棄は緊急課題

　北朝鮮核問題の解決を目指す枠組みである6カ国協議は、参加国の共通認識が形成されなかったことから失敗したと評価されている。過去の歴史でも核保有国が見返りの利益なしで自国の核兵器を削減した例はない（Moltz and Kenneth 2004：143-144）。時間が経てば経つほど北朝鮮の核技術が進んで核兵器を保有することは確実になり、6カ国協議に参加する核保有国の国益を損うだけではなく、北朝鮮の安全保障環境も悪化することになろう。前述のように北朝鮮はNPT体制外で核兵器の開発を継続して体制の保証を要求し、駐韓米軍の削減、核の傘の撤廃などを含む脅威の除去を求めながら、対米関係正常化および経済支援を目指して米朝協議を継続してきた[12]。

　だが、北朝鮮は4回目の核実験を行った。すでに北朝鮮は核弾頭の軽量化・小型化に成功したと発表しており、次の実験は弾道ミサイルへの核弾頭搭載が目的だ。最終目的は核兵器と核物質を継続して製造し、実戦配置することにある。北朝鮮は、ここ70年の世界の戦争の歴史において、核兵器保有国のみが軍事的侵略されなかったと主張し、自衛権としての自国の核保有の正当性を強調するとともに[13]、また、米国の対北朝鮮敵視政策に対抗するため核抑止力を持たざるを得なかったと宣伝している[14]。

　6カ国協議は、外交を通じて北朝鮮の核問題の平和的解決を目指す唯一の現実的・合理的なフォーラムであるが、09年4月の北朝鮮の参加拒否以来、長期にわたり中断している。今後、北朝鮮を再び6カ国協議のテーブルに引き出すためには、相互の尊重に基づく信頼回復が大事である。北朝鮮の核問題の長期化により、米朝間の根本的な利害が衝突して相互不信が深刻化している。米国は北朝鮮の核施設と核能力の「完全かつ検証可能で不可逆的な廃棄」を求めているのに対し、北朝鮮は米国の対北朝鮮敵対視政策の中止を求め、目に見える措置としての平和協定の締結と不可侵宣言、そして核放棄の見返りとしての経

済的な補償を要求している。

　平和協定が締結され、不可侵宣言が採択されれば、それは、最終的に在韓・在日米軍の撤退及び移動、並びに北東アジアでの多国間地域安全保障体制の確立を意味するものと考えられる。したがって、北朝鮮への経済支援やエネルギーの提供、米朝・日朝国交正常化、朝鮮半島の平和秩序樹立など、画期的なインセンティブの提供は、北朝鮮の核放棄が大前提である。北朝鮮から見れば、体制の保証と核放棄により最大限の利益が確実に得られなければ、6カ国協議への復帰の可能性は低い。北朝鮮を6カ国協議の場に復帰させるには日米韓の共同対応体制の確立も必要だが、何よりも北朝鮮と韓国との信頼回復及び韓国からの積極的な対北政策が必要である。さらに、北朝鮮の変化を促すためには、韓日米が一致して中国とロシアの協力を誘導することが必要だ。北朝鮮が4回目の核実験を行えば、それは完全な核兵器システムの完成を意味する。国際社会はあらゆる手段を講じてそれを阻止することが必要だった。

　だが16年1月6日、ついに北朝鮮は4回目の核実験を強行した。北朝鮮のさらなる核開発を阻止するためには、国際社会の圧力および制裁が必要だ。イランの核問題を解決するため、イランと国連常任理事国およびドイツ（P5＋1）が「包括的合同行動計画」（JCPOA）に合意した。この合意は、イランの核プログラムは平和的にのみ利用することを保証し、JCPOAの完全な履行を介して、中東地域および世界の平和と安全を促進するものである。[15] 同様に、北朝鮮に核兵器の開発および保有を放棄させる効果的な方法は、まず北朝鮮に対し、核保有を継続すれば体制維持が難しいことを認識させ、同時に北朝鮮への圧力と制裁を強化し、北朝鮮を交渉のテーブルに引き出さねばならない。国際社会には、もはや時間の猶予はない。

【注】
1) 「朝鮮外務省声明」2012年4月17日
2) 『労働新聞』2013年4月2日
3) 『労働新聞』2013年5月3日
4) 『朝鮮中央通信』2013年2月14日
5) 黒鉛減速炉は北朝鮮で産出する天然ウランおよび黒鉛を燃料および減速材として使用

できる、建設も容易である。発電目的の可能性は否めないが、黒鉛減速炉の使用済み燃料からのプルトニウムの抽出が容易なため、核兵器開発目的の可能性もある。北朝鮮は1986年1月に5MWe黒鉛減速炉を初めて稼働させたが国際社会の圧力で89年に稼動を中断し、その後も同炉の封印と再稼働を繰り返した。94年の米朝ジュネーブ合意に基づき主要な施設を再度凍結したが、02年10月に高濃縮ウラン開発疑惑により米国の圧力が強まると同炉を再稼働させ、05年5月には同炉から燃料棒8000個を取り出したと発表した。専門家らはこれで兵器級プルトニウム24〜32kgを抽出でき、核兵器3〜5個の製造が可能になったと推測する。北朝鮮は「2.13合意」と「10.3合意」に基づき同炉の冷却塔を爆破し、寧辺の核施設を凍結したが、13年2月再び同炉の再稼働を宣言した(『連合ニュース』2013年4月2日)。

6) 1999年頃からカーン博士が「核の闇市場」を通じて北朝鮮にウラン濃縮用の遠心分離技術など核開発材料・技術を提供していた。
7) 『毎日新聞』(韓国)2006年11月1日
8) 核弾頭を弾道ミサイルに搭載するには核弾頭の小型化・軽量化が必要だが、北朝鮮はこれまでの核・ミサイル実験でそれを実現したと見られる(韓国国防部 2014:28—29)。
9) 脱退声明の中で北朝鮮は「米国と南朝鮮当局が行う北朝鮮への核戦争のリハーサルである『チーム・スピリット』合同軍事演習およびIAEAの特別査察は、北朝鮮の主権侵害であり、国内問題に対する介入である」と主張した。
10) 『労働新聞』(2013年2月4日、2014年4月7日、2015年8月9日、2016年3月3日)
11) この会議では、米国は北朝鮮の核放棄の対象について、核兵器だけでなく高濃度ウランや平和利用を含むすべての核計画を含めるよう提案し、第一段階の措置として、すべての核計画の放棄と核施設リストの提出および査察受け入れを求めた。
12) 『労働新聞』2013年4月20日
13) 『労働新聞』2013年4月2日
14) 『労働新聞』2013年4月5日
15) IAEA Board of Governors, GOV/2015/68 (2015.12.2)

〔参考文献〕

小都元(2005)『核兵器辞典』新紀元社
綛田芳憲(2011)「北朝鮮による核兵器開発の要因」『コリア研究』2号、67-80頁
金日成(1996)『金日成著作集 第44巻』朝鮮労働党出版社
平岩俊司(2007)「北朝鮮核問題と6者協議」『アジア研究』Vol.53, No.3, 25-42頁
平岩俊司(2013)『北朝鮮は何を考えているのか』NHK出版
통일부 통일교육원 교육개발과(韓国統一部 統一教育院教育開発科)(2014)『2014북한이해(北韓理解)』
한국안보문제연구소(韓国安保問題研究所)(2014)『북한의 핵・미사일:위협과 대응(北韓の核・ミサイル:脅威と対応)』
한국국방부(韓国国防部)(2014)『2014국방백서(国防白書)』
통일연구원(韓国統一研究院)(2013)『2013년 북한 핵프로그램 및 능력 평가(2013년 北韓

核プログラムおよび能力評価）』
Albright, David and Paul Brannan（2007）*The North Korean Plutonium Stock*, Institute of Science and International Security（ISIS）.
Albright, David and Christina Walrond（2012）*North Korea's Estimated Stocks of Plutonium and Weapon-Grade Uranium*, ISIS.
Bermudez, Joseph S. Jr.（2001）*The Armed Forces of North Korea*, London: I. B. Tauris.
Cossa, Ralph A.（2005）"Six party Statement of Principles: One Small Step for Man", *PacNet*, No.41,（Pacific Forum of CSIS, Honolulu, Hawaii）, September 19, 2005.
Hansen, Nick（2012）"North Korea's New Long-Range Missile: Fact or Fiction?" *38 NORTH*, 04 May 2012, US-Korea Institute at SAIS（http://38north.org/2012/05/nhansen050412, last visited, 2 January 2016）.
Hecker, Siegfried S.（2013）"North Korea reactor restart sets back denuclearization," *Bulletin of the Atomic Scientists*, 17 October 2013.
IAEA（2011）*Application of Safeguards in the Democratic People's Republic of Korea*, GOV/2011/53-GC（52）/24, 2 September 2011.
Moltz, James Clay and Quinones C. Kenneth（2004）"Getting Serious about a Multilateral Approach to North Korea," *The Nonproliferation Review*, Spring 2004, pp. 136–144.
Moltz, James Clay and Alexandre Y. Mansourov eds.（2000）*The North Korean Nuclear Program: Security, Strategy, and New Perspectives from Russia*, New York: Routledge.
Norris, Robert S. and Hans M. Christensen（2005）"North Korea's nuclear program 2005," *Bulletin of the Atomic Scientists*, Vol.61, No.3, pp. 64–67.
Nuclear Energy Agency（2001）*Trends in the Nuclear Fuel Cycle*, OECD.
The International Institute for Strategic Studies（2011）*North Korean Security Challenges: A Net Assessment*, IISS.

第III部
「核兵器なき世界」を目指して

第9章

米国社会とヒロシマ

ロバート・ジェイコブズ（水本和実訳）

「広島に投下された爆弾は、米国にも落ちた。都市や軍需工場、軍港にではない。教会は焼けず、ビルは崩壊せず、人間も蒸発しなかった。しかし、それは確かに投下され、爆発し、国家を揺るがした」（Hagedorn 1946：9）

1　米国の核兵器観を支えるヒロシマ

　米国と核兵器の関係は特別だ。米国は核兵器を最初に開発し、最初に国内で爆発実験を行い、最初に兵器として組み立て、実戦配備して使用した。戦争で人類に直接原爆を投下した唯一の国は米国だ。米国にとり、核兵器は宝であり、国の文化を支える宗教だと言っていい。この核兵器観は意図的に形成されたものだ。米国の指導者が国民に核兵器の存在を初めて伝える時、宗教的な表現を用いたからだ。広島に最初に原爆を投下した直後、トルーマン大統領は、新たな兵器により「宇宙の根本の力」と「太陽の力」を活用した、と語った。彼はさらに、この兵器が神から米国に「授かった」ものだとも述べた（*New York Times* 1945a）。この見方に反対することは、冒涜とみなされた。(Chernus 1986)。多くの国民は、国家や軍における核兵器の位置付けに疑問を持ったが、宗教的な議論がその疑問をふさいだ。

　「核兵器が日本を降伏させ、第2次世界大戦の終結をもたらした」という議論もその1つだ。この信仰は「核兵器が戦争を終わらせ、米国民の命を救った」との見方につながる。つまり米国における核兵器観は「救世主」なのである。そして冷戦時代、多くの米国民は、ソ連が米国や西欧を攻撃しない唯一の理由は米国の核抑止力にあると考えた。核兵器は救世主であることに加え、米

国に自由世界の指導者の地位を約束する守護者となった。その存在は「自由と繁栄」と「破壊と服従」を分かち、古代中近東の王国を神々が守ったように、核兵器が米国の存在を守るものとみなされた。核兵器をなくすことは、策略に満ちた人間界に、神の保護なしに立ち入る危険なことであり、多くの米国民にとり、核兵器はまさに神だったのである。

　同様に、ヒロシマという言葉は米国内において、原爆で破壊された街・広島とは無関係な、しかし複雑な意味を持っている。1945年当時を知る世代の米国民は、わずか20年ちょっとの間に２度の世界大戦を経験した。彼らにとり、第３次世界大戦は、現実に起こり得るもので、もし核兵器が使われれば、過去の大戦のように米国本土が破壊なしでは済まされない。核兵器は米国民の誇りでもあるが、将来の犠牲を招きかねない不安材料でもあった。ソ連が核を保有したことは、米国民の恐怖をかり立てた。ソ連が核実験に成功する1949年以前から、一部の米国民にとりヒロシマという言葉は核への不安を意味していたが、ソ連の最初の核実験以降、ヒロシマは今日まで、核兵器の標的を意味する言葉となり、ソ連による米国への核攻撃を扱う雑誌記事には、「米国のヒロシマ」などのタイトルが付けられた。9.11同時多発テロの後、核武装したテロリストが米国内で核兵器を使用する可能性を議論する時にも「アメリカン・ヒロシマ」などと表現される。

　米国民が核兵器に正直に向き合えない理由を理解するには、核兵器が米国民にとり何を象徴し、また米国と広島の関係をどれだけの米国民が理解しているかを知る必要があろう。本章では、米国が核兵器に対峙し廃絶に取り組むことを阻害する要因のいくつかを、明らかにしたい。

2　広島への原爆投下とトルーマン大統領

　トルーマン大統領は1945年8月6日、広島への原爆投下を米国民に報告した。ポツダム会談から米国へ戻る途上、戦艦オーガスタの艦内からトルーマンは次の声明を発表した。「16時間前、1機の米軍機が、日本の重要な陸軍基地の1つ、広島に1発の爆弾を投下した」(*New York Times* 1945a)。さらにトルー

マンは、米国の科学者、技術者、兵士らによる原爆開発を称えたが、広島についてはそれ以上触れず、陸軍基地の規模や、一般市民がいる可能性、推定される犠牲者数、そして原爆投下が日本の指導者の戦争継続の意思に与える影響についても、何も語らなかった。

同じ日、ヘンリー・スティムソン陸軍長官は、それまで秘密にされていた原爆開発計画であるマンハッタン計画の歴史について、かなり詳細に説明する声明を発表したが、広島については言及しなかった。アトリー英首相とチャーチル前英首相も同日、「日本に原爆が投下された」ことを声明で発表したが、広島という名前には触れなかった（*New York Times* 1945a）。

3日後、帰国していたトルーマンはホワイトハウスから国民向けのラジオ放送で、同盟国首脳と行ったポツダム会談について報告した。ラジオ演説の中でトルーマンは、まさにその当日、2発目の原爆を投下した長崎については触れず、再度広島について次のように語った。

> 「世界は、最初の原爆が広島という軍事拠点に投下されたことに注目するだろう。なぜなら、米国が最初の原爆投下による一般市民の犠牲を、できる限り避けたいと望んだからだ。しかし、これはその後に続くであろう事態への警告にすぎない。もし日本が降伏しなければ、さらなる原爆が軍事産業に投下され、残念だが何千人もの一般市民が命を失うであろう。私は日本の市民に、攻撃から助かるため、直ちに都市を離れるよう促す（*New York Times* 1945c）。

原爆で破壊された広島の写真が、米国の新聞に掲載され始めた。最初の写真は、爆撃に参加した3機の航空機のうち1機が撮影した広島のきのこ雲の写真で、長崎のきのこ雲の写真より不鮮明だが、より象徴的な写真として、今日でもしばしば使用されている[1]。次に、原爆投下前と投下後の広島市を上空から撮影した写真が掲載された。しかし最も使われたのは、米軍の占領開始直後に上空から廃墟となった広島を撮影した航空写真である。このため、米国民らは広島・長崎というと、まるで神が地上を見下ろすように、はるか上空から見下ろす焼野原の地形を思い浮かべる。それはすでに瓦礫が取り除かれてきれいになった、そしてこれが重要な点だが、完全に人気（ひとけ）のない街である。

これらの写真は、広島と長崎への原爆投下が、人々の生活する場所ではな

く、誰もいない場所への攻撃であるという印象を植え付けた。同様に、新聞に掲載された記事の論調は「広島は一瞬にして壊滅した」「原爆は都市を消滅させた」という見方を強めた（*Minneapolis Morning Tribune* 1945; *New York Daily News* 1945）。

　これに対し、日本では広島への原爆投下を対照的な視点で捉えている。それを最も端的に示すのが、広島の地元紙『中国新聞』のカメラマン、松重美人氏が原爆投下当日に撮影した写真だ。彼が撮影した写真のうち、現像できたのは5枚だけだが、それらは日本で原爆の恐怖を伝える象徴的な写真となっている。日本人にとり広島の光景は消滅などしていない。それは、壊れた住居や街の瓦礫にあふれ、死傷者に満ちている光景である。

　同じことは、原爆投下を伝える資料館の展示にも見出せる。米国で原爆投下を伝える資料館、たとえばアルバカーキの国立原子力資料館では、原爆投下の物語は核分裂が発見された1930年代終わり〜40年代初めの時期に始まり、マンハッタン計画の歴史に焦点が当てられている。それは、科学者、技術者、兵士、そして政治家など、すべて米国人の物語であり、米国の優れた科学や産業能力、軍事的な効率、そして政治家の配慮ある意思決定について伝え、最終的には1945年8月の広島と長崎に原爆が投下されて戦争が終結する。物語に登場する日本人はすべて、数字にすぎない。死者数、負傷者数、そしてもっと重要なのは、原爆投下で命を救われたとされる人の数である。

　対照的に、広島平和記念資料館で語られているのは、原爆で死んだり、傷付いたりした一般市民の物語である。彼らは生身の人々であり、原爆投下の後、彼らの人生や運命がどうなったのかを私たちは学ぶ。さらに広島の街の復興や、その後の被爆者の人生、特に政治的闘いや医学面での格闘についても語られている。

　個々で重要なのは、米国と広島の資料館の物語が時系列上、1945年8月で辛うじて接点を持つにすぎないことだ。米国の資料館はその月までの出来事を伝え、広島の資料館はその月およびそれ以降に起きた出来事を伝えている。

　原爆投下から数週間後、米国のメディアは広島が「軍事拠点」ではなく、一般市民の大勢住む都市だったことを報じ始めた。米国の読者らは広島を、米国

のデンバーと同規模の都市だと理解した。

　長崎に原爆が投下された翌日の8月10日、『ニューヨーク・タイムズ』紙は、広島市の地図に多くの標的となった軍事施設が描かれている地図を掲載した（*New York Times* 1945b：5）。写真は原爆投下後の広島の街の破壊を調査する米軍機から撮影されたものだった。地図は爆心地から半径3km以内の破壊を示し、地図の下には30カ所の軍事標的が番号付きで示され、地図上にその番号が明記されていた。

　だが、広島を軍事的価値のある標的として描こうとする努力は、批判的思考を少しでも持つ米国の読者には通じなかった。地図上では重要な軍事施設から順に番号が付けられていた。

　1　陸軍運輸部
　2　陸軍兵器補給廠
　3　陸軍糧秣支廠
　4　陸軍被服補給廠

しかし、これらの重要施設はすべて、原爆で破壊された圏外の宇品地区にあり、原爆での破壊を免れたからだ。爆風で破壊された圏内にあった唯一の重要な軍事標的は、広島城内に置かれた軍の司令部だった。さらに、原爆の破壊圏内にあった施設の半数以上は橋であり、「攻撃目標」の周囲にある標的はすべて橋だった。つまり、この地図と標的のリストを見てわかるのは、原爆が広島にある重要な軍事施設を標的としてはいなかったことだ。原爆は「軍事拠点」の軍師施設を破壊したのではなく、ほとんど軍事施設のない、通常の都市基盤が存在する都市の中心を標的とした[3]。

　もし広島への原爆攻撃の主要な軍事的成果が、一般住民のいる都市部の橋を破壊しただけなら、原爆投下を軍事拠点攻撃のため、あるいは軍事上必要だった、として正当化するのは困難だ。実際、それらの橋は破壊されなかった。これらの分析が端的に示すのは、トルーマンが演説で、米国は「一般市民の犠牲」を避けたいと望んだ、と述べたのが全くの嘘であることだ。トルーマンがこの主張を繰り返した、前日の演説の全文を載せた紙面の数頁前に、この地図が掲載されている。これは、その後の冷戦期の論理で典型的となる認知的不協

和（矛盾する態度からくる心理的葛藤）を示している。

　その後の数週間、米国の新聞には原爆による死傷者数が報じられ、トルーマンの言葉通り、「数千人」の一般市民が犠牲になったことが明らかになった。いや、何千何万もの人々である。8月末までには、『ニューズウィーク』誌が広島と長崎を「灰の街」と表現した (*Newsweek* 1945)。原爆が戦争の終結をもたらしたと思われる限り、依然として原爆の使用は称賛されていたが、米軍に殺された一般市民の数に関しては、米国民の間に不満が充満し始めた。トム・エンゲルハートが記したように「国家主義目的を達成するため、勝利をもたらすが自殺行為の性格を持つ兵器を使用すべきかどうかという問題」が、自らを善良だとみなしてきた米国民の感覚に亀裂を生み出した (Engelhard 1995：7)。

　だが、原爆で攻撃されたのは戦闘員であることの再確認が、この傷を癒すのに役立った。日本の全国民が米軍の本土上陸から国を守る準備をしていた、という米国内での物語が、日本の一般市民も戦闘員と同じだという議論を支えた。さらに、45年春の日本の都市への焼夷弾による空襲で大勢の死傷者が出たことで、米国民は広島と長崎の詳細な死傷者数に対しても、慣れていた。

　カーティス・ルメイが指揮した焼夷弾による日本への空襲は、標的の都市を焼き尽くしてすでに終結し、原爆投下の標的リストに載った6都市だけが、空襲を経験せず無傷のまま残されていた。それらの都市は、もし原爆攻撃前に通常爆弾や焼夷弾の空襲を受けたら、原爆の破壊能力を確認することが困難になるため、より効果的に評価するために、空襲を免れていた。

　45年夏までの米軍による太平洋の島々での「飛び石作戦」で、米兵に万単位の死傷者が出たため、一般市民であっても原爆で大勢の犠牲者が出たことを、米国民は受け入れた。また、米軍は45年春から初夏にかけてすでに67の都市に空襲を加えており、原爆の標的とされた6都市だけが原爆の効果測定のため無傷で残されていたが、日本軍はそれらの都市に戦略上の価値を置いていなかった。

3　日本への原爆投下と核兵器についての米国の物語

　すでに述べたように、広島と長崎への原爆投下についての米国の物語は、日

本における物語と全く対照的だ。いずれの物語が正確かどうかはともかく、重要なのは、米国の物語が大勢の米国民の心の中に、核兵器についての認識を植え付けていることである。米国の物語の基本をおさらいしよう。それは米国の科学者、技術者、企業家、政治家、軍人たちの物語である。それは偉大な決断をし、科学の画期的な成果を収め、困難な任務を達成した、偉大な人間たちの物語である。それが広島・長崎の原爆に関する米国の典型的な物語であり、原爆開発という驚くべき出来事を成し遂げた米国人の物語なのである。米国人が原子を分裂させ、核分裂物質を取り出すための巨大な研究都市を作り、戦争を早期に終結させて人命を救う決定を下した。物語の俳優は米国人であり、最後に少しだけ広島と長崎への原爆投下について語られるが、それは原爆が「戦争を終結させ」「人命を救済した」ことを示すためにすぎない。

　米国の物語に登場する日本人は、具体的な人物ではなく、単なる数字である。たとえば、広島の原爆投下直後の死者7万人および45年末までの死者10万人、長崎の死者が4万人（当時の報道）など。日本人は単に原爆の威力を示す指標であり、個々の人間ではない。トルーマン大統領やスティムソン陸軍長官ら米国の政治・軍事指導者は、原爆が50万人あるいは100万人の命を救済したと推定した。彼らは主張する。もし原爆が使用されなかったら、米軍は日本の本土に侵攻するしかなく、そうなれば原爆投下による死者よりも多くの死者が日米双方に出ていたであろうと。しかしこれらの推定死者数は、実際に米軍が本土侵攻の場合に想定した死者数ではなく、沖縄と硫黄島での戦闘における米兵の死亡率を用いた想定死者数ははるかに少なかった。スティムソンは47年の『ハーパーズ』誌に原爆投下を正当化する論文を執筆したが、この中で彼が記した「100万人」という推定死者数が、米国民の間に神聖な公式見解として定着し、今日でも原爆投下を正当化する論者はこの主張を信心深く繰り返している（Stimson 1947; Newman 1998）。

　この主張こそ、原爆が戦争を終わらせ人々の命を救ったという物語の核心である。米国では「日本が真珠湾を攻撃したことで自ら原爆攻撃を招いた」という議論が時々なされるが、真珠湾攻撃と原爆投下を同等に見る議論である。この見方に異議を唱える歴史家もいるが、米国民の大部分はそれを真実だと考え

ており、米国の学校の歴史教育もその見方を基本にしている。また、しばしば学校では、トルーマンによる対日原爆投下の決定を、第2次世界大戦における「最後の行為」と捉えるべきか、冷戦期の「最初の行為」と捉えるべきかが議論のテーマとなる。だがこうした議論もやはり、米国の政治指導者の意思決定をめぐるものであり、原爆投下という行為そのものや、広島・長崎への原爆投下で死んだり苦しんだりした人々とは、ほとんど無関係である。

第2次世界大戦の終結後、新たな原爆を手にした米国に魅せられた大衆やメディアは、賞賛や暗黒的な表現を含む多様な魔法めいた言葉で原爆について語った。この新たな魔法の兵器は米国に対し、戦後世界を支配するための、どの国よりも強い権力と力を与えたと思われた。その一方で、核兵器がもたらす死と破壊の規模は、第3次世界大戦と同じ意味をさす世界核戦争の不可避論や、核兵器は「世界の終わり」の前兆だという考え方へと導いた（Jacobs 2010：1-11）。

4　ヒロシマ＝アメリカ

1949年の8月末に、ソ連がセミパラチンスク（現カザフスタン共和国）の近郊で最初の核実験に成功した。米国の冷戦の敵による核兵器の獲得は、米国に対し電劇的で変形をもたらす効果を与えた。45年8月、トルーマンは米国民に「我々は神がこの兵器を敵ではなく我々に与え賜うたことを、感謝する」と語ったが、49年に神は明らかに同じ兵器をソ連にも賜った（*New York Times* 1945a；Holloway 1994）。

ついこの間まで、米国は唯一の核保有国として、核兵器の適切な管理について議論していたにもかかわらず、核兵器を持つ敵国が出現すると、米国内では深刻な不安と、自国が弱い立場にあるという意識が生まれた。米国民は核攻撃の犠牲者になることや生存について心配し始めた。米国は50年に、核攻撃に対する市民防衛について記した最初の小冊子『原爆攻撃下の生存』を印刷し、1000万世帯以上の家庭に郵送した（National Security Resource Board 1950）。ソ連の核攻撃から生き残るためのアドバイスを記した数え切れないほどの記事が、

新聞や雑誌に載った（Gerstell 1950）。米国はまた核兵器庫を拡大するため、新型核兵器の開発実験計画を開始した。特に熱核爆弾あるいは水素爆弾の製造に必要な新しい元素を生み出す実験を始めた。ネバダ州と太平洋のマーシャル諸島で毎年、何十回も核実験が行われた。これが50年代の米国における精神分裂的な核文化を生み出した。それは、米国民が自国の核実験でばら撒かれた危険な放射性降下物にさらされたことで、敵国の核攻撃からの生存に関する恐怖心を煽られたために生まれた、核被害者の文化である。

ソ連の核攻撃をどう生き残るかという強迫観念に加えて、ソ連の核兵器に対して米国が弱い立場にあるとの先入観から、米国民は脆弱な感情を表現するのではなく、「ヒロシマ」という名前と社会における概念を捻じ曲げてしまった。

50年に『コリアーズ』誌は「ヒロシマ、U.S.A.」という記事を掲載した。それはニューヨーク市への核攻撃を、数多くの挿絵で描いた記事だった。記事に付けられた「物語の物語」は、「すでに5年間、この世界は、核戦争は可能だという恐ろしい知識と共存してきた。そして昨年9月にトルーマン大統領が、ソ連も原爆実験に成功したと公に発言して以来、この国は、我々に原爆攻撃が行われるかもしれないという、恐ろしい実感と向き合いながら生きてきた」と記している（Lear 1950：11）。

ソ連の核攻撃の犠牲になる弱い立場にあるという強迫観念から、米国の物語は、広島・長崎への原爆の投下責任に背を向けた。米国は自らを、核兵器を都市の一般市民に投下した犯罪者ではなく、その被害者だと意識し始めた。多くの米国民は、核攻撃からの生残方法を見付ける必要性に血眼になり、米国が核兵器を攻撃に使用した唯一の国だという事実から目を背けるようになった。この弱者意識と生存に捉われた米国は50年代を通じてソ連との核軍拡競争を激化させ、そのことが米ソ両国のほぼ同時の水爆開発につながった。

米国民の核攻撃への恐怖と生存への固執に応える出版物が数多く発行され、「ヒロシマ」という名前は米国への原爆攻撃の代名詞となった。50年の『タイム』誌に掲載された「原爆を投下される都市」という記事は、広島・長崎を扱ったものではない。「ある秋の曇った朝、50キロトンの原爆を搭載したソ連の爆撃機が、ニューヨーク市上空の成層圏を飛行してミサイルを投下したとし

よう」（*Time* 1950）。

　しかし55年の別の出来事が、米国人に広島への原爆投下をめぐる物語の再構築を手助けした。広島で被爆して傷付き皮膚にケロイドが残った25人の日本人女性が、皮膚の再生手術を受けるためニューヨーク市に招かれたのだ。米国のメディアは彼女らを「ヒロシマの乙女」[4]と名付けた。米国の主要メディアは、「乙女」たちの記事を連日、掲載した。しかし、彼女たちは原爆攻撃で傷付いた時、全員が非戦闘員の子どもだったという明白な事実には、ほとんど触れなかった。代わりに、それらの記事は2つの話題にこだわる傾向があった。1つは、無邪気で子どものような乙女たちの容姿へのあこがれと情熱的な期待に多くの紙面を割いた。もう1つは、乙女たちの生活を改善するために尽力する米国の慈善家やホストファミリー、そして特に医師たちの献身的な姿である。

　しかし、乙女たちが広島に戻ると、米国のメディアは彼女たちへの関心を失い、物語に登場する米国人もいなくなると、記事は姿を消した。帰国後の乙女たちを追った数少ない記事の1つが56年に『コリアーズ』誌に載ったが、依然としてそれは米国人の慈善に焦点を当て、米国人の「愛」が彼女たちの「癒し」の手助けになったと記事は述べた。もちろん、彼女たちにケロイドを残した原爆投下の根底にあると思われる米国社会の「憎しみ」については全く触れていない。米国の主要メディアが「ヒロシマの乙女」たちに焦点を当てる時、その正面の中心にあるのはいつも、米国人の善意であった（Kalischer and Kalischer 1956）。

　乙女たちの米国訪問により、米国人らは広島の被爆者と自分たちの関係について考え直す機会を得た。米軍が都市とそこに住む市民らの家々を直接原爆で攻撃した結果、当時子どもだった乙女たちはやけどを負い、傷付き、家族を失った。そして彼女らを「ヒロシマの乙女」たちに変身させることで、米国人は善意ある親のような救援者としてふるまい、乙女たちに幸せを与え、将来の夢を可能にするための治療者として献身的に働いた。

　米国における広島の定義と記述の変化を検討した結果、わかるのは、それがアメリカ人自身の姿の投影であり、広島とそこにいる人々の真実の姿をほとんど反映していないことである。『タイム』誌に掲載された「ヒロシマ乙女」の

1人、新本恵子（にいもとしげこ）さんの治療前と治療後の写真には、「恐怖から勝利へ」という説明が付いている（*Time* 1955）。この「勝利」という言葉こそ、米国人自身の中心にある意識を示している。この雑誌の編集者は何を語りたいのか？　新本さん？　米国？　それとも米国の技術？　米国の専門家らは精神構造において、核攻撃を行った責任者から、核攻撃の被害を軽減するユニークな才能を持つ人々へと変貌を遂げた。

　ほとんどの典型的な米国人は、広島についての単純な真実に気が付かない。それは米国が、すでに降伏する用意のあった敵の敗北を確実にするため、一般市民を標的に大量破壊兵器を使用し、何万人もの子どもを含む10万人以上の非戦闘員を殺したということである。それどころか、広島と3日後の長崎への原爆投下により米国人は、自分たちが偉大だという神話に耽っている。今日ですら、多くの米国人は広島・長崎への原爆投下が2つの偉大なことを成し遂げたと言うだろう。第1は、原爆が戦争を終結させたこと。第2は、原爆が米軍の日本本土上陸作戦の必要性をなくしたことで、米国と日本の人々の命を救ったこと。これらの点は議論の対象であり、ここではこれ以上触れない（Hasegawa 2005）。しかし、原爆投下に関する米国の最も重要な物語は、それが良い事で、米国は原爆投下を実行できるほど賢かったというものであることを、強調しておきたい。この物語は今日でも、非常に説得力を持っている。

　しかし米国人は広島の被爆者の中に、見る事を予期していなかった何かを見た。それは彼ら自身である。46年のベストセラーになったジョン・ハーシーの著書『ヒロシマ』の48年版の表紙には、米国人の白人の男女が米国の田舎町らしい場所から逃れる挿絵が描かれている。なぜか広島が突如、魔法のように米国の中西部に出現した。表紙の絵にしては奇妙な選択について、この本は次のように説明する。

> 光と影を用いた芸術表現の名人、ジェフリー・ブリッグスが『ヒロシマ』の表紙に刺激的な挿絵を描いた時、誰もが知りたがった。「この人物はどこから選んだのか……、なぜこの二人なのか」。
> 　ブリッグスは、ある大きな産業都市でのあの8月の朝を思い浮かべ、その状況が誰から見ても怖く、誰でも骨まで震え上がらせることを想像した、と述べている。「そ

して私はただ、私たちのような完璧に普通の人を描いた。彼らは、警鐘を鳴らし不安を示す存在であり、私たちの住むような大都市に人間がもたらした大惨事から、無謀にも生き残ろうと走って逃げている姿を表現した」(Hersey 1948；Hersey 1946a；Hersey 1946b；Yavenditti 1974)。

　普通の都市の普通の人々。原爆を実際に投下された日本の都市と人々を米国で最初に同情的に描いた本の表紙なのに、この本で描かれた日本の都市や人々は、出版社や読者にとり、明らかに同情をかう普通の存在でなかった。
　米国を「現実」のあるいは「将来」のヒロシマと同一視する見方は、今日の米国にも見られる。アルカイダによる9.11同時多発テロの後、テロリストが核兵器を入手して将来、米国内でテロ攻撃に使うのではないかという恐怖が広がった。この想像上の攻撃について、米国のメディアや評論家らは一斉に、アルカイダによる「アメリカのヒロシマ」計画と呼んだ。この観念はあまりに広まり、2004年の『ニューヨーク・タイムズ』紙のオピニオン欄に掲載された、米国内での核テロの可能性を論じる特集記事のタイトルにも「アメリカのヒロシマ」という言葉が使われたほどだ (Kristof 2004)。米国内では現在、タイトルにこの言葉を使った数多くの本が売られている[5]。広島への原爆投下という罪を犯した米国が、皮肉にもヒロシマという言葉を用いて自分自身を、将来の核攻撃の犠牲者として表現した。そこには、なぜヒロシマという言葉が核の犠牲者という意味を持ち、いまだに印象的なのかについて、歴史的な理解も思いやりもない。核攻撃に弱い米国を「ヒロシマ」という言葉で表現した米国人らの多くは、広島への原爆投下を戦争犯罪だとは考えず、それを正しいと考えている。もし「アメリカのヒロシマ」が現実に出現すれば、間違いなく米国人はそれをテロ攻撃で人道上の罪だとみなすだろう。言い換えれば、彼らにとり現実に起きた米国による広島への原爆投下は善で、「アメリカのヒロシマ」という仮想都市へのアルカイダによる仮想攻撃は歴史上最大の悪なのだ。

5　米国のブランドとしての「ヒロシマ」

　原爆投下から70年たち、米国は自国が日本と無関係なテロリストの核攻撃に

弱いという意識を表現するため、なぜ安易に広島の名前を使いたがるのか。なぜ広島という言葉を、日本と無関係な状況に使うことができるのか。広島という言葉を、実際の意味と無関係に使うことは、もっと深刻な言葉の意味のすり替えを示している。多くの米国人は、ヒロシマという言葉を用いる時、米国による広島への原爆投下のことも、あるいは広島という日本の都市のことも、考えていない（Zwigenberg 2014）。それは、1945年の広島への原爆投下に関する事実、すなわち一般市民への攻撃で、戦争犯罪であるという事実に向き合いたくないという気持ちの反映でもある。だがその意識は、単なる同じ国民の拒否反応以上に深く根ざしている。

　世界資本主義社会の近代文化形成において、多くの歴史的出来事や個人が、本来の意味を離れて、脱近代的な簡略表現に用いられる。たとえば現代の米国政治では、自分が同意できない考えを持つ個人やグループを「ナチス」と呼ぶことがはやっている。このこじつけの論理構成は、ナチスやその政策、行動に関する歴史的事実となんら関連を持つ必要はない。「ナチ」という言葉は「悪」を示す文化的簡略表現として使われている。ここで引き合いに出された悪とは、数百万の人々の組織的殺戮とは無関係である。さらにこの言葉が「ナチ」と歴史的に関連を持たないことは、言葉の使用や表現しようとする内容に何ら役割を持たない（Bergstrom 2012）。今日の米国政治では「ナチ＝悪」を意味する。同じように、ヒロシマという言葉も実際の歴史から切り離されてしまった。多くの米国人にとって「ヒロシマ」とは核攻撃を意味するが、それを誰が誰に行うのかは関係ない。米国自身が実際に広島に核攻撃を加えた犯人であるにもかかわらず、核攻撃の犠牲者としての米国を意味するヒロシマという言葉の使い方が変わらないのは、皮肉である。

　ヒロシマという言葉が歴史から切り離されているとしたら、米国人に広島への原爆投下の悲惨さを誠実に理解させるには、どうすればいいのか。核攻撃の犯罪者から核攻撃の仮想被害者へと立場がすり替えられたことで、人類に核兵器を使用したことの結果はますます隠され、曖昧にされてきた。米国では「ヒロシマ」とは、悔いるべき過去ではなく、恐れるべき将来なのである。

第Ⅲ部　「核兵器なき世界」を目指して

6　米国が核兵器を手放さない理由——ヒロシマ

　米国民は、広島が軍事拠点であり、1945年8月6日に広島で殺されたのは皆兵士だったと信じた。しかし、きのこ雲が風下に流れるように少しずつ、米国民は広島・長崎で大勢の一般市民が殺されたことを知るようになった。だが米国民は、原爆の死が大勢の命を救ったから、その死は正当で賢明ですらあったと考えることで、自分たちを慰めた。核時代と冷戦が始まると米国民は、米国とその都市、住宅、そして自分の家族が、将来起こり得る核攻撃の標的になるという自覚を高めていった。

　「ヒロシマ」という言葉は新たな意味を持ち始め、仮想上のヒロシマの境界はどんどん広がり、米国の「普通」の都市と市民、そして彼らの日常生活もそこに含まれるようになり、実際の広島とその人々は、常に米国民の心の隅に隠された。そうした意識は広島・長崎の被爆者への思いやりを育むことはなかった。なぜなら彼らはヒロシマの新しい市民であり、戦争犯罪の実行者ではなく、将来起こり得る核攻撃の犠牲者だったから。45年8月7日の『ニューヨーク・タイムズ』紙に戦争特派員のハンソン・ボールドウィンはこう記している。「米国人は破壊者と同義語になった」（Baldwin 1945）。国際的にはそれが正しいかもしれないが、米国内では40年代の終わりまでに「ヒロシマ」が米国および米国民と同義語になった。

　同様に冷戦期を通じ、米国民は核兵器の導入を宗教的な情熱で語り続け、それはむしろ強まった。米国の指導者や識者らは、ソ連により米国が「ヒロシマ」と化すのを防ぐカギはソ連に優越する米国の核兵器だ、と繰り返し国民に語った。核兵器が第2次世界大戦に勝利し、米国の核兵器が冷戦期の平和を保った。核兵器は、ソ連の米国への攻撃を抑止する唯一の手段だと米国の政治家らは考えた。彼らはソ連を拡張主義者で世界征服をたくらむ国とみなしていた。「自由世界」の「指導者」として君臨する米国には、突出した核兵器能力が必要だった。それは、ソ連による世界の「奴隷化」から世界を救う唯一の手段だと考えられた。広島に原爆を投下したのは米国であったにもかかわらず、

45年以降の米国ではヒロシマという言葉が別の意味で使われた。同様に、米国は世界の100カ国以上に米軍基地を置いて軍事帝国を築きつつあるにもかかわらず、拡張主義者とはみなされず、ソ連と共産主義を「封じ込めている」とみなされた。

核兵器についてのこれら2つの矛盾する考えの背景にあるのは、国家主義的な幻想であり、いずれも事実や実態を背負ってはいない。イデオロギー対立構造を隠れ蓑にして米国人は、広島に核攻撃を加えた事実の責任を何ら負わされず、冷戦期の激化する核軍拡競争に加担している責任も問われない。米国の核弾頭数の、数百発から数万発への大幅拡張ですら「防衛目的」だとされた。

多くの米国人は、自国の核兵器を尊い守護神だと見る幻想の世界に住み、同時に彼らは被核害地ヒロシマに現実に住んでいる。米国でのヒロシマに関する政治と議論の脱構築と再建をめぐる、苦痛に満ちた論理を締めくくろう。ヒロシマは、「ソ連の核攻撃で破壊された米国」という虚構を示す言葉として使われている。核兵器を維持する理由にはなっているが、核兵器を問題視し廃絶する理由にはなっていない。「ヒロシマ」は武装解除ではなく、武装する理由となっている。ヒロシマとは後悔の対象ではなく、回避すべき事態である。核兵器は破壊を引き起こすものでなく、破壊を防ぐものである。核兵器との関係を見る限り、米国は「戦争が平和である」というジョージ・オーウェルの世界に存在している（Orwell 1949）。

いずれにせよ米国が核兵器廃絶に真剣に向き合うまで、米国は広島・長崎に原爆を投下したという自らの歴史と向き合わねばならない。それは、自らの行為と歴史について誠実に向き合うため、また自国の核兵器が冷戦期から現在に至るまで、世界を核戦争の瀬戸際まで追いやっている実態と、それに果たす役割について向き合うための、最初の基本的な一歩である。

【注】
1） For example, on the cover of the DVD of the BBC's documentary titled, *Hiroshima* (http://www.amazon.com/Hiroshima-BBC-History-World-War/dp/B000F4RH8Y, last visited, 29 June 2015).
2） "Testimony of Yoshito Matsushige," *Atomic Archive* (http://www.atomicarchive.

com/Docs/Hibakusha/Yoshito.shtml, last visited, 24 June 2015).
3) それは偶然ではなく、意図的なものだった。Bernstein 1991を参照。
4) 日本では「原爆乙女」と呼ばれた。
5) Don Wulffson, *An American Hiroshima*, Mechanicsburg, PA: Sunbury Press, 2013; David J. Dionisi, *Vigilant Christian II: Preventing an American Hiroshima*, Victoria, BC: Trafford Publishing, 2005; Hugh Cort, *The American Hiroshima: Iran's Plans for a Nuclear Attack on the United States*, Bloomington, IN: iUniverse Books, 2011; see also, Mick Broderick and Robert Jacobs, "Nuke York, New York: Nuclear Holocaust in the American Imagination from Hiroshima to 9/11," *The Asia-Pacific Journal*, Vol.10, Issue 11, No. 6, March 12, 2012 (http://japanfocus.org/-Mick-Broderick/3726, last visited, 28 June 2015).

〔参考文献〕
Baldwin, Hanson (1945) "The New Face of War," *New York Times*, August 7, p. 10.
Bergstrom, William (2012) "Nazi References in U.S. Politics," *Politico*, July 9, 2012 (http://www.politico.com/gallery/2012/07/16-nazi-references-in-u-s-politics/000259-003265.html, last visited, 28 June 2015).
Bernstein, Barton J. (1991) "Eclipsed by Hiroshima and Nagasaki: Early Thinking About Tactical Nuclear Weapons," *International Security*, Vol. 15, No. 4 (Spring 1991), pp. 149-173.
Chernus, Ira (1986) *Dr. Strangegod: On the Symbolic Meaning of Nuclear Weapons*, Columbia: University of South Carolina Press.
Engelhard,Tom (1995) *The End of Victory Culture: Cold War America and the Disillusioning of a Generation*, New York: Basic Books.
Gerstell, Richard (1950) *How to Survive an Atomic Bomb*, New York: Bantam Books.
Hagedorn, Hermann (1946) *The Bomb That Fell on America*, Santa Barbara: Pacific Coast Publishing Company.
Hasegawa, Tsuyoshi (2005) *Racing the Enemy: Stalin, Truman and the Surrender of Japan*, Cambridge, MA: Harvard University Press.
Hersey, John (1946a) "Hiroshima," *The New Yorker*, August 31, 1946.
Hersey, John (1946b) *Hiroshima*, New York: Alfred A. Knopf.
Hersey, John (1948) *Hiroshima*, New York: Bantam Books, inside front cover.
Holloway, David (1994) *Stalin and the Bomb: The Soviet Union and Atomic Energy 1939-1956*, New Haven: Yale University Press.
Jacobs, Robert (2010) *The Dragon's Tail: Americans Face the Atomic Age*, Amhert, MA: University of Massachusetts Press.
Kalischer, Gloria and Peter Kalischer (1956) "Love Helped to Heal the 'Devil's Claw Marks," *Collier's*, Vol.138, No. 9, October 26, 1956, p. 92.
Kristof, Nicholas D. (2004) "An American Hiroshima," *New York Times*, August 11, 2004.

Lear, John (1950) "Hiroshima U.S.A.," *Collier's*, August 5, 1950, p. 11-17.
Minneapolis Morning Tribune (1945) "'Hiroshima Went Up in One Puff, Returning 'Atom-Bombers' Tell," August 8, 1945, p. 1.
National Security Resource Board (1950) *Survival Under Atomic Attack*, U.S. Government Printing Office, Washington D.C..
New York Daily News (1945) "Atom Bomb Hit-A City Vanished," August 8, 1945, p. 1.
New York Times (1945a) "Text of Statements by Truman, Stimson on Development of Atomic Bomb," August 7, 1945, p. 4.
New York Times (1945b) "Hiroshima Area that Sustained Damage in First Atomic Bomb Attack," August 10, 1945, p. 5.
New York Times (1945c) "President Truman's Report to the People on War Developments, Past and Future," August 10, 1945, p. 12.
Newman, Robert P. (1998) "Hiroshima and the Trashing of Henry Stimson," *The New England Quarterly*, Vol.17, No.1, March 1998, pp. 5-32.
Newsweek (1945) "The Greatest Weapon: Conquest by Atom," August 20, 1945, p. 22.
Orwell, George (1949) *1984*, London: Secker and Warburg, 1949.
Stimson, Henry (1947) "The Decision to Use the Atomic Bomb," *Harper's*, February 1947, pp. 1-15.
Time (1950) "Civil Defense: The City Under the Bomb," October 2, 1950 (http://content.time.com/time/magazine/article/0,9171,813408,00.html, last visited, 17 May 2015).
Time (1955) "Young Ladies of Japan," October 24, 1955, p. 53.
Yavenditti, Michael (1974) "John Hersey and the American Conscience: The Reception of 'Hiroshima,'" *Pacific Historical Review*, No.43, February 1974, pp. 24-49.
Zwigenberg, Ran (2014) *Hiroshima: The Origins of Global Memory Culture*, Cambridge: Cambridge University Press.

第10章 核兵器廃棄の条件

国末　憲人

1　何が核兵器廃棄を可能にするか

　1968年に調印された核不拡散条約（NPT）は、米、ロ（旧ソ連）、英、仏、中の核保有国に軍縮交渉を求めるとともに、非核保有国への核兵器の拡散を禁止している。ただ実際にはその後、インド、パキスタン、イスラエル、北朝鮮が事実上核兵器を保有するに至った。これらの国々にはいずれも、核兵器を手放す気配さえ見えない。「核兵器なき世界」への期待は裏切られているように見える[1]。それだけに、いったん核兵器を開発しながら自ら廃棄した国の経験は貴重である。その経緯を追うことで、他の国々の核兵器廃棄を可能にする条件や環境が見えて来ないだろうか。

　これまでその唯一の例である南アフリカ（以下、南ア）を筆者は1996年に訪れ、関係者から証言を得た。また、南アとはレベルが異なるものの、核兵器の開発をいったん試みた後に断念したリビアで、2004年と05年に取材する機会もあった。本章はこれに加え、核開発競争を繰り広げながらともに断念したブラジルとアルゼンチン、旧ソ連の核兵器を引き継ぎながらロシアへの移送に応じたウクライナの例とも比較して、核兵器廃棄の条件を一般化しようと試みるものである。

　核兵器の開発や廃棄には、その国それぞれの事情が大きく作用する。一方で、そこに共通する要素を抽出することは、軍縮不拡散に取り組む上でのヒントにもなるだろうと考える。

2 南アフリカの核兵器廃棄

1 核爆発装置開発に至る過程

1993年3月24日、南アの大統領 F. W. デクラークは、同国が核兵器（南ア流の表現では「核爆発装置」）を過去に開発し、その後廃棄した、と発表した。いったん核兵器の製造に成功した国が自ら廃棄したのは、2016年現在に至るまでこれが唯一のケースである。

南アは国内に豊富なウラン資源を抱えていたこともあり、初期の原子力研究で世界をリードした国の1つだった。57年発足の国際原子力機関（IAEA）の設立メンバーにも名を連ね、原子力技術をめぐって欧米諸国との協力も進めた。このような状況が変化したきっかけは、南アがアパルトヘイト（人種隔離）政策を強化したことで世界から孤立し、周辺諸国との関係を悪化させたことにあった。

75年、南アの支配下にあったナミビアの隣国アンゴラが独立し、親ソ連勢力が政権を握った。南部アフリカで共産主義勢力が影響力を強めることに懸念を抱いた南アが、ゲリラを支援する形でアンゴラ内戦に介入したのに対し、アンゴラ政府はキューバに支援を求めた。南部アフリカは冷戦の代理戦争の様相を呈し、アンゴラに駐留したキューバ軍の兵力は一時5万人に達した。「南アに核開発を促した最大の要因はキューバの脅威だった。南アは孤立しており、攻撃された時に支援を得られる見込みがなかった」と、デクラークは後に認めている。[2]

南アは78年、核爆発装置の開発を抑止力と位置付ける戦略を秘密裏に策定した。以下の3段階の局面が想定された。

第1段階　核抑止力を肯定も否定もしない戦略的曖昧政策
第2段階　米国など影響力のある国にひそかに核保有を通知
第3段階　核保有の公表または核実験

つまり、核兵器の保有の事実を少しずつ明らかにすることでキューバ軍の侵攻を防ごうとした。実戦での核兵器の使用は選択肢から除外されていた。[3]

この年、南アはウラン濃縮を始め、翌年には最初の核爆発装置の試作品を完成させた。以後、原子力委員会（後の原子力公社）がウラン濃縮を、国営兵器公社が兵器開発を担当し、89年までに6基の核爆発装置を製造した。7基目の装置用の高濃縮ウランも用意した。

2　廃棄の経緯

しかし85年にソ連にゴルバチョフ政権が誕生し、東西冷戦は大きく緩んだ。南部アフリカでも、緊張緩和が急速に進んだ。88年12月、アンゴラ、キューバ、南アの和平協定が結ばれた。アンゴラから南ア軍が撤退し、翌月にはキューバ軍もアンゴラからの撤退を開始した。

冷戦下の東西両陣営の各国で黙認されてきた強権政治や人権侵害が見直しを迫られる中で、89年9月に南アに誕生したデクラーク政権も、大幅な民主化に乗り出した。彼が関係者を集めて核爆発装置の廃棄を命じたのは、大統領就任の2週間後だった。

90年2月26日、核爆発装置解体計画の策定委員会がつくった報告書を大統領が承認し、廃棄過程が始まった。実際の解体は6月に始まり、翌年すべて終了した。爆発装置に使われていた高濃縮ウランは、原子力公社の研究炉の燃料に流用された。一連の経緯が93年に公表され、南アの核開発の歴史は幕を閉じた。ただ、いくつかの疑問が残された。最大のものは核実験疑惑で、米国の衛星ヴェラが79年、西インド洋で観測した閃光が南アの核実験では、と取りざたされた。南ア政府は関与を否定し続けており、衛星の観測装置の不具合説、イスラエルによる実験説なども指摘されたが、決着を見ていない。また、実は南アが核兵器の小型化に成功していたのでは、との疑惑が指摘されたこともある。[4]

3　廃棄を許した環境

では、いったいどのような環境が、南アの核兵器廃棄を可能にしたのか。

(1) **地域の緊張緩和と脅威の大幅な減少**　核兵器開発のきっかけとなったのは、南アを取り巻く国際環境が悪化し、孤立化が進んだからだ。廃棄のきっか

けもまた、国際環境の改善と密接に関係している。核兵器保有は何より、国家の安全保障の手段とみなされるからである。アンゴラからキューバ軍が撤退したことにより、南アの国防が脅かされる事態は遠のいた。その時点で、核兵器は南アにとって不必要な兵器と化していった。

(2) **国際社会への復帰**　ただ、核兵器開発は非常に困難で手間と費用を要する営みだけに、いったん開発した兵器を再定義し、維持しようとする勢力があっても不思議でない。これに勝るだけの、国際社会の吸引力が欠かせない。具体的には、核兵器を廃棄してNPT体制に参加することによるメリット、参加しないことによるデメリットが、核兵器を廃棄する国家に明確に認識されていなければならない。

南アにとって幸運だったのは、80年代後半から米ソで軍縮ムードが高まり、NPT体制強化を見込める時代が到来したことだ。NPTは95年に再延長・検討会議を控えており、90年代に入って核保有国が軍縮に努力する意向を表明していたことも、南アがこの体制に合流することを助けた。たとえば、インドやパキスタンが相次いで核実験を実施し、核保有国の軍縮も進まない90年代後半以降だったら、南アも核兵器廃棄の判断をためらったかもしれない。

核兵器保有を隠したまま核不拡散体制に加わると、暴露された場合のダメージが計り知れない。保有を隠していることが国内で政治的に利用されないとも限らない。廃棄してこそ、堂々と表舞台に戻っていける。また、周辺諸国とも良好な関係を築くことができ、交易拡大による経済的な利益が期待できる。デクラークは後に「国際社会に復帰するためには、核爆発装置は足手まといになった」と述懐している。

(3) **核兵器で守ろうとした体制自体が消滅**　南アの核兵器は、アパルトヘイト体制に象徴される国家の基本理念や基本政策を、アンゴラ駐留のキューバ軍から守るためのものだった。しかしながら、南アが守ろうとしたアパルトヘイト体制自体はすでに疲弊し、維持が困難になっていた。体制そのものが変容を免れなくなった時、体制を守るべくして整備されたさまざまな装置も意味を失ってしまう。したがって、南アの民主化と核兵器の廃棄は、同一の文脈の中で位置付ける必要がある。民主化、すなわちアパルトヘイト政策の廃止は、核兵器

を持つ理由がなくなったことを意味していた。

　ただ、核兵器や核開発計画を廃棄する上で、民主化が常に条件となるとは限らない。核兵器廃棄と民主化との関係は、以下のブラジル、アルゼンチンの例などで検証したい。

3　リビアの核兵器開発計画廃棄

1　孤立化と核兵器計画

　南アの発表から遅れること10年あまりの2003年12月に、リビアの核兵器開発計画の存在と破棄が公表された。南アとリビアとでは、開発のレベルが全く異なっている。何より、南アは実際に核兵器を製造したのに対し、リビアはまだ開発の初期段階にとどまっており、ウラン濃縮のための6フッ化ウランの製造にさえ至っていなかった。このまま仮に放置していても、果たして完成させることができたか、はなはだ怪しい。一方で、両国に共通する部分があるのも確かである。南アと適宜比較しつつ、リビアの経緯を追ってみたい。

　王制だったリビアは、1969年の青年将校団によるクーデターを機に、共和制に移行した。将校団を率いたムアマル・カダフィはアラブ民族主義、社会主義を掲げ、パレスチナゲリラや日本赤軍への支持を公言し、欧米と対立した。リビアの孤立が目立つようになったのは80年代である。リビアの関与が疑われるテロや航空機爆破事件が相次ぎ、米軍も報復として首都トリポリなどを空爆した。92年には国連安保理も制裁を決議した。一方、リビアは80年代初めに2000トンあまりのウラン精鉱を購入するなど、核開発関連の物資や機器を蓄積し、83年にはトリポリ近郊にタジュラ原子力研究センターを設立して基礎的な研究を始めた。核兵器の設計に関する文書も入手した。[5]

　核兵器計画に進む過程と国際的に孤立する過程が重なるのは、南アの場合と共通している。これは、北朝鮮やイランの核兵器開発疑惑にもうかがえる要素であろう。

2 計画廃棄への道

　状況は99年に大きく変化した。リビアの関与が取りざたされたテロの1つ、88年に英スコットランド・ロッカビー村上空で米パンナム機が爆破された事件の容疑者引き渡しに、リビア側が応じたからである。これを受けて、英国はリビアとの国交を回復した。以後、リビアの大量破壊兵器計画廃棄の交渉には英国があたることになった。

　2001年の米同時多発テロは、もともとイスラム過激派と対立関係にあったカダフィと米英との連携をさらに促すことになった。02年、英外務副大臣マイク・オブライエンがリビアを訪問し、カダフィと会談した。オブライエンは大量破壊兵器計画の廃棄を働きかけ、カダフィは国際社会への復帰の意欲を示した。翌03年3月、カダフィの次男で後継者と目されていたセイフルイスラム・カダフィが英情報機関MI6に接触し、大量破壊兵器廃棄への具体的なプロセスが始まった。

　もっとも、当初リビアが狙ったのは生物化学兵器の廃棄で、核兵器開発計画は隠そうとしていたという。しかしこの年の10月、地中海で臨検を受けたドイツ船「BBCチャイナ」号からリビア向けの遠心分離機の部品が大量に見つかる事件があり、リビアが核兵器開発を続けていることが裏付けられた。これを受けて、米英の調査団がリビアの核施設を立ち入り調査した。カダフィは、大量破壊兵器の開発を認めた上で、無条件での廃棄を約束した。これら一連の経緯は、米大統領ブッシュと英首相ブレアが12月19日、それぞれ記者会見を開いて公表した。

3 断念に導いた環境

　リビアの核兵器開発をめぐっては、イラクの大量破壊兵器開発疑惑を発端としたイラク戦争が起きて半年あまりしか経っていなかったことから、「イラクのフセイン政権の末路を見たリビアが怖じ気づいたから」との説明が、特に米国の保守派などからなされてきた。そのような要素が全くなかったとは言い切れないが、リビア側はこのような見方を明確に否定している。実際、大量破壊兵器の廃棄を目指す過程はイラク戦争以前から始まっていた。

決定的な要因はむしろ、自国を取り巻く国際環境が好転したことだと考えるのが妥当であろう。ソ連という後ろ盾を失ったリビアの経済は、長年の制裁の影響も加わって疲弊していた。欧米との関係改善はリビアにとって不可欠だった。また、01年の米同時多発テロ以降、米ブッシュ政権は脅威として、社会主義やアラブ民族主義よりもイスラム過激派のテロを深刻に受け止めるようになっており、過激派に厳しい態度を取ってきたカダフィ政権と米欧がテロ対策で協力する可能性が生まれていた。緊張緩和が進み、大量破壊兵器を持つ安全保障上の必要性が薄まった点は、南アの場合と共通する。

また、1969年以来一貫して権力を握ってきたカダフィは健康に不安を抱えており、後継者への政権引き継ぎを考慮せざるを得なくなっていた。発覚した場合に国際的な非難を招きかねない大量破壊兵器計画を次の世代に先送りしたくなかっただろうと推測できる[9]。来るマンデラ政権に核兵器を引き継ごうとしなかったデクラーク政権の対応と、多少共通点があるかもしれない。

一方、南アと大きく異なるのは計画の進み具合だ。核兵器開発計画がまだ初期段階にすぎなかったことで、断念するのも容易だったと考えられる。今後も苦労を重ねて計画を続けるよりも、これを交渉材料として欧米と取引をした方が大きな利益を得られる、との判断が働いたのでないだろうか。

4　ブラジルとアルゼンチンの核兵器開発計画廃棄

1　地域大国としての威信

ブラジルとアルゼンチンは、戦後間もなくから1980年代にかけて、ともに南米の大国としての威信を賭けて核開発競争を繰り広げた。両国の核兵器開発の背景に、安全保障上の差し迫った脅威があったわけではない。両国の間で最後の武力紛争が起きたのは19世紀前半で、以後両国は敵国同士というより、地域の主導権をめぐるライバル関係にあった。したがって、両国の核開発には技術競争の側面が多分にあり、民事の原子力と軍事の核兵器の開発が必ずしも区別されていたわけでもなかった[10]。

両国が核兵器計画を断念した理由について、しばしば「80年代半ばの民主化

がきっかけとなった」との説明がなされてきた。実際、核兵器開発を強力に推進したのは両国とも軍部であり、廃棄に転じるにあたって民政移管が持つ意味は小さくない。一方で、両国の対話や計画の廃棄に向けた動きはそれ以前から始まっており、廃棄に至った過程も複雑だ。実際には多様な要素が作用したと考えるのが妥当だろう。

　開発が先行したのはアルゼンチンだった。49年に核融合実験施設を建設したのに始まり、50年には国家原子力委員会が設立された。60年代から70年代にかけて、まず西ドイツから、続いてカナダから重水炉を購入した。発電が目的だったが、重水炉はプルトニウムの生産に適していることから、核兵器の開発も視野に入れているのでは、との疑念を周囲に抱かせることとなった。プルトニウムの抽出計画は結果的に頓挫することになるが、アルゼンチンは一方でウラン濃縮にも乗り出し、同国西部のピルカニィエウにガス拡散法の施設を秘密裏に建設した。いずれのプロジェクトも、軍部の強い支援を受けていた。

　82年、アルゼンチンは英国を相手にフォークランド紛争を起こし、事実上の敗北を喫した。翌83年、アルゼンチンはガス拡散法によるウラン濃縮の成功を公表するが、紛争で損なわれた威信を回復しようと狙う意図が背後にあるのは明らかだった。

　ブラジルは51年から核開発研究を始め、アルゼンチンに対抗する形で続けたが、70年代初頭までは進み具合がはかばかしくなかった。政権が交代するたびに核政策も変更され、開発自体が中断することもあった。国内の電力需要の増加と73年の第1次石油危機を経た75年、ブラジルは西ドイツとの間で原発建設や核燃料サイクルの移転を含む協定を結んだが、その前年のインドの核実験によって核拡散への危機感を強めた欧米各国は、ブラジルに対して厳格な査察を受け入れるよう求めた。ブラジル側は反発したが、協力を得るためには査察を拒否するわけにもいかない。遅々として進まない原子力開発に国内でも不満がくすぶり、「原発より水力発電を推進したらどうか」との声も上がった。

　80年代に入り、ブラジルの軍部はウラン濃縮を秘密裏に進める「並行計画」を始めた。海軍の原潜に使う燃料の確保が第1の目的だが、核兵器製造も視野に入れていた。「並行計画」は86年、地元紙に暴露されて明らかになった。

両国に対して核兵器開発の疑念を抱き続けた欧米諸国は、両国への技術移転や燃料の売却にあたって、現地での厳しい査察を求めた。80年に入るまで両国の核開発が遅々として進まなかった大きな理由は、査察や監視の下で十分な研究や開発ができなかったからである。こうした状況への不満を募らせた両国は、NPT体制への批判を強めた。それがある種の連帯感を両国にもたらした。いわば、怪しい者同士気が合うようになった形である。本来ライバルだった両国は、核開発で次第に協力するようになった。[11]

2　協力と信頼の構築へ

核不拡散を求める国際圧力に一致して立ち向かうようになったアルゼンチンとブラジルの間には、他にも接近を促す要素があった。長年の懸案となっていたイタイプ・ダム建設をめぐる紛争が解決したことである。イタイプ・ダムはブラジルとパラグアイ国境のパラナ川で75年から建設が始まった当時世界最大のダムで、下流に当たるアルゼンチンは放水の際の洪水を懸念した。外交交渉の結果、川の水位を維持することなどで79年に3カ国間が一致に達し、「ラプラタ川合意」を結んだ。

これを受けて翌80年、ブラジルのフィゲレード大統領は、40年にわたり首脳同士の行き来が途絶えていたブエノスアイレスを訪問した。両首脳はここで、核燃料の相互融通や共通の研究計画の立ち上げなどを含む原子力協力協定を結んだ。核不拡散を求める欧米各国に協力して対抗していくことでも合意した。[12]

80年代、両国は核兵器開発を求める声を国内に残しながらも、全般的には核兵器を諦めて原子力開発での協力を深める方向に向かった。83年にはアルゼンチンが軍政から民政に移行、85年にはブラジルも民政移行を果たした。その年、核施設の相互査察を実施することで両国は合意した。原子力開発の透明性を高めるために、各国は通常、IAEAの保障措置を受け入れて査察をしてもらうが、NPT体制に不信感を抱く両国は、査察を国際機関に委ねるのでなく自前で実施しようと考えたのである。

それぞれの国内事情が両国の接近をさらに促した。両国では、核兵器の開発に関して軍部の発言権が大きく、核兵器開発の原動力となっていた。しかし、

民政移管によって軍部の発言権が後退し、核兵器よりも国際的な協調を目指すべきだ、との考えが外務省などを中心に台頭した。民政移管後の両国の政権も、核開発への影響力を維持したい軍部に対抗するために、互いに連携することに利益を見出したのだった。

この流れを受けて、87年にはブラジルの大統領がアルゼンチンのウラン濃縮施設を、翌88年にはアルゼンチンの大統領が逆にブラジルの濃縮施設を訪問し、以後両国首脳による互いの核施設訪問を一般化させた。ただ、国際核不拡散体制に背を向けたままだと、原子力技術の取得や核物質の入手の面で限界が伴う。核兵器開発の疑念を互いにぬぐい去りつつあった両国は90年、IAEAの保障措置受け入れを決めたのだった。

3　不拡散体制からの圧力

アルゼンチン、ブラジルのケースを振り返ると、南アやリビアと同様、核兵器あるいは核兵器計画の廃棄にあたって地域の緊張緩和と信頼関係の樹立が決め手になったと言える。互いに疑念を抱き合っていた両国を接近させ、信頼醸成を促進した大きな要素は、ダム開発をめぐる交渉だった。仮に緊張が続いたままだと、相手の核兵器開発への懸念が拭えず、開発中止に向けて国内を説得することも難しかっただろう。

両国の接近は軍政時代に始まっていたものの、民政移管によって軍事費への監視が強まり、コスト面での議論が台頭したことも、開発を断念させる上で役立った。核兵器開発には膨大な費用がかかり、真っ当な国家だと割に合わない事業である。それでもあえて踏み切るのは、コストを度外視できるだけの甚大な脅威を抱える（あるいはそのような妄想を抱く）国家に限られる。アルゼンチンやブラジルは、そのような国ではなかったのである。

両国の例を特徴付けるのは、国際核不拡散体制からの圧力が極めて有効に機能した点である。しかも、それは多少奇妙な形で作用した。すでに見たとおり、両国の接近を促したのは、核技術の取得に対して歯止めを掛けようとするNPT体制への反発だった。その結果、本来はライバル同士だった両国が接近するという、ある意味で皮肉な結果を招いた。しかし、原子力開発を進めたい

両国にとって、不拡散体制に背を向けたままだと他の国々からの協力が得られない。その結果、アルゼンチンは95年に、ブラジルは98年に、NPTに加入した。両国の核兵器開発疑惑の歴史は終わった。

5　ウクライナの核兵器移送

1　核「所有国」を主張

　ウクライナは、自ら核兵器を開発したわけではない。1991年12月にソ連が崩壊し、ソ連時代の核兵器が独立後の領内に取り残されたことに伴い、ロシア、カザフスタン、ベラルーシとともに、事実上核兵器を持つ国となった。ウクライナには戦略核弾頭約1800発、航空機発射巡航ミサイル560発、戦術核兵器4000基が残された。その規模はロシアに次ぎ、世界的にも3位の規模だった。

　この状況に、特に米国は大きな懸念を抱いた。ウクライナにある核兵器は米国に照準を合わせていると考えられ、その管理が安定しているかどうかは、自国の安全保障に大きくかかわる問題だったからである。加えて、核兵器を持つ国が増えることによって不拡散体制が損なわれる恐れ、核物質や関連技術が他の国に流出する危険性も、深刻に受け止められた。このため、米国はロシア以外の3カ国の非核化に向けて働きかけを強めた。

　当初、ウクライナの非核化はさほど難しくないと思われた。チェルノブイリ原発事故を経験したことから核への嫌悪感が国内世論に根強いこと、欧米志向が強く国際協調の機運が芽生えていたこと、などからである。実際、核兵器を持つ旧ソ連4カ国代表は90年暮れに会合を重ね、核兵器の一元管理を維持すること、ウクライナはNPTに非核保有国として参加すること、戦術核兵器を早期にロシアに移送すること、などで合意した。ウクライナからロシアへの戦術核兵器移送も年内に始まった。

　ただ、移送に対するロシアからの見返りは、何も約束されなかった。ウクライナ側がこうした譲歩に甘んじたのは、独立したばかりで外交経験の豊富な人材がおらず、ロシアに丸め込まれたからに他ならない。しかし、次第に独立意識を強めたウクライナを前に、交渉は難航した。ナショナリスト傾向の強いウ

クライナ最高会議は「移送した兵器がウクライナを標的にするのでないか」「核兵器を引き渡すことへのロシアからの見返りがない」などとして、移送を進めようとする当時の政権への批判を強めた。[13]

　移送の実務を取り仕切るロシアは、ウクライナの意向を無視する形で作業を続けた。その結果、ウクライナ大統領も知らされないまま、戦術核兵器のロシアへの移送は、予定より早い92年5月に終了してしまった。このようなロシアの態度は、ウクライナ側に屈辱感を与えるに十分だった。ウクライナ領内に残される形となったロシア黒海艦隊の拠点セヴァストポリの扱いや、ロシアからウクライナへの石油やガスの供給をめぐっても両国はもめ、緊張が高まった。

　92年10月、後に第2代大統領となるレオニード・クチマが首相に就任した。ソ連時代にミサイル技術者だったクチマの主導で、ウクライナの交渉術は向上した。この年の11月に領内の核兵器に関する「所有権」を主張するなど、移送と引き換えに補償を求めて揺さぶりをかけるようになり、米ロを慌てさせた。もともと強硬姿勢の最高会議も、93年7月に自国を核「所有国」と位置付ける外交政策原則を採択した。

2　ブダペスト議定書

　しかしウクライナは最終的に、全核兵器のロシアへの移送を認め、94年NPTに加入した。大きな動機となったのは、国際社会、特に欧米との協調の必要性だった。独立後のウクライナは財政的に逼迫しており、移送の見返りとして米国からの援助を期待した。米国側も、ウクライナ側にしきりに協力を働きかけた。95年に予定されていたNPT再検討・延長会議を前に、米国は軍縮不拡散の成果を強調する必要があったからだ。ウクライナ最高会議でも、核兵器を維持するための費用が莫大なものになる、とのクチマの説明を受けて、NPT加入への支持が広がった。

　ロシアからの脅しやプロパガンダも、ウクライナの翻意を促したと考えられる。クリミア半島の独立の動きと連携するそぶりを見せるロシアと全面的に対立することへのためらいは、最高議会にもあった。ロシアは「このまま放置すると、核兵器の安全性が保たれない」としきりに警告し、技術的な知識の薄

ウクライナ側に、不慮の事故に対する恐怖感を植え付けた。ウクライナで原発用の燃料が不足し、国内のエネルギー供給への不安が高まったことも、ウクライナに合意を受け入れさせる要素として作用した。移送に協力すれば、その見返りとして核燃料の供給が見込まれるからである。

　しかし、何より大きかったのは、核兵器がなくても自国の領土と安全を確保できるとウクライナが考えたことだ。その意識を後押ししたのが、94年にブダペストで開かれた欧州安全保障協力会議（CSCE、後の欧州安全保障協力機構OSCE）首脳会議で米ロ英とウクライナが署名した覚書である。この「ブダペスト覚書」は、ウクライナが非核保有国としてNPTに加入するにあたり、ウクライナの独立や主権、現在の国境を米ロ英が尊重する、と確認した。同時に、ウクライナの領土保全や政治的独立に反するような威嚇や武力行使を禁止した。これをもって、ウクライナはロシアの脅威から守られると考えられた。96年6月、ウクライナにあったすべての核兵器のロシア移送が完了し、問題の解決を見た。

3　ウクライナ危機と核保有国の責務

　この「ブダペスト覚書」がロシアによっていとも簡単に破られたのは、周知の通りである。2014年2月末から3月にかけて、ウクライナのヤヌコヴィッチ政権が崩壊した政変に乗じる形で、ロシアはウクライナ南部クリミア半島を事実上占領し、自国に併合した。続いて、ウクライナ東部ドンバス地方での紛争にも介入し、この地域を自国の勢力下に入れようとした。これは、明らかに覚書に反する行為だった。

　ウクライナ国内では、かつて核兵器の移送を認めたことについて後悔する声が上がっている。[14] これは、核不拡散体制の維持にとって誠に由々しき事態だ。ロシアが犯した罪は重い。核兵器を手放したことに対する見返りを、関係国は何をおいても尊重しなければならない。そうでなければ、核兵器を手放す国はなくなるだろう。核保有5カ国は、自らの軍縮に勤しむと同時に、そのような信頼を築く責務も負っている。

6　核兵器廃棄の条件

1　安全保障環境の好転

　以上の点を踏まえて核兵器廃棄の条件を振り返ると、国家を取り巻く安全保障状況の好転、緊張緩和が、大きな条件だと言えるだろう。南アではキューバ軍の撤退が、リビアでは米英との関係改善が、ブラジルとアルゼンチンでは相互関係の正常化が、ウクライナでは「ブダペスト覚書」の署名や欧米との結び付き強化によってロシアの脅威の低下したことが、これにあたる。核兵器を使って守ってきたはずのものが失われる場合も、安全保障の内なる環境の変化だと位置付けられるだろう。南アでは、アパルトヘイト体制が終わったことで、核兵器を持つ意味もなくなってしまったのである。逆に、安全保障環境の悪化こそが、国家を核兵器開発に走らせる大きな原因ともなっている。

2　強固な不拡散体制

　ただ、ある国が核兵器やその計画の廃棄に向かう時、当然ながら国内では維持派と廃棄派とのせめぎ合いが起きる。核兵器が持つ抑止や威嚇の効果など国家にとってのプラス面と、核兵器を持つことによる緊張の創出や国際社会からの孤立などのマイナス面との見合いを図りながら、方針が決定される。その際、NPT体制を含めた国際秩序がどれほど強固であるかは重要だ。国際秩序が保たれていると、そこに加わるメリットもはっきりする。

3　政治的イニシアチブ

　どのような内容であれ、政治的改革には強力なリーダーシップが必要だ。核兵器あるいは核兵器開発計画の廃棄は、政治的に甚大な決断であるだけに、巨大な官僚組織や軍部、保守的な政治家、既得権や利権を維持しようとする人々を相手に戦い抜くタフな指導者が、成否の鍵を握る。南アの場合、デクラークがそのような人物である。アルゼンチンやブラジルでは、民政移管後に登場した両国の大統領のイニシアチブが、軍部の意向を押さえ込んだ。

この点では、民主化と核兵器廃棄が必ずしも結び付かない場合も考えられる。南アやアルゼンチン、ブラジルでは、民主化の過程と廃棄の過程に重なる部分が少なくない。一方で、強力な指導力の下で秘密裏に作業を進めるのが核兵器廃棄の営みであり、ナショナリズムや国家プライド、排外主義などに影響されかねない世論にその都度迎合していては事態が進まない。民意を反映しているはずの議会が核兵器移送を遅らせたウクライナの例は、その難しさを物語る。核兵器を開発するのも廃棄するのも独裁国家の方が簡単なのかもしれない。

4　コスト計算ができるだけの平静さ

　一方で、民主主義と大きく関係するのが、コストを巡る論議である。核兵器が安い兵器か高い兵器かは、議論のあるところである。すでに核兵器を開発して久しい5核保有国の抑止効果を考える場合、真偽はともかく「核は通常兵器より安上がり」との計算が存在するのは確かである。しかし、NPT体制の下で、しかも技術移転や核物質の取得を規制する国際レジームが存在する中で、5カ国以外が核兵器を開発したり維持したりするには、大変な困難が伴う。疑惑を持たれた場合の国際的な非難と孤立、予想される経済制裁などを考慮に入れると、割に合わないと考えるのが一般的だ。

　そのような正常な政治判断ができるだけの平静さを持ち得るかどうかは、核兵器開発計画を断念する上での大きな鍵となる。核兵器開発に走るのは、そのような判断ができない国家、あるいはコストを度外視してでも体制を守ろうとする独裁体制に支配された国家である場合が少なくないからである。

　戦後、スイスやスウェーデンなどいくつかの国が、一度は核兵器開発を検討し、後に計画から撤退した。それは、開発に舵を取った場合のマイナス面をこれらの国々が計算できたからに他ならない。[15]

〔付記〕本章作成にあたっては鶴岡路人氏および広島平和研究所主催「核・軍縮研究会」の各氏から貴重な示唆をいただいた。御礼申し上げたい。

第10章　核兵器廃棄の条件

【注】
1)　核保有国がもっと増えるとの予想もあった。米大統領ケネディは就任前の1960年の討論の際、10〜15カ国から20カ国が核兵器を持つ可能性があると述べていた。
2)　1997年7月27日のインタビュー。以下デクラークの発言は同じ。
3)　実戦使用が想定されなかった理由として、83-85年に核兵器工場「アドヴェナ」工場長を務めた物理学者アンドレ・バイスは「ゲリラ戦での効果の薄さ」「ソ連による報復」「国際社会からのさらなる孤立」を理由として挙げた。1996年5月13日のインタビュー。
4)　代表的な例として Hounam and McQuillan 1995、国末 1996。
5)　物資や機器は、主にパキスタンの科学者 A. Q. カーンが構築した「核の闇市場」を通じて入手したと見られている。
6)　2004年6月29日のオブライエンへのインタビュー。オブライエンは「もし大量破壊兵器問題で進展が見られたら、米英はそれなりに応える用意がある」と持ちかけ、カダフィは「私は国民の繁栄を望んでいる。それには国を開き、国外からの投資を呼び寄せなければならない」と答えた。オブライエンはこの時、リビアに大量破壊兵器の開発計画が存在したことを確信し、カダフィがもはや計画に関心を抱いていないとも読み取ったという。
7)　英国際戦略研究所（IISS）研究部長（当時）ゲーリー・セイモアへの2004年6月28日のインタビュー。セイフルイスラムは英国留学の経験があり、英国に豊富な人脈を持っていた。
8)　リビア外相（当時）ムハンマド・シャルガムへの2004年9月21日のインタビュー。シャルガムは「核兵器開発計画の廃棄に向けた論議は、7年前に始まった」と述べた。また、機材などを A. Q. カーンのネットワーク「核の闇市場」から入手したことも認め、ネットワークを「必要なものは何でもそろうスーパーマーケット」だった、などと表現した。『朝日新聞』2004年9月23日。
9)　カダフィは2011年の政変で殺害された。セイフルイスラムは拘束されて、1969年以来続いた独裁政権は崩壊した。以後リビアは、2016年現在も内戦状態に陥っている。
10)　アルゼンチンの軍事面での核開発の主目的は原潜にあり、核兵器の取得ではなかった、との分析もある。たとえば Hymans 2001。
11)　両国が核開発で接近する過程は Reiss 1995 など。
12)　アルゼンチンとブラジルとの間には原子力協力の素地がもともとあったと考えられる。初期の頃から現場レベルの交流は続いており、技術者同士が互いによく知る関係にあった。70年代には多数のアルゼンチン科学者が低賃金などを理由にブラジル核施設に移籍する出来事も起きた。
13)　末澤 2000によると、非核化を疑問視する根拠として「ロシアに対抗する手段として保有すべき」「一般に自国の安危、領土保全、独立に対する国際社会からの保証を得るため」「核兵器は貴重なエネルギー源となる核物質を含んでいる」などがウクライナ国内で挙げられた。一方、非核化を擁護する立場からは「国際社会における孤立は避けられず、西側諸国からの支援にも影響する」「ウクライナ＝ロシア間の問題は主に国境や特定の地域をめぐる問題であり、核抑止は有効ではない」「核兵器そのものの維持にかかる膨

大な費用を、通常兵器や軍人の住居・賃上げ等社会保障に回すべき」「保有するにも使用するにもロシアの力が必要」などの理由が指摘された。
14) ウクライナの軍事評論家オレグ・ソースキンは国内の反応について「ブダペスト・メモランダムがあるのにどうしてクリミアを取られたか、との不満は国民の間で強まっている。核武装して奪還せよという人もいる」と説明した。2014年10月27日のインタビュー。
15) 欧州諸国が核兵器開発を断念するにあたっては、核保有国、特に米国による拡大抑止の提供が大きく作用したとも考えられる。塚本ほか2009がこの問題を検証している。

〔参考文献〕

太田正利（1995）「南アフリカ共和国をめぐる『核』問題」今井隆吉ほか編『ポスト冷戦と核』勁草書房

国末憲人（1996）「謎が謎呼ぶ『原爆』科学者の告白」『SCIaS』1996.11.1

財団法人日本エネルギー経済研究所中東研究センター（2007）「リビアの大量破壊兵器開発計画放棄、国際社会復帰後のエネルギー分野を中心とした経済再建の道筋と課題及びリビアの石油資源への国際石油企業の参入状況と見通しに関する調査」

澤田眞治（1994）「アルゼンチンとブラジルにおける核政策――開発競争から協調管理への展開」『広島平和科学』17巻、41-78頁

末澤恵美（2000）「ウクライナの核廃絶」『ウクライナの現代政治』（スラブ研究センター研究報告シリーズ No.68）北海道大学スラブ研究センター、3-14頁

杉田弘毅（2005）『検証 非核の選択』岩波書店

塚本勝也ほか（2009）「核武装と非核の選択――拡大抑止が与える影響を中心に」『防衛研究所紀要』11巻2号、1-42頁

堀部純子（2006）「核の巻き返し（Nuclear Rollback）決定の要因分析――南アフリカを事例として」『国際公共政策研究』11巻1号、323-338頁

Albright, David (1994) "South Africa and the Affordable Bomb," *Bulletin of the Atomic Scientists*, 1994 July/August.

Braut-Hegghammer, Maalfrid (2007) *Libya's Nuclear Intentions: Ambition and Ambivalence*, Center for Contemporary Conflict at the Naval Postgraduate School (https://www.hsdl.org/?view&did=36072, last visited, 8 January 2016).

Budjeryn, Mariana (2014), "Looking Back: Ukraine's Nuclear Predicament and the Nonproliferation Regime," *Arms Control Today*, December 2014.

Hounam, Peter and McQuillan, Steve (1995) *The Mini-Nuke Conspiracy: Mandela's Nuclear Nightmare*, London: Faber and Faber.

Hymans, Jacques E. C. (2001) "Of Gauchos and Gringos:Why Argentina Never Wanted the Bomb, and Why the United States Thought It Did," *Security Studies*, Vol. 10, No. 3.

De Klerk, F.W. (1998) *The Last Trek-A New Beginning*, New York: St. Martin's Press.

Reiss, Mitchell (1995) *Bridled Ambition:Why Countries Constrain Their Nuclear Capabilities*, Washington, D. C.: Woodrow Wilson Center Press.

第10章　核兵器廃棄の条件

Stumpf, Waldo (1995) "BIRTH AND DEATH OF THE SOUTH AFRICAN NUCLEAR WEAPONS PROGRAMME", Presentation given at the conference "50 YEARS AFTER HIROSHIMA", organised by USPID (Unione Scienziati per il Disarmo), held in Castiglioncello, Italy, 28 September to 2 October 1995.

第11章 核兵器の法的禁止と市民社会

中村　桂子

1　核兵器の法的禁止を目指す市民社会

　包括的な核兵器禁止の合意達成を目指す努力は、長年、国際社会に存在してきた。その背後には法的、政治的、倫理的側面から各国にさらなる核軍縮努力を促し、個別政策の漸進的な履行努力にとどまらない、より包括的な核軍縮アプローチへの合意を追求し続ける市民社会の多様なアクターの姿があった。

　こうした包括的な核軍縮アプローチの1つに挙げられるのが、核兵器を禁止し、廃絶を実現する法的枠組みの構築である。1996年の国際司法裁判所（ICJ）勧告的意見が「核軍縮交渉を完結させる義務」を確認したことを受け、包括的な核兵器禁止条約の交渉開始を求める国際社会の動きが活発になった。以後20年にわたり、国際情勢の多様な変化を反映させながら、法的議論の前進に向けたいくつもの具体的な提案や計画が、市民社会の中から、あるいは市民社会と有志国家、市民社会と国連・国際機関との協力の中から生まれていった。中でも、2010年以降の「核兵器の非人道性」に着目する新たな軍縮アプローチの台頭は、法的禁止の議論を新たな段階へと進めるとともに、この課題における市民社会のいっそうの関与を可能にしてきた。

　本章では、市民社会が担ってきた役割に注目しつつ、ICJ勧告的意見以降、核兵器の法的禁止をめぐる議論がどのように追求され、発展してきたかを概観し、その課題を明らかにしたい。

2　ICJ勧告と核兵器禁止条約

　1946年の国連総会第1号決議が「核及びその他の大量破壊兵器の廃絶」を国際社会の最優先目標に掲げて以降、さまざまな合意文書や決議を通じて、国際社会はこの目標を繰り返し確認してきた。しかし現実には、グローバルな核軍縮は停滞し、期待されたほどの進展は見られなかった。核保有国とその拡大核抑止力に依存する同盟国は、自国の安全保障政策に核抑止が不可欠であるとの姿勢を崩さず、個別の核軍縮措置を漸進的、段階的に履行する「ステップ・バイ・ステップ」と呼ばれる核軍縮アプローチこそ唯一可能な核兵器廃絶への道筋であるという主張を繰り返している。全面的な禁止条約の早期交渉開始と締結を含めたより包括的なアプローチを求める「南」を中心とした国々や被爆者を含めた市民社会との溝は広がりこそすれ、埋まる気配はなかった。
　こうした中、95年の核不拡散条約（NPT）再検討・延長会議で核軍縮の一定の前進となる合意が図られたのを契機に、核兵器廃絶に取り組む国際NGOの中に核兵器禁止条約の制定を求める動きが生まれていった。翌96年7月8日には、核兵器の使用および威嚇の合法性に関するICJの勧告的意見が出された。これ自体、92年に始まった「世界法廷プロジェクト」という市民社会の働きかけによって実現したものである。ICJ勧告的意見には、「厳格かつ実効的な国際管理の下でのあらゆる面での核軍縮に導く交渉を誠実に遂行し、かつ完結させる義務が存在する」（F項）という全会一致の見解が含まれた。これは、NPT第6条[1]のそれまでの解釈を超えて、核軍縮交渉を誠実に行うのみならず、それを完結させる義務がNPT締約国にあることを明確に認めたものであった。これを受け、国際NGOは各国政府に対し、核兵器禁止条約交渉の早期開始を通じて自国の核軍縮義務を誠実に履行するよう、その要求を強めていった。

3　モデル条約とマレーシア決議

　核兵器禁止条約を国連の議論の俎上に載せるため、NGOと有志国家が次に取り組んだのは、条約のモデル案を作成することだった。具体的な条約案の形にすることで、核兵器廃絶に向けた法的、技術的、政治的要件を明らかにし、そこに至る計画を示すことを狙ったものである。法律、科学、軍縮、医療問題の専門家と活動家が条約案の起草作業を開始し、1997年4月、核戦争防止国際医師会議（IPPNW）、国際反核法律家協会（IALANA）、拡散に反対する技術者と科学者の国際ネットワーク（INESAP）の3つの国際NGOが連名で「モデル核兵器禁止条約」を発表した。この条約案はコスタリカにより国連に提出され、国連文書として各国に提示された。2007年には、国際環境の変化や議論の進展を踏まえて作成されたモデル条約の改定案が、再度コスタリカにより国連に提出されている。

　検証制度を伴う廃棄を規定した化学兵器禁止条約を基礎としたモデル核兵器禁止条約は、効果的な国際管理の下での核兵器の開発、実験、生産、移譲、使用および使用の威嚇の禁止とその廃棄、兵器用核分裂性物質の生産禁止、核兵器の運搬手段の破棄や非核目的への転用などを含んだ、包括的な条約草案である。条約発効後15年を目途に核兵器の完全廃棄を目指すとし、そこに至るまでの5段階のロードマップ（①核兵器の警戒態勢の解除、②核弾頭の運搬手段からの取り外し、③核兵器の解体、段階的な廃棄、④段階的な廃棄、兵器用核分裂性物質の国際管理、⑤すべての核兵器の廃棄）を示している。

　モデル核兵器禁止条約への国際社会の支持を広げるために、マレーシアは1996年以降、毎年の国連総会に決議案を提出し、非同盟諸国（NAM）を中心に多くの支持を集めて採択させてきた。「核兵器の威嚇または使用の合法性に関するICJ勧告的意見のフォローアップ」と題された決議は、「核兵器禁止条約の早期締結に繋がる多国間交渉を開始することによって、核軍縮義務を直ちに履行する」ことをすべての国連加盟国に要求する内容だ。15年秋の国連総会に提出された決議案は[2]、11月2日に賛成129、反対24、棄権24で第1委員会（軍

縮・安全保障）を通過し、12月7日に本会議で賛成137、反対24、棄権25で採択された。核保有国では、中国、インド、パキスタン、朝鮮民主主義人民共和国（北朝鮮）が賛成し、米国、フランス、ロシア、英国、イスラエルが反対した。核抑止に依存する非核兵器国である日本やオーストラリア、北大西洋条約機構（NATO）加盟国も棄権するか反対票を投じた。この投票パターンに例年ほぼ変化は見られない。

　NAMは現在、こうした包括的な禁止条約を議論する場として、2018年を期限とする「核軍縮の交渉を検討する国連ハイレベル会議」に狙いを定めている。この会議は、13年9月26日に開催された「核軍縮に関する国連総会ハイレベル会合」を受けて国連総会に提出された決議の採択により開催が決定している。

4　国連事務総長の5項目提案

　核兵器禁止条約の交渉開始という課題について、それがNAMを中心とした「急進的」国家の主張ではなく、より広範な国際社会の課題であるとの認識を広める上で重要な貢献をしたのが、潘基文（パン・ギムン）国連事務総長であった。2008年10月24日、潘事務総長は、ニューヨーク国連本部で開かれた民間シンクタンク主催のシンポジウムで、核軍縮に関する5項目の具体的提案を行った。その第1項目は、「相互に補強しあう複数の条約による枠組み」あるいは「確固たる検証システムに裏打ちされた核兵器禁止条約」に合意し、それによってNPT第6条に謳われた核軍縮義務を果たすよう、すべてのNPT締約国、とりわけ核兵器国に要求するものであった。また、潘事務局長は、前述のモデル核兵器禁止条約がこうした議論を進める上で「良い出発点になりうる」と評価した。

　この5項目提案を活用し、核兵器禁止条約への支持を各国・各地で拡大することを目指した市民社会の動きも活発化した。その牽引役となった組織の1つが、「核軍縮・不拡散議員連盟（PNND）」である。PNNDは、世界80カ国800人以上の超党派の国会議員で構成される国際ネットワークで、そのユニークな特性を活かして、核問題に関心を持つ議員の活動プラットフォームとして機能

している。核兵器禁止条約に関しても国連・国際機関・各国政府と協力したシンポジウム開催や議員署名運動、書簡の提出など幅広い活動が行われてきた。

さらなる影響力の拡大に向け、近年、PNND は「列国議会同盟（IPU）」との関係強化に力を注いできた。120年の歴史を持つ IPU は、グローバルな課題における議会間の対話と協力の推進を目指し、各国議会を構成メンバーとする国際組織である。現在、日本の衆参両院を含む164の主権国家の議会と、準メンバーとして欧州議会など8つの地域組織が加盟しているが、この中には、4つの核兵器国（ロシア、英国、フランス、中国）に加え、インド、パキスタン、イスラエル、北朝鮮の議会も含まれている。

PNND 参加議員の働きかけを受け、エチオピアのアジスアベバで09年に開催された第120回 IPU 総会は、5項目提案に対する支持声明を自国政府に指示することを各国議会に要請する内容の決議を採択した。さらに14年にジュネーブで開催された第130回 IPU 総会は、「国連事務総長の5項目提案に描かれ、10年 NPT 再検討会議の行動計画で言及されたように、核兵器禁止条約あるいは核兵器のない世界の実現に寄与する一連の合意についての交渉を開始するよう、それぞれの政府を促す」ことを各国議会に奨励するという決議（「核兵器のない世界をめざして：国会の役割」[5]）を採択し、注目を集めた。前述したように、米国こそ加盟していないが、現存する核保有国の議会が加盟している IPU の決議に核兵器禁止条約の交渉開始への支持が盛り込まれたのは画期的であった。

5　平和首長会議

世界161カ国・地域のおよそ7000都市が加盟する平和首長会議（現会長：松井一實・広島市長）は、2020年までに核兵器廃絶を実現するとした行動計画「2020ビジョン（核兵器廃絶のための緊急行動）」を03年に策定し、各国の NGO や市民と連携しながら国際的な運動を展開している。加盟都市は地域別で見るとアジアとヨーロッパが突出し、中でも日本からは国内全自治体数の90％にのぼる1610都市が加盟している。その一方で米国（205都市）を筆頭に、ロシア（67都

市)、英国 (78都市)、フランス (153都市)、中国 (7 都市)、インド (19都市)、パキスタン (13都市)、イスラエル (56都市) と、核保有国の中にも加盟都市の数は着実に増えている。それぞれの国の世論形成における平和首長会議の影響力は過小評価されるべきではないだろう。

核兵器禁止条約の早期実現を目指す取り組みの推進は平和首長会議の活動の柱の 1 つであり、後述する NPT 再検討会議や非人道性国際会議等、さまざまな機会を捉えて国連や各国政府に対する要請行動が重ねられてきた。10年12月に開始された核兵器禁止条約交渉の即時開始等を求める市民署名活動は、現在までに222万5000筆以上に達した。また、核兵器禁止条約の交渉開始は、広島市、長崎市の毎年の原爆忌の「平和宣言」でも繰り返し要求されている。

6 　2010年 NPT 再検討会議

オバマ政権誕生後の国際的な核軍縮気運の高まりを追い風に、2010年 5 月にニューヨーク国連本部で開催された NPT 再検討会議は、10年ぶりで最終文書の採択に成功した。全会一致で合意された「結論ならびに今後の行動に向けた勧告」は、本章に関連する次の 2 点について画期的な前進を盛り込んでいた。1 つは、核兵器禁止条約に関する記述である。最終文書は次のように述べている。

> 会議は、核兵器のない世界を実現、維持する上で、必要な枠組みを確立すべく、すべての加盟国が特別な努力を払うことの必要性を強調する。会議は、国連事務総長による核軍縮のための 5 項目提案、とりわけ同提案が強固な検証システムに裏打ちされた、核兵器禁止条約についての交渉、あるいは相互に補強しあう別々の条約の枠組みに関する合意の検討を提案したことに留意する(「行動勧告」IBiii)。

NPT の合意文書に、「核兵器のない世界」の達成と維持のためには、核兵器禁止条約のような法的枠組みが必要だという認識が示されたのは、これが初めてであった。国連事務総長の 5 項目提案に直接的な言及があったことを含め、それまでの関係各国および市民社会の努力が結実した成果として評価できる。

第Ⅲ部 「核兵器なき世界」を目指して

　最終文書のもう1つの重要な特徴は、核兵器の非人道性が国際人道法との関係で議論されたことであり、これもNPT合意文書として新しい進展であった。

> 　会議は、核兵器のいかなる使用も壊滅的な人道上の結末をもたらすことに深い懸念を表明し、すべての加盟国がいかなる時も、国際人道法を含め、適用可能な国際法を遵守する必要性を再確認する（「行動勧告」ⅠAv）。

　この文言が盛り込まれた背景には、スイスをはじめ、いくつかの政府の積極的な働きかけがあった。会議冒頭の一般演説で、スイスは、核抑止政策を強く批判した上で、「核軍縮に関する現在の議論の中心に人道的見地を据える」べきであると明確に主張し、核兵器禁止条約締結の必要性を訴えた。
　こうした動きの背景には、市民社会からのさまざまな問題提起があった。NPT再検討会議に先立ち、スイス外務省の委託を受けた米国モントレー不拡散研究所が「核兵器の非正統化――核抑止の妥当性を検証する」と題する研究報告を発表し、核兵器使用がもたらす非人道性を指摘して核兵器の政治的、軍事的有用性に疑問を投げかけた。また、会議開幕を目前に控えた4月20日には、赤十字国際委員会（ICRC）のヤコブ・ケレンベルガー総裁（当時）が、「核兵器の時代に今こそ終止符を」と題した声明を発表した。声明は、原爆投下1カ月後の広島に救護に入り、その惨状を世に伝えたICRC駐日代表マルセル・ジュノー博士の経験を引用し、「核兵器に関する議論が、軍事的および政治的考慮のみでなされるべきではなく、究極的には人間の利益、人道法の基本原則および人類全体の将来への考慮のもとでなされるべき」との基本認識を示し、核兵器が国際人道法の名において禁止される必要性を力強く訴えた。なお、この総裁声明を基盤に、11年と13年には国際赤十字傘下の最も大きな枠組みである「国際赤十字・赤新月運動代表者会議」において決議が採択され、核兵器の法的禁止に向けた各国政府への働きかけを含め、各地での具体的行動を促す取り組みが始まったことも重要な進展である。
　関連して09年12月15日に発表された「核不拡散・核軍縮に関する国際委員会」（ICNND）による報告書「核の脅威を絶つために――世界の政策立案者のための実践的な計画」についても言及したい。08年8月に発足したICNNDは

日本とオーストラリアの両政府のリーダーシップで作られた賢人会議で、両国の元外相が共同議長を務めた。報告書では、核抑止論の正統性を失わせる必要性が論じられ、核兵器の役割と有用性についての考え方を転換することが極めて重要であると指摘された。

この10年のNPT最終文書の採択を皮切りに、「人道的アプローチ」と呼ばれる新しい動きが核軍縮をめぐる国際議論の表舞台に登場した。もちろん核兵器の非人道性を指摘する声自体は新しいものではないし、広島、長崎の被爆者を含め、被爆地からの訴えは一貫してそれに尽きるといっても過言ではない。しかし、10年以降、市民社会と有志国家の主張は、核軍備の量的削減の要求にとどまらず、核兵器に対する認識、価値観をめぐるパラダイムシフトを求める様相を強めていった。すなわち、核兵器に長きにわたって付与されてきた「核抑止力が国の安全を守る」「核兵器は軍事的、政治的に有用な兵器である」「核兵器保有は大国の証である」といった肯定的な価値観を転換し、核兵器は危険なもの、不要なもの、忌むべきものであり、その全面禁止と廃絶は人類文明にとって当然の要件であるという規範意識を確立すべきだ、という認識である。それは、国家に視点を置く安全保障論から人間中心の安全保障論へと、核兵器の議論の土台を根本から変えようとするものである。

以下にこの動きをもう少し詳しく見ていきたい。

7　非人道性アプローチ

1　核兵器の非人道性に関する共同声明

2010年NPT再検討会議の成果を受けて、有志国家とそれを後押しする市民社会は、大きく2つの方向で、核兵器の非人道性を国際社会の共通の基盤認識とするための取り組みを進めていった。その1つが、有志国家による共同声明の発出である。

15年NPT再検討会議に向けた準備会合の出発点となる12年第1回準備委員会（ウィーン）で、スイス、ノルウェー、オーストリアなど16カ国が「核軍縮の人道的側面に関する共同声明」を発表した。以降、共同声明は、文言に慎重

な工夫を重ねながら、同年10月の国連総会（署名国数35カ国）、13年３月のNPT再検討会議第２回準備委員会（同80カ国）、同年10月の国連総会（同125カ国）、14年10月の国連総会（同155カ国）、15年のNPT再検討会議（同159カ国）と、５回にわたって支持国の拡大を図ってきた。「いかなる状況においても」核兵器を使用しないことが人類にとっての利益、との認識を示した声明に国連加盟国の圧倒的多数が賛同しているという事実は、核兵器不使用の国際規範の強化に向けた重要な意味を持つものと言えるだろう。

　こうした動きに呼応し、市民社会からも、署名国の拡大に向けた働きかけが行われた。最初の共同声明以降、３度署名を拒否した日本政府に対し、被爆者や被爆地の自治体を含めた国内外の世論が強く反発したことで、４度目の共同声明に日本が初めて署名したことはその顕著な例である。

　他方、非人道性「共同声明」の広がりを受けて、この動きが核兵器禁止の法的議論に結びつくことを嫌う国々からの抵抗も顕在化していった。たとえば、13年秋の国連総会以降、「核兵器の人道上の結末」という同じタイトルの共同声明がオーストラリアを中心に発せられている。この共同声明は、核兵器の「壊滅的な人道的影響」を基盤とする「核兵器のない世界という共通目標の達成と維持」への「確固たる誓約」を再確認する一方、「核兵器をめぐる議論において安全保障と人道性という両面を認識」すべきであるとも主張し、「核の傘」依存国の論理展開に沿ったものとなっている。また、核兵器の禁止には「核兵器保有国の実質的かつ建設的な関与」が必要であると、禁止条約制定の動きを牽制する文言も含まれた。事実、15年に提出された３度目の豪州の声明に賛同した26カ国の大半は、米国の拡大核抑止の下にある豪、日本、そしてNATO加盟の非核兵器国であった。なお、２通りの非人道共同声明の双方に賛同しているのは、日本とフィンランドの２国のみである。

　異なる主張を持つ国家グループを非人道アプローチに巻き込む手段として、この豪州の声明には評価できる面もある。しかしながら、非人道性に着目する多くの国が、核兵器の法的禁止と廃絶こそ非人道性議論の論理的帰結であると主張する中で、核兵器依存の現状を容認していると受け取られかねないこうしたアプローチが、日本政府が主張するように核軍縮に対する考えの異なる国々

をつなぐ「触媒」の機能を本当に果たせるのか、疑問も残ると言わざるを得ない。

2　核兵器の非人道性に関する「国際会議」

10年以降に始動したもう１つの国際努力が、核兵器の人道上の影響をテーマにした国際会議の開催である。核兵器使用の影響に関する科学的、客観的な事実情報の共有を目的とし、これまでに、オスロ（ノルウェー）、ナジャリット（メキシコ）、ウィーン（オーストリア）で計３回開催され、非人道性に対する共通の国際認識を作り上げることに貢献してきた。会議には各国政府代表に加え、国連、ICRC などの国際機関、NGO 関係者に加え、研究者らも多く参加した。

(1)　**オスロ会議**　第１回目のオスロ会議は13年３月にノルウェー外務省の主催で行われた。「核の傘」の下の国々も多く含む127カ国が参加したが、５つの核保有国はボイコットした[6]。会議は、①核爆発による人間への直接的影響、②より広範な経済、開発および環境への影響、③国家、国際機関、市民社会の準備体制、という３つのセッションで構成され、専門家らの報告を受け議論が行われた。

最終日に出された議長総括には、核兵器使用がもたらす時間、空間を超えた壊滅的な影響に対する認識が盛り込まれた。また会議冒頭のペーター・マウラー ICRC 総裁の発言にも繰り返されたように、いかなる国家や国際機関であろうと、ひとたび核兵器が使用されれば「緊急事態に十分に対応し、被害者に十分な救援活動を行うことは不可能」であり、また、「そのような対応能力を確立すること自体、いかなる試みをもっても不可能であろう」との結論が示された[7]。

市民社会は、ノルウェー政府との協力の下、直接的、間接的な貢献を行った。医学的見地から放射能のもたらす長期的な健康影響について報告を行った朝長万左男・日本赤十字社長崎原爆病院長（当時）をはじめ、アカデミア、国際機関、シンクタンク、NGO の専門家が核兵器使用の壊滅的な影響をさまざまな角度から分析する報告を行った。また、田中熙巳・日本被団協事務局長や

第Ⅲ部　「核兵器なき世界」を目指して

核実験場の放射線被害者の証言も行われた。主催国と市民社会の調整役として、また、公式会議に先立ち行われた市民フォーラムの主催などを通じて、国際 NGO「ICAN（核兵器廃絶国際キャンペーン）」は一連の会議で大きな存在感を発揮した。

(2) **ナジャリット会議**　第 2 回会議はメキシコのナジャリットで、14 年 2 月に行われた。第 1 回を上回る146カ国の参加があったが、5 つの核兵器国は引き続き不参加であった。ナジャリット会議の特色として、会議冒頭に 1 時間45分にわたる「被爆者の証言」セッションが行われたことが挙げられる。メキシコ在住の被爆者や被爆 3 世の高校生らがそれぞれの体験や思いを語り、非人道性の議論の原点としての広島・長崎の惨禍を参加者に思い起こさせた。このセッションの実現には、ICAN を中心とした市民社会のねばり強い働きかけがあったことも強調したい。

　会議では、核兵器爆発が公衆衛生、人道支援、経済、環境、気候変動、食糧安全保障等に及ぼす地球規模かつ長期的な結末をめぐっての多角的な議論が交わされた。とりわけ、オスロ会議では触れられなかった新しい視点として、「偶発的な核使用のリスク」が強調され、指揮統制システムの脆弱性、人為的ミス、高い警戒態勢、核テロ等による核兵器使用の危険性の高まりが議論された。

　メキシコとオーストリアの両国が共同で議長を務めた意見交換セッションでは、予定時間を大幅に超えて各国の発言が続いた。その多くが非人道性を根拠として核兵器禁止に向かう必要性を訴えるものであったが、一方で日豪やNATO 加盟国などからは「安全保障の現実を踏まえるべきだ」との消極姿勢が示された。主催国メキシコは総括文書の中で、「核兵器の人道的影響に関する広範かつ包括的な議論は、法的拘束力のある条約を結ぶことを通じて、新たな国際基準及び規範を実現するとの、政府及び市民社会の誓約につながっていかなければならない」と結論付け、「行動すべき時が来た」と核兵器禁止条約に向けた外交交渉の開始を訴えた。[8]

(3) **ウィーン会議と「誓約」**　ウィーン会議は14年12月に開催された。参加国は第 1 回、第 2 回を上回る158カ国にのぼり、5 核兵器国から初めて米国、

英国が参加して注目を浴びた。

　条約交渉に向けた意欲を前面に押し出した第２回のメキシコの議長総括は、多くの国家や市民社会の歓迎を受ける一方、法的議論を嫌う国々の警戒心を増幅させる結果にもなった。こうした状況を受け、オーストリアは、会議が外交交渉の場でないことを繰り返し明言し、核保有国を含めた広範な参加を呼び掛けるなど一貫して慎重な態度を取ったが、同時に、新しい分野に踏み込んだ意欲的な会議プログラムの組み立ても行った。

　４つのセッションでは、過去２回の会議の主たる論点であった核兵器爆発や核実験による影響、故意あるいは偶発的な核兵器使用のリスク、核兵器使用時の対応能力に関するさらなる証拠が示されたのに加え、これまで触れられなかった核抑止政策に内在するリスクの問題も取り上げられた。さらに、国際環境法、国際保健法を含む既存の国際法に基づく規範に照らして核兵器の非人道性が改めて議論された。これらは、４カ月後に控えたNPT再検討会議を視野に、国際社会の分断をできるだけ回避しつつ、核兵器の法的禁止に向けた議論に資することを狙ったものと言える。このようなオーストリアの戦略的姿勢は、立場の異なる国々に配慮を示した「議長総括」や、後述する「オーストリアの誓約」の２つの文書にも表れていた。

　セッションに続く一般討論では、100を超える政府、国際機関、市民社会の諸団体が発言を行った。NAMを中心に核兵器禁止条約の交渉を求める声が続く一方で、米英を含む核保有国や「核の傘」国家からは、「(核軍縮に) 近道はない」「人道面とともに安全保障の面も考慮すべきだ」「(核兵器禁止は) 戦略的安定性を損う」など、拙速な議論の牽制を図るような発言が相次いだ。

　最終日の「議長総括」に続いて主催国オーストリアが読み上げたのは、異例とも言える「オーストリアの誓約」と題する文書であった。[9] 誓約は、NPT第６条の核軍縮議義務の完全履行のため「核兵器の禁止及び廃棄に向けた法的なギャップを埋めるための効果的な諸措置を特定し、追求」するとともに、「核兵器を忌むべきものとし、禁止し、廃絶する努力」においてすべての関係者と協力して行くことを各国に求めるものである。オーストリアは、これらが会議を通じて得た「避けがたい結論」であるとし、「来る15年再検討会議を含めた

可能な場において」「関心ある国々とともにこれらを推進する」意向を示した。事実、オーストリアは、NPT再検討会議に先立つ15年1月にすべての国連加盟国に書簡を送り、「誓約」に賛同するよう要請を行った。

8　2015年 NPT 再検討会議と NAC

　こうした潮流の中、2015年4月から5月にかけて開かれたNPT再検討会議では、非人道性への認識を基盤として核兵器禁止の法的枠組みの議論がどこまで進展するかに注目が集まった。

　最終文書の全会一致の採択こそ実現しなかったが、多数の締約国が、核兵器の非人道性をめぐる議論の進展について、自国の演説で繰り返し触れ、その多くが法的枠組みの必要性にも言及した。前述した「オーストリアの誓約」については、4週間の会期中に、当初76ヵ国であった賛同国は110ヵ国近くに増えたと報告された。オーストリア大使は「誓約」がもはや一国の声ではなく、過半数の締約国の「誓約」となったことを強調した。国際 NGO の中からは、この「誓約」こそ再検討会議の最大の成果であり、法的禁止の議論のベースになるべきだとの主張も見られる。

　こうした声を背景に、いくつもの国家や国家グループが、法的議論の具体的前進につながる文言を最終文書案に盛り込むべく努力を重ねた。しかし、それに比例して核兵器国およびその同盟国の側からの抵抗も強まった。最終文書が合意に至らなかった直接の原因は中東問題であったが、最終文書案では、核兵器の非人道性や法的枠組みについても、核兵器国側の意向が反映される形で修正が重ねられたことに対し、非核兵器国からは強い不満の声が上がった。まぎれもなく法的枠組みの議論は、15年再検討会議の最大の争点の1つであり、会議を通じて、両者の対立はますます先鋭化したと言える。

　4週間の議論を通じて、核兵器の法的禁止につながる新しい局面を拓こうと考える国々からは、前進のためのさまざまな提案がなされた。その重要な役割を担った国家グループが、ブラジル、エジプト、アイルランド、メキシコ、南アフリカ、ニュージーランドの6ヵ国で構成する「新アジェンダ連合」（New

Agenda Coalition：NAC）である。1998年に旗揚げしたNACは、柔軟な戦略で核兵器国に核軍縮努力を迫ってきた指導的勢力であり、2000年再検討会議の最終文書で、核兵器国による核兵器完全廃棄の「明確な約束」を含む13項目の合意を実現させた立役者でもある（当時はスウェーデンを含む7カ国）。

NACは、NPT第6条が求める、核軍縮に向けた「効果的な措置」（effective measures）を前進させる法的アプローチについて、あらゆる選択肢を排除せず、まずはそれらをテーブルにのせて検討することを提唱した。これは、法的枠組みの議論が「NPTを中心とした現在の核不拡散努力を損う」との理由を掲げて反対する国々をも議論に巻き込もうとのNACの戦略と言える。法的な議論はNPTに反するどころか、それこそがNPT第6条の実現に向かうものであり、NPTの目的にまさに合致するものだ、とNACは主張する。

NACは、14年NPT準備委員会に提出した作業文書の中で、こうした法的アプローチの選択肢を次の4つに類型化して紹介した。NAC自身がいずれかを主張するものではなく、それぞれの利点や問題点を比較検証し、議論の深化に資することを狙ったものである。

① 包括的な核兵器禁止条約（Nuclear Weapon Convention：NWC）

　　核兵器の使用、開発、配備、取得、実験などの禁止に加え、保有核兵器の廃棄、検証制度についても包括的に規定する。前述のモデル条約がこの形にあたる。

② 簡潔型の核兵器禁止条約（Nuclear Weapons Ban Treaty：NWBT）

　　廃棄プロセスや検証制度を含めず、核兵器の禁止規範を先行させる。①の包括的条約の議論が進まない最大の理由は核保有国の参加が見込めないことであるが、②については核保有国の参加は当初からの必須要件ではないとの考え方もあり、ICANなどの国際NGOはこの点を強調している。

③ 相互に支え合ういくつかの条約による枠組み

　　NPTを中心に、別々の条約などが相互に支え合う形で枠組みを構成される。前述の潘基文事務総長が「核軍縮の5項目提案」で言及している。

④ ①～③の混合型

2015年再検討会議にNACが提出した作業文書では、これらの選択肢のうち

①②を「単一条約型」(stand-alone) とし、③を「枠組み協定型」と整理していた。

この議論を進めるために、NAC は2015年再検討会議の「主要委員会Ⅰ」(核軍縮) の補助委員会 (subsidiary body) のテーマの1つとして「効果的な措置」を取り上げることを提案し、これは実現した。このこと自体が今回の再検討会議の1つの成果と言えるだろう。

また、最終文書そのものは採択されなかったが、検討され得るアプローチとして、上記の NAC 提案の「単独型」「枠組み協定型」の法的文書に関する言及が、度重なる修正を経ても最終文書案に残ったことは評価すべき点である。

さらに最終文書案では、法的条項を含む第6条完全履行のための効果的措置を特定し明確化することを目指した「国連公開作業部会 (OEWG)」の設立が勧告され、秋の国連総会での新しい展開につながったことも重要であった。

9 国連公開作業部会とその先へ

2015年国連総会では、非人道性と法的議論をめぐる新たな展開を狙った決議が複数誕生した。「非人道性の共同声明」と「人道性の誓約」が決議の形で改めて提出され、賛成多数で採択された。加えて注目されたのが、メキシコ、オーストリア、南アフリカなど22カ国が共同提案した決議案「多国間核軍縮交渉を前進させる」(「OEWG 決議」) である[10]。これは、15年 NPT 最終文書案の流れを受け、「核軍縮実現のための具体的かつ効果的な法的措置、とりわけ核兵器のない世界の達成と維持のための新たな法的条項や規範について合意に至ることを目指した交渉を行う」ための公開作業部会の設置を求めるものだ。16年にジュネーブで最長3週間 (15労働日) 開催されること、NGO や市民社会の参加や貢献が期待されること、同年の国連総会に勧告を提出すること等が盛り込まれている。

OEWG はすべての国連加盟国に開かれた議論の場となる。国連総会の下部機関として設置されるため、NPT やジュネーブ軍縮会議のような全会一致ではなく、多数決で決定がなされる可能性が高い。特定の国の妨害を受けない形

で、核兵器禁止の法的議論の前進につながる「場」が設置された意義は大きいと言えるだろう。

決議案は11月５日に第１委員会で、12月７日に国連総会本会議でそれぞれ賛成多数で採択された。ともに、５核兵器国とイスラエルは反対、インド、パキスタンは棄権、北朝鮮のみ賛成であった。米、英、仏は共同で発した投票説明の中で、「核保有国抜きでも核兵器禁止の動きを進めるべきだとする考え方がこの決議案の背景にある」として、強い警戒感を示した。日本（棄権）を含め、拡大核抑止力に依存する国々もいずれも反対あるいは棄権票を投じた。オーストラリアは棄権理由として、こうした協議には核保有国の参加が不可欠であるとし、OEWGではその点が見込めない点を挙げている。

多国間核軍縮交渉の前進を目的として13年に実施されたOEWGの例をとれば、断続的な協議を経て、16年８月頃の会合で国連総会に向けた勧告案が採択される、という流れが考えられる。議長国などの詳細はまだ発表されていない（13年はコスタリカであった）。OEWGの大きな特徴は、NPT関連会議などと比較しても、市民社会のより大きな関与が可能なことであり、今回も同様の公開性が期待されている。被爆者や広島・長崎の市長らが発言の機会を得ることも十分考えられる。またNPTなどと異なり、具体的な提案についてNGOが作業文書の提出を行うことも可能であろう。市民社会のさまざまなアクターが具体的な政策提言を行い、議論の実質化、豊富化に貢献していくことが極めて重要となる。

10　核兵器の法的禁止へ向けた課題

核兵器の非人道性とそれを根拠にした法的議論は、国際会議、NPT、国連、OEWGなどに議論の場を移しつつ、一定の前進を実現してきた。しかし、核保有国と核抑止に依存する非核兵器国、そして核兵器に依存しない真の非核兵器国の間の溝はますます広がり、国際社会を二分する方向に進みつつある。

核軍縮の前進に向けた努力はいかなる展開を迎えるのか。各国の思惑が交差する中で先行きはまだ見えない。市民社会の中にも、たとえ核兵器国の参加が

見込めなくとも、非核兵器国の有志国家主導で、核兵器禁止条約の交渉に早急に開始に進むべきだとの意見から、より慎重かつ段階的な核軍縮アプローチを通じて核保有国との非核保有国の溝を丁寧に埋める作業に努力を傾注すべきだとの意見まで、さまざまな見解が存在する。しかし、現在のNPTにおける議論が一定の「限界」を迎えており、核軍縮の停滞を打破するための新たな枠組みが必要だという見方では一致しているのではないだろうか。その意味でも、今回、設置されたOEWGには大きな期待が寄せられている。そして市民社会の効果的な関与がその成功の鍵を握っている。

　最後に、本章では触れなかったが、核兵器廃絶と核抑止への依存という2つの矛盾するベクトルの中で揺れる日本政府が今後、核兵器禁止の法的議論にいかに関与していくかは、ますます切迫した課題となる。日本の市民社会にとっても、大きな正念場を迎えることになろう。

【注】
1） NPT第6条は以下のとおり。「各締約国は、核軍備競争の早期の停止及び核軍備の縮小に関する効果的な措置につき、並びに厳重かつ効果的な国際管理の下における全面的かつ完全な軍備縮小に関する条約について、誠実に交渉を行うことを約束する」
2） 決議番号 A/RES/70/56
3） http://reachingcriticalwill.org/images/documents/Disarmament-fora/1com/1com15/votes/L51.pdf, last visited, 30 December 2015
4） http://reachingcriticalwill.org/images/documents/Disarmament-fora/1com/1com15/votes-ga/56.pdf, last visited, 30 December 2015
5） http://www.ipu.org/conf-e/130/Res-1.htm, last visited, 30 December 2015
6） 核保有国としてインドとパキスタンが参加した。
7） https://www.regjeringen.no/en/aktuelt/nuclear_summary/id716343/, last visited, 28 December 2015
8） http://www.reachingcriticalwill.org/images/documents/Disarmament-fora/nayarit-2014/chairs-summary.pdf, last visited, 28 December 2015
9） http://www.reachingcriticalwill.org/images/documents/Disarmament-fora/vienna-2014/Austrian_Pledge.pdf, last visited, 28 December 2015
10） 決議番号 A/RES/70/56

終 章

被爆国日本の役割

水本　和実

1　9.11同時多発テロ以降の日本の核政策の変遷

　日本には4つの核政策がある。非核政策、米国の核抑止力に依存する安全保障政策、原子力政策、そして核軍縮外交である。これらは政府の公式見解として4つの核政策と位置づけられてはいないが、現実に個別の政策として存在している。筆者はかつて、この核4政策を4輪駆動車の車輪にたとえ、それらが別々の方向に向いており調整機能が必要だ、と指摘した（水本 2002：385-386）。本章では主に2001年の9.11同時多発テロ以降の約15年間を念頭に日本の核4政策の変遷をたどり、被爆国日本が今後、核兵器のない世界の実現へ向けていかなる役割を果たせるのか、問題提起を試みる。なお、この15年間に日本では自民党・公明党主体の政権から民主党主体の政権（09年9月～12年12月）に代わった後、再び自民党・公明党政権への復帰を経験した。これらが核政策に与えた影響についても視野に入れる。

2　日本の安全保障政策の転換

　9.11同時多発テロ以降、日本を取り巻く安全保障環境は激変し、安全保障政策もそれに対応して変化してきた。一言で言えば、米国の「核の傘」への依存を究極の手段とする日米同盟を一貫して強化する方向で、さまざまな政策が導入されたが、そうした変化を多くの国民は十分理解できていないのが実情だ。本節では、米国の核抑止力に依存する日本の防衛政策が、安全保障環境の変化

をどう認識し、どう対応してきたかを、『防衛白書』（2002年版～2015年版）を中心に見ていく。

1　脅威の対象

　防衛政策は、国際環境の分析に基づき、直面する脅威を想定して立案される。冷戦時代の日本の防衛政策はソ連を最大の潜在的脅威と捉えていた。冷戦終結と2001年の9.11同時多発テロを経て、日本の防衛政策における脅威の認識はどう変化したか。『防衛白書』のアジア太平洋地域における「軍事情勢」の国別の記述は、冷戦終結後も1993年までは極東ロシア、朝鮮半島、中国の順だったが、94年に朝鮮半島（北朝鮮）が初めて筆頭に置かれ、次いで極東ロシア、中国の順となり、2002年まで続いた。

　ところが03年には中国が、極東ロシアを初めて抜いて2番目に記され、朝鮮半島、中国、極東ロシアの順となった。06年から項目が「諸外国の国防政策など」と変わり、筆頭に米国が置かれたが、その次に朝鮮半島、中国、ロシアの順に記され、その順は2015年まで変わっていない。つまり、日本の防衛政策上の脅威の1位は、1994年から2015年まで北朝鮮で、2位は94年から02年までロシア、03年から15年まで中国であることを示している。

　注目すべきなのは、中国に関する具体的な記述だ。12年までの『防衛白書』は自民党政権〜民主党政権を通じて中国の軍事力の「不透明性」を「懸念事項」だと記述し、尖閣諸島周辺での中国漁船と海上保安庁巡視船の衝突事件などを列挙しつつ、中国の日本近海での活動は「動向に注目する必要がある」などと冷静な表現に留めていた。しかし自民党政権に復帰した13年以降の『防衛白書』は、海洋問題などで利害が対立する中国が「国際秩序とは相入れない独自の主張」に基づき「力を背景にした現状変革」を試み、「高圧的な対応」を示していると記述しており、14年以降にはこれらの記述に加え、中国の姿勢を「わが国として強く懸念」しており、「地域・国際社会の安全保障上も懸念」だ、との表現が加わった。さらに15年には中谷元・防衛大臣が巻頭の「防衛白書の刊行に寄せて」の冒頭、まず中国について触れ、「わが国領海への断続的な侵入を行っている」と批判した。歴代の「刊行に寄せて」の中で、真っ先に

中国への懸念を表明したのは、これが初めてである。

一方、国際社会の課題としては02年以降09年まで「テロとの闘い」「国際テロリズム」が筆頭となり、10年以降は「大量破壊兵器」「サイバー空間」などが上位を占めたが、15年に「地域紛争・国際テロリズム」が筆頭になった。

これらのことから、日本政府の認識では9.11同時多発テロ以降の脅威の対象は、国際社会全般ではテロ、個別国家では北朝鮮、次いで中国、そしてロシアの順であり、13年以降、中国に関する脅威認識が急速に高まっている。

2　脅威のあり方

脅威の対象がもたらす脅威のあり方についても、『防衛白書』の記述にはこの15年間で変化が見られる。その典型的な表現を図表1にまとめた。

注目すべきは、14年に新たに登場したグレーゾーンの概念である。『防衛白書』はこれを平時でも戦時でもない事態だとし、例として①国家間に経済権益などで主張の対立があり、②一方の当事者が主張を外交手段以外の手段も含めて強要しようとし、③武力攻撃に当たらない範囲の実力行使により現状の変更を試みる事態などを挙げている。

3　日本の安全保障体制の変更

以上のような脅威認識の変化のもと、『防衛白書』には歴代政権を通じ、日本の防衛は防衛力整備と日米安保体制に基づく「隙のない防衛態勢」で行うことが、一貫して明記されている[2]。その一方で、政権交代直後の第2次安倍内閣により、日本の

図表1　脅威の形態の記述

02年	不透明・不確実な要素をはらんでいる
03年 04年	予測困難でかつ多様な脅威の重層化・常態化
05年	脅威の多様化、複雑化
06年 07年	脅威が多様化、複雑化し、顕在化の予測が困難
08年 09年 10年	伝統的国家関係から新たな脅威や多様な事態までさまざまな課題に直面
11年 12年	国際的な安全保障環境は依然として複雑で不確実
13年	さまざまな課題や不安定要因が存在しその一部は顕在化・先鋭化・深刻化
14年	純然たる平時でも有事でもないグレーゾーンの事態が増加
15年	純然たる平時でも有事でもないグレーゾーンの事態が増加・長期化

(出典)『防衛白書』より筆者作成

安全保障政策に関するいくつかの大きな変更が行われた。

(1) **国家安全保障会議の創設**　日本の安全保障・防衛政策を担う組織として、1956年に国防会議が発足した、構成は首相、外務大臣、大蔵大臣、経済企画庁長官など5人である。その後、86年に国防会議は廃止され、新たに首相、総務大臣、外務大臣、防衛庁長官など10人で構成される安全保障会議が創設された。

これに対し2006年に発足した第1次安倍内閣は米国の国家安全保障会議(National Security Council: NSC)をモデルに日本版NSCとの触れ込みで国家安全保障会議の設立を提唱したが、後継の福田内閣は参議院での与党過半数割れなどで07年に断念し、民主党政権への交代で立ち消えとなっていた。

だが、第2次安倍内閣により13年11月、安全保障会議設置法改正案が国会に提出されて可決し、12月に国家安全保障会議が創設された。首相、官房長官、外相、防衛相による4大臣会合、主要大臣を加えた9大臣会合、緊急事態大臣会合の3通りの会合で構成される。内閣府に国家安全保障局が設置され、財界人・自衛隊将官経験者・大学研究者ら13人による顧問会議も置かれている。

(2) **「国防の基本方針」から「国家安全保障戦略」へ**　防衛政策の根幹も大幅に変更された。従来、根幹となる政策文書は57年に国防会議が定めた「国防の基本方針[3]」であったが、第2次安倍内閣は国家安全保障会議の発足に合わせて、新たに根幹文書となる「国家安全保障戦略[4]」(「戦略」)を策定するため、13年9月に有識者ら8名による「安全保障と防衛力に関する懇談会[5]」を発足し、計7回の会合で「戦略」を作成してわずか3カ月後の同年12月、国家安全保障会議および閣議で決定した。国防の基本方針は約290字の短い文書だったが、国家安全保障戦略は約2万4000字を超える膨大な文書だ。以下の4項目からなる。

　Ⅰ　**策定の趣旨**　概ね10年で「戦略」を見直すことを明記している。

　Ⅱ　**国家安全保障の基本理念**　目標の1つに日米同盟の強化を挙げている。

　Ⅲ　**我が国を取り巻く安全保障環境と国家安全保障上の課題**　「世界で唯一の戦争被爆国として『核兵器のない世界』を目指すことは我が国の責務である」と明記し、アジア太平洋の安全保障の課題として、北朝鮮の軍事力と中国の台頭を指摘した。

Ⅳ　我が国がとるべき国家安全保障上の戦略的アプローチ　「核兵器の脅威に対しては、核抑止力を中心とする米国の拡大抑止が不可欠であり、その信頼性の維持・強化のために、米国と緊密に連携していくとともに、併せて弾道ミサイル防衛や国民保護を含む我が国自身の取組により適切に対応」「我が国自身の防衛力の強化を通じた抑止力の向上はもとより、米国による拡大抑止の提供を含む日米同盟の抑止力により、自国の安全を確保している」と明記した。

4　強まる核抑止力への依存

　以上のように、9.11同時多発テロ以降の過去15年間で、日本の防衛政策における脅威認識は、国家としては核・ミサイル開発を進める北朝鮮に加え、海洋権益で力による現状変更を目指す中国への警戒を一層強めつつ、国際情勢全般としては、国際テロなど不確実・不透明な要素を警戒している。

　こうした脅威認識を前提に、第2次安倍内閣は、現状を戦時でも平時でもないグレーゾーンと捉え、安全保障政策の司令塔となる組織として、従来の「安全保障会議」に代わる日本版NSC「国家安全保障会議」を政権発足1年後の13年12月に創設した。また、「国防の基本方針」に代わって新たな根幹政策となる「国家安全保障戦略」もわずか3カ月の準備で同年12月に決定した。

　その内容は、ますます不透明さを増すグレーゾーン事態に対し、米国の核抑止力に頼る日米安保体制を強化するというものであり、「戦略」は課題として「『核兵器のない世界』を目指すことは我が国の責務」と記しつつ、戦略的アプローチとしては「核抑止力を中心とする米国の拡大抑止が不可欠」と位置付けて「その信頼性の維持・強化」の必要性を強調している。その結果、米国の核抑止力への依存はこれまで以上に強まり、「核兵器のない世界」を目指す非核政策との矛盾の構造は解消されないまま残されている。

3　日本の非核政策

1　非核3原則

　日本の非核政策とは、実質的には「核兵器を持たず、持たず、持ち込ませない」という非核3原則に集約されている。1967年12月の国会で佐藤栄作首相が表明し、71年11月の衆院本会議で非核3原則を遵守する「非核決議」が採択されて以降、歴代内閣は「国是」として扱ってきた。

　国会決議に法的拘束力がないため、非核3原則の法制化を求める声は被爆地などに根強く、長崎市は89年以降、2014年まで（1996年、99年を除き）毎年8月9日の「平和宣言」で「非核3原則法制化」を求めてきた。一方、法的拘束力はないとはいえ、毎年の『防衛白書』は防衛政策の基本項目の1つに非核3原則をあげ、「非核三原則とは、核兵器を持たず、作らず、持ち込ませずという原則を指し、わが国は国是としてこれを堅持している」と明記している。

　一方、第2次安倍内閣が2013年12月に急いでまとめた「戦略」は（わが国は）「他国に脅威を与えるような軍事大国とはならず、非核三原則を守るとの基本方針を堅持してきた」と過去形で言及し、同月に閣議決定された「平成26年以降に係る防衛計画の大綱について」は「非核三原則を守りつつ、実効性の高い総合的な防衛力を効率的に整備する」と記しているが、微妙な言い回しである。ここ15年の動きを見てみよう。

　(1)　**核兵器を持たず**　　日本が核兵器を保有していないことを物理的に証明することは困難であり、指導者が政治的な表明を行い、それが世界に信用されるしかない。「日本は唯一の戦争被爆国である」から「核兵器のない世界を目指している」との外務省などの主張は、信用されていると言えよう。

　(2)　**核兵器を作らず**　　日本が核兵器を製造しない、という原則の法的根拠は、「原子力利用は平和目的に限る」ことを定めた原子力基本法第2条にある。日本では核兵器の製造は行われていないと、国民は信じているが、製造される可能性はないのか。製造技術の有無の検証は困難だが、材料に関しては核物質（プルトニウム）の保有量が公表されている。原子力委員会が15年7月に

公表した資料によると、14年末の時点で日本が保有する分離プルトニウムの総量は約47.8トンで、うち約10.8トンが国内で、約37.0トンが英仏の再処理施設で保管されている。これらは民生用とされているが、兵器利用も可能で核兵器製造の疑念につながりやすく、長崎型原爆5000発分以上に相当する分量だとの指摘もある（フォンヒッペル・IPFM 2014:220）。13年末の各国のデータで比較したものが図表2である。

図表2によると、日本の民生用プルトニウムの保有量は世界で4位、民生用と軍事用を含めた総量で比較しても5位に入る。常に透明性を高め、軍事用に転換する意図がないことを国際社会に示しておく必要がある。

図表2　各国の分離プルトニウム保有量（2013年末現在）

国　名	軍事用（トン）	民生用（トン）
ロシア	94.0	84.0
米　国	44.9	43.4
フランス	6.0	60.2
中　国	1.8	0.01
英　国	7.3	99.9
イスラエル	0.84	
パキスタン	0.15	
インド	5.12	0.2
北朝鮮	0.03	
日　本		47.1
その他（ドイツ、スイス、ベルギー、オーストラリア、オランダ等）		5.0
合計	160.3	340.1

（出典）長崎大学核兵器廃絶研究センター　ホームページ

(3)　**核兵器を持ち込ませず**　日米安保条約付属の交換公文で、核兵器搭載艦船の日本寄港は日米間の事前協議の対象とすることが義務付けられているにもかかわらず、いわゆる「核持ち込み疑惑」が存在し、日米間で密約があったとの指摘もあったため、2009年9月、成立したばかりの民主党政権の岡田外相は外務省に内部調査を命じるとともに、有識者委員会（北岡伸一座長）を立ち上げて調査を依頼した。対象の密約は4件で、うち2件が核兵器に係る内容である。すなわち①60年1月の安保条約改定時、藤山外相とマッカーサー駐日大使の間で「討議の記録」という文書が作成され、核搭載艦船の寄港を事前協議の対象から外す秘密の了解がなされた、②72年の沖縄返還時、佐藤首相とニクソン大統領の間で、米国が核兵器を沖縄に持ち込むための事前協議を提起すれば、日本は承認するとの密約の合意議事録が作成された、というもの。

10年3月、外務省および有識者委員会による調査報告書が発表された。①に

ついて外務省は「討議の記録」の写しを発見したが、日米間で認識の一致は確認できなかったという。一方、有識者委員会は、核搭載艦船寄港を事前協議の対象とするかどうかで明確な合意はなかったが、日本は事前協議なしの寄港を事実上黙認し、「暗黙の合意」が存在したと結論付けた。

②について外務省の調査では合意議事録は発見されなかったが、佐藤元首相の自宅から写しを入手し、合意議事録の存在を著作で指摘した若泉敬氏の記述内容とほぼ同一だったという。一方、有識者委員会は、合意議事録が佐藤内閣の後継内閣を拘束したとは言えず、内容的にも密約とは言えないが、核兵器持込を承認するという合意そのものは実現したと推定した。

外務省の調査では、外交文書・資料のずさんな管理も明らかになり、かならずしも密約の全貌が明らかになったとは言えないが、非核3原則の1つである「持ち込ませない」原則を日本政府が長期にわたって破り、国民に隠していたことは強く推定させる結果となった。14年1月、安倍首相は衆院予算委員会で密約について「政府が否定し続けて来たのは誤りだった」と、その存在を正式に認める答弁をしている。

なお、米国は91年9月に海外や海洋配備の戦術核兵器の撤去を宣言しており、日本に核兵器搭載艦船が寄港する可能性は事実上、なくなったと見られるが、前節で述べたように米国の核抑止力への依存が高まる中、今後のアジア太平洋の情勢によっては、戦術核兵器の役割が浮上する可能性はゼロとは言えまい。引き続き監視が必要である。

2　北東アジア非核兵器地帯構想

非核政策の対象は日本国内だけでなく、日本を含む北東アジアの非核化を目指す政策もありうる。09年5月、民主党核軍縮促進議員連盟は「北東アジア非核化構想」を発表した。日本、韓国、北朝鮮で非核兵器地帯をつくり、北朝鮮は核兵器を放棄した上で、3カ国は核兵器の開発、保有などをしないと誓約する。これに米国、中国、ロシアを加えた6カ国で条約を締結し、米中ロは3カ国に核兵器を使用しないと約束する、という内容だ。

研究者やNGOの一部にもこうした考えは支持され、長崎大学核兵器廃絶研

究センター（RECNA）は「北東アジア非核兵器地帯への包括的アプローチ」という政策提言プロジェクトを12年から14年にかけて行い、北東アジアの非核化に関する7項目の提言をまとめている[8]。

こうした提言に対し、外務省は15年に発行した『日本の軍縮・不拡散外交（第7版）』で「北東アジア地域においては、①依然として安全保障上の不安定要因や緊張関係が存在していること、②現実に核戦力を含む大規模な軍事力が存在すること等により、非核兵器地帯構想の実現のための現実的な環境は未だ整っているとは言えない」と否定的な見解を示しているが（外務省軍縮不拡散・科学部 2015：59）、その2年前に発行された『同（第6版）』が構想そのものに触れなかったのに比べると、提言の動きは一定の影響を与えたと言えよう。

4　日本の原子力政策

日本の原子力政策は、一言で言えば核エネルギーの民生利用を積極的に進めるというもの。エネルギー源として原子力発電を積極的に利用し、それを「持続可能」とするため核燃料サイクルを推進するとしている[9]。2011年3月11日の福島第一原子力発電所の事故は、日本の原子力政策の根幹を揺るがす出来事であり、エネルギー源としての原発の安全性に大きな疑問を投げかけた。民主党政権の野田内閣は12年9月、2030年代に原発稼働ゼロを目指す「革新的エネルギー・環境戦略」を閣議決定したが、政権交代後の第2次安倍内閣は14年4月、この方針を覆し、原発を「重要なベースロード電源」と位置付ける第4次エネルギー基本計画を閣議決定した。核軍縮の視点で日本の原子力政策にはいかなる問題があるのか。

1　核燃料サイクル

最大の問題は、核兵器用に転換可能なプルトニウムの蓄積を伴う核燃料サイクルを継続するのかどうかである。14年現在、世界で原子力発電所を稼働させているのは31カ国・地域だが[10]、使用済み核燃料の再処理施設を有して民生用のプルトニウムの分離を行っているのは、中国、フランス、インド、ロシア、英

国、日本の6カ国だけだ。日本以外はすべて核兵器を持つ国であり、国際社会からは、日本が再処理を行う意図に疑念を持たれかねない。

現在の核燃料サイクル計画では、青森県に日本原燃が六ヶ所再処理工場を建設し、国内の原発の使用済み核燃料を集めて再処理を行い、プルトニウムを分離する。同工場は1993年に着工し、試運転を終えて2010年に完成の予定だったが、トラブルが相次いだため完成予定は18年まで延期されている。仮に稼働した場合、計画では毎年8トンのプルトニウムが分離される予定だ。

一方、プルトニウムを使用するための高速増殖炉の計画は中断し、プルトニウムをMOX燃料として原子炉で使用するプルサーマル計画は06年の段階で「2015年度までに、全国の16～18基の原子炉で導入[11]」の予定だったが、11年の時点で導入されたのは4基であり、東日本大震災後はすべて稼働を停止している。この状態で再処理工場が稼働すれば、すでに日本が保有している40数トンに加えて、毎年8トンの分離プルトニウムが蓄積されることになる。

核兵器国・非核兵器国18カ国の核問題専門家で構成する国際核分裂物質パネル（IPFM）は、こうした日本の原子力政策に対し、①年間8トンのプルトニウムは長崎型原爆1000発分に相当し、核テロの標的になりやすい。②日本は非核兵器国で唯一、使用済み核燃料の再処理を行っており、核の軍事利用の疑念を持たれやすい。③使用済み核燃料を再処理せずに乾式貯蔵（直接処分＝ワンス・スルー）する場合に比べて、再処理工場を稼働させるとコストは8兆円も高くつく、などの理由で使用済み核燃料を再処理せず乾式貯蔵すべきだと提言している（フォンヒッペル・IPFM 2014:220）。

こうした実態は政府機関も危惧している。福島原発事故の起きた翌年の12年、鈴木達治郎・原子力委員会委員長代理（当時）は日本軍縮学会の学会誌に寄稿し、原子力政策に関して①原発再稼働の是非、②核燃料サイクルの是非、の2つの問題を挙げ、①に関しては、原発依存度現状維持、原発依存度低減、原発ゼロの3つの選択肢を、②に関しては、使用済み核燃料の全量再処理、再処理と直接処分の併用、全量直接処分の3つの選択肢を提示し、学会員に議論を呼びかけた（鈴木 2012：6-9）。だが、日本の原子力政策を核軍縮問題として捉える議論は国内では低調だ。

2　原発の輸出

　もう1つの問題は、原発の輸出である。12年の政権交代後、安倍政権は積極的に日本の原発の海外への輸出を働きかけている。13年5月にはアラブ首長国連合とトルコを訪問して原発を売り込み、原子力協定を締結した。また同月来日したインドのシン首相と会談して原発を売り込み、会談後、共同声明を発表して、日本とインドの原子力協定の早期妥結に合意したことを明らかにした。日本の原発は「平和利用」が前提で、核兵器の製造に利用されない保証が必要のため、輸出相手国との原子力協定の締結が不可欠だ。15年の時点で日本政府は、インド、南アフリカ、ブラジル、メキシコ、マレーシア、モンゴル、タイ、サウジアラビアなどと原子力協定の交渉中だというが、日本の原発政策が揺れ動いている時に、積極的に原発を売り込む姿勢は、疑問を持たれかねず、核不拡散条約に加盟していないインドへの輸出を懸念する見方もある（中野2015：12）。

3　プルトニウム蓄積を支える構造

　今回の原発事故は日本の原子力政策にどのような影響を与えるのか。米国南カリフォルニア大学のジャック・ハイマンズ准教授は、比較政治学の「拒否権プレーヤー」[12]の概念を用いて、50年代から今日までの日本の核政策を概観し、興味深い結論を導いている。それによると、日本の核政策を左右する拒否権プレーヤーは、総理大臣、原子力委員会、原子力産業界、通産省（経済産業省）、都道府県知事、電力会社…と時代とともに増え続け、相互の関係も複雑に絡み合っており、日本が今後、福島原発事故の教訓から脱原発を決めたドイツのように大幅に政策を変更するのは困難で、プルトニウムの蓄積を伴う現在の原子力政策が継続されるだろう、と分析する（Hymans 2011）。

　原発マネーの影響力を指摘する声もある。第2次安倍内閣が発足（12年12月）する前後の12年～14年の自民党の政治資金団体「国民政治協会」の収支報告書によると、日本の3大原発メーカーの政治献金額は、三菱重工業が1000万円→3000万円→3300万円と、政権交代前の3倍以上に、東芝と日立製作所は共に1400万円→2850万円→2850万円と約2倍に増えており、産業界と自民党政権の[13]

つながりも懸念されている（中野 2015：67-68）。

5　日本の核軍縮外交

1　日本政府の基本姿勢――現実的・実践的アプローチ

　2015年3月に外務省が発行した『日本の軍縮・不拡散外交（第7版）』には「核兵器のない世界に向けた日本の基本的考え方」として、「現実的かつ実践的アプローチ」、すなわち、「核兵器のない世界は一夜にして実現するものではなく」「現実的かつ実践的措置を通じて、核軍縮と核不拡散の双方を着実に進めていく」ことが記されている。

　日本政府は過去に2回、核兵器廃絶に向けた政策提言を支援している。インドとパキスタンが核実験を実施した1998年に日本の外務省の支援で発足した「核不拡散・核軍縮に関する東京フォーラム」が99年にまとめた報告書『核の危険に直面して―21世紀への行動計画』（『東京フォーラム報告』）および、日本とオーストラリア両政府の支援で08年12月に発足した「核不拡散・核軍縮に関する国際委員会」（ICNND）が09年12月に発表した報告書『核の脅威の廃絶―世界の政策立案者のための現実的アジェンダ』（『ICNND報告』）である。

　『東京フォーラム報告書』は米ロの戦略核を各1000発に削減した後、5核兵器国で「核廃絶一歩手前」まで段階的に削減することを提唱した。一方、『ICNND報告書』は米ロの核兵器を2020年までに1000発以下に削減し、2025年までに世界の核兵器の総数を2000発以下に、米ロの核兵器を各500発に削減し、2025年以降に核兵器ゼロの世界を目指すことを提唱したが、核兵器ゼロの期限目標は示せないとした。

2　NPDIを主導した核軍縮外交

　ICNNDの報告書が発表された翌2010年9月、それを受け継ぐ形で日本は豪州とともに、ドイツ、カナダなど計10カ国に呼びかけて軍縮・不拡散イニシアティブ（NPDI）を立ち上げ、核軍縮外交を展開した。その主要な活動として、NPDI外相会合と「核兵器の非人道性に関する共同声明」が挙げられる。

(1) **NPDI外相会合**　10年9月のニューヨーク会合から14年4月の広島会合まで計8回開催されており広島会合で採択された広島宣言には、「全ての種類の核兵器の削減」「核兵器の究極的な廃絶へ向けた多国間交渉」などの呼びかけと並んで、「広島での原爆の非人道的な結末に深く心を動かされた」「世界の政治指導者に広島・長崎訪問を呼びかける」などの表現も盛り込まれた

　広島会合は、第2次安倍内閣で外相に就任した岸田文雄氏が広島出身であることなどから、被爆地での開催を実現させた。宣言の特徴の1つは、核兵器の非人道性を認識する上での被爆体験の役割を重視し、世界の政治指導者に被爆地訪問を呼びかけていることだ。だが、市民社会が期待した核兵器禁止条約については、言及されなかった。

(2) **核兵器の非人道性に関する共同声明**　12年にスイス、ノルウェーなど16カ国が核兵器の非合法化などを目指して発表した「核兵器の非人道性に関する共同声明」は15年4月現在、159カ国に増えたが、核の傘の下にいる日本や豪州など主にNPDIを構成する国々が、核兵器の非合法化を懸念して、段階的で現実的な核兵器の削減を訴えるもう1つの「核兵器の非人道性に関する共同声明」を13年の国連総会で提案し、17カ国の賛同を得た。賛同国は14年に20カ国、15年に26カ国に増えた。この2つの共同声明の両方に賛同しているのは、日本とフィンランドだけ。広島宣言は、核兵器の非人道性に関する開かれた議論をと訴え、日本が両方の意見を「触媒」する役割を担う事を暗に示しているが、その実効性が問われている。

3　岸田外相の被爆地外交

　岸田外務大臣は当初から「被爆地出身の外務大臣」をアピールし、就任3カ月後に発行した『日本の軍縮・不拡散外交（第6版）』の巻頭文の冒頭に「安らかに眠って下さい。過ちは繰り返しませぬから」という原爆慰霊碑の碑文を引用した。広島ではかつて「主語は誰か」をめぐって碑文論争が起き、被爆地では1970年代に収束したが[15]、保守系政治家の一部にまだ、時おり疑問視する声がある碑文を敢えて引用したことは、外相の決意を示しているように思える。

　世界の指導者への被爆地訪問の呼びかけは、広島宣言で初めて盛り込まれ

た。きっかけは、NPDI広島外相会合に参加した各国の代表からの意見だという。以来、外務省は、世界の指導者への被爆地訪問の呼びかけに積極的となり、2015年NPT再検討会議でも最終文書の草案に盛り込むよう求めた。中国の反対で草案には盛り込まれず、最終文書そのものも不採択に終わったが、被爆地の市民からは、日本の主張は評価されたようだ。

そして16年4月に開催された主要7カ国（G7）広島外相会合は、岸田外相にとり格好の被爆地外交の場となった。ケリー米国務長官ら核保有国・米英仏の外相を含む世界の政治指導者が被爆地で会合を行い、原爆慰霊碑に献花し広島平和記念資料館を見学した。会合は核軍縮・不拡散に関する「広島宣言」を採択し、核兵器の非人道性や法的禁止を示す表現は盛り込まれなかったが、被爆地で開催された意義や、世界の政治指導者への広島訪問を促す表現が盛り込まれた。

6　被爆国の役割

9.11同時多発テロと2度の政権交代を経る中での日本の核4政策の変遷をみた。安全保障面では、政権交代直後の安倍政権により、短期間に根幹政策が変更された。中国の脅威認識が高まる中、米国の核抑止力を不可欠と位置付け、その依存度は高まった。非核政策では、非核3原則は国是とされているが、法的根拠は与えられず題目に近い。核持ち込み疑惑の解明は徹底したと言えず、戦術核の役割が将来もし浮上すれば、疑惑の再来もあり得る。北東アジア非核化構想は政府を動かすには至っていない。原子力政策では、福島原発事故にもかかわらず、原発再稼働でプルトニウム蓄積が進む見通しで、原発輸出により海外にも同じ構造を輸出する可能性がある。これら核3政策は、核軍縮という視点で見る限り、むしろ後退したと言えよう。

そんな中、核軍縮外交では被爆地の存在を前面に押し出し、世界の政治指導者を広島に招く岸田外相の「被爆地外交」が、オバマ米大統領の広島訪問につながった。外務省は、被爆地と連動する方向に舵を切ることで、一定の成果をあげつつある。だが、核軍縮外交も他の核3政策と切り離してはありえない。

核軍縮外交が今後、被爆地訪問実現の先にある「核兵器のない世界」という目標へ向け、成果をもたらすのかどうかが問われている。

7 「核兵器なき世界」と被爆地

最後に、核兵器のない世界を目指す被爆地の新たな動きや課題についても、広島の現状を中心に触れておきたい。

1 広島市と広島県の連携

2011年4月に就任した松井一實・広島市長と09年11月に就任した湯崎英彦・広島県知事は、平和問題担当職員を1名ずつ相互に出向させるなど、平和行政で一定の連携を維持しており、事実上、一定の役割分担ができている。

広島市は、広島平和文化センターや広島平和記念資料館、国立広島原爆死没者追悼平和祈念館、あるいは平和首長会議とともに、被爆の実相の解明や被爆体験の継承などに力点を置いた活動を進めている。中でも12年には新たに「被爆証言者・伝承者育成事業」を開始した。自分の被爆体験を証言する「証言者」になりたい人を被爆者から公募し、その証言者の被爆体験を伝える「伝承者」になりたい人を一般市民から公募し、それぞれ3年のプログラムで育成する内容である。毎年、証言者と伝承者に計100人前後の応募がある。

一方、広島県は2012年10月に策定した「国際平和拠点ひろしま構想」に基づき、以下のようなプロジェクトを実施している。

○「ひろしまレポート」＝核保有国・非核国の核軍縮へ向けた努力を採点
○ラウンドテーブル＝東アジアの核軍縮について内外の専門家を招いて話し合い、提言を発表
○被爆地・広島の復興に関する研究と人材育成のための報告書作成

特に広島の復興に関する研究は、広島県と広島市が連携して行う「ひろしま復興・平和構築研究事業」とし、地元の研究者らを組織して14年に報告書『広島の復興経験を生かすために—廃墟からの再生—』を作成した。さらにそれをもとに15年には小冊子『広島の復興の歩み』を作成し、英語版も作成して人材

育成教育に活用している。

　こうした平和行政の連携と役割分担は、県と市の連携がほとんどなかった前任者の時代に比べると市民にとっては歓迎すべきであり、被爆地の自治体として、仮に首長が選挙で交代しても、継続される枠組みを望みたい。

2　被爆体験に関する国境を超えた共通認識の形成

　広島・長崎への原爆投下の非人道性を海外に訴えようとしても、時にナショナリズムが壁になることがある。典型的な例は、米国社会からの「原爆投下は戦争終結に必要だった」「原爆投下は、原爆を使用せず本土決戦になった場合に予想された100万人単位の死傷者が出るのを防いだ」という議論であり、中国や韓国からの「原爆投下は日本の軍事侵略や植民地支配を終わらせ、解放をもたらした」とする議論である。

　こうした議論の本質は、原爆そのものの非人道性を論じることにあるのではなく、日本が起こした戦争の非人道性や、植民地支配の非人道性を訴える議論である。その意味では、原爆の非人道性をめぐる訴えとは別の問題の訴えであり、平和を考えるという視点からすれば、それぞれにきちんと議論すべき問題である。だが、現状を見る限り、被爆地の市民も大学生や高校生も、日本が起こした戦争や植民地支配に関する知識や理解が不十分で、結果的に、相手の訴える問題に対して答えられないことが多い。

　これは「歴史認識」の問題ではなく、歴史に関する知識や理解が不十分であることからくる問題である。核兵器のない世界を目指すためには、核兵器の危険性や非人道性に関する国境を越えた共通認識の形成が不可欠だが、相手が投げかける別の非人道性に関する問題にも、答える必要がある。

3　オバマ大統領の被爆地訪問

　2016年4月のG7外相会合でのケリー米国務長官の広島訪問をきっかけに、広島ではオバマ米大統領の被爆地訪問への期待が高まり、ついに5月27日、現職の米国大統領として初めての広島訪問が実現した。この広島訪問に関連して、3つの問題を指摘したい。第1に、オバマ大統領に何を期待するか。まず

重要なのは、被爆地で被爆の実相を正確に理解してもらうことである。今回のオバマ大統領の広島滞在時間は車の移動も含めて１時間32分で、平和公園での滞在時間は52分だった。この限られた時間の中で、10分間を広島平和記念資料館の見学にあて、平和公園の原爆慰霊碑前で17分の演説を行った後、２名の被爆者代表と数分間、言葉を交わした。被爆の実相を理解するにはあまりに限られた時間だが、資料館の見学後、大統領には『図録　原爆の絵』（広島平和記念資料館編）などの資料も手渡されたという。被爆地訪問を機にオバマ大統領が核兵器の非人道性や危険性への認識を強め、核兵器のさらなる削減や法的規制を真剣に検討し、行動を起こすことが期待される。

　第２に、今回の訪問に合わせて「謝罪」の言葉を求める意見もあった。だが「謝罪」にはその前提として、誰が誰に対し、国際法上のいかなる責任を負うのか、という厳密な議論が必要であろう。米国政府にそれを求めるのであれば、感情論で「謝れ」と叫ぶのではなく、法的な検討を時間をかけてすべきではないか。

　第３に、オバマ大統領の訪問をどう評価するか。最終的な判断基準は、今回の訪問の結果、日本や米国、さらには国際社会において、核兵器の非人道性に関する共通認識の形成を促し、「核兵器のない世界」の実現へ向けてプラスの成果をもたらしたかどうかであろう。逆に大統領の被爆地訪問が、日本と米国、日本とアジア諸国、あるいは国際社会における世論に亀裂を生じさせたのであれば、失敗だったと言わざるを得ない。そして、プラスの成果につながるためには、国際社会や被爆地の市民１人ひとりの協力も不可欠であろう。

【注】
1）　『防衛白書』の記述で〇〇年とあるのは「〇〇年版」を指す。西暦で表記した。
2）　安倍内閣は14年７月、従来の「隙のない防衛態勢」と似て異なる「切れ目のない安全保障法制の整備」を閣議決定し、一連の安全保障関連法案の成立へ向けて動き出した。
3）　「国防の基本方針」（昭和32年５月20日国防会議決定、閣議決定）。①国連を通じた国際協調と世界平和、②民生の安定と愛国心による安全保障基盤の確立、③自衛の必要限度の防衛力整備、④国連が有効に機能するまでの日米安保体制依存、を明記している。
4）　「国家安全保障戦略」（平成25年12月17日国家安全保障会議決定、閣議決定）
5）　構成員は北岡伸一・国際大学学長（座長）、海老原紳・住友商事顧問、折木良一・前統

合幕僚長、中江公人・元防衛事務次官、中西輝政・京都大学名誉教授、福島安紀子・東京財団上席研究員、細谷雄一・慶應義塾大学教授、谷内正太郎・元外務事務次官（肩書は当時）。
6) 外務省調査チーム『いわゆる「密約」問題に関する調査報告書』2010年3月5日
7) 有識者委員会『いわゆる「密約」問題に関する有識者委員会報告書』2010年3月9日
8) 長崎大学核兵器廃絶研究センター（RECNA）（2015）『提言：北東アジア非核兵器地帯設立への包括的アプローチ』
9) 核燃料サイクルとは、濃縮ウランを原子炉で燃焼し、使用済み燃料を再処理してプルトニウムを取り出し、燃料として再度、使用する仕組み。プルトニウムは高速増殖炉で燃焼する構想だが、高速増殖炉実験炉もんじゅで事故が相次ぎ、高速増殖炉が実用化に至っていないため、現時点ではプルトニウムをウランと混ぜてMOX燃料にして通常の原子炉で燃焼する、いわゆるプルサーマル方式が取られている。
10) IAEA, *International Status and Prospects for Nuclear Power 2014*, 4 August 2014, GOV/INF/2014/13-GC（58）/INF/6．
11) 電気事業連合会「プルサーマル計画の見直しについて」2009年6月12日
12) 拒否権プレーヤー（Veto Player）とは、特定の立法上の現状変更をする際、同意の確保が必要な個人や集団のうち、同意を拒否する権限を持つ個人や集団を指す。
13) 一般社団法人国民政治協会ホームページ（http://kifu.kokuseikyo.or.jp/report.aspx, last visited, 27 April 2016）参照。
14) 日本、豪州、ドイツ、オランダ、ポーランド、カナダ、チリ、メキシコ、トルコ、アラブ首長国連合。13年9月にフィリピンとナイジェリアが加わり12カ国になった。日本、豪州、欧州の国々およびトルコの7カ国は「核の傘」の下にある。
15) 1970年に山田節男・広島市長が「人類全体への警告だ」との見方を示して以来、「主語は人類」というのが広島市の公式見解で、市民にも受け入れられている。

〔参考文献〕

外務省軍縮不拡散・科学部（2015）『日本の軍縮・不拡散外交（第7版）』

鈴木達治郎（2012）「原子力政策・核燃料サイクルの選択肢をめぐる議論」『軍縮研究』3号、6-9頁

中野洋一（2015）「世界の原発産業と日本の原発輸出」『九州国際大学 国際関係学論集』10巻1・2合併号、1-73頁

日本国際問題研究所・広島平和研究所（1999）核不拡散・核軍縮に関する東京フォーラム報告書『核の危険に直面して――21世紀への行動計画』

フォンヒッペル，フランク・国際核分裂性物質パネル（IPFM）編（2014）『徹底検証・使用済み核燃料 再処理か乾式貯蔵か――最終処分への道を世界の経験から探る』田窪雅文訳、合同出版

防衛庁・防衛省（2002〜2015）『日本の防衛―防衛白書』（平成14年版〜27年版）

水本和実（2002）「日本の非核・核軍縮政策」広島平和研究所編『21世紀の核軍縮』367-388頁

Hymans, Jacques E.C. (2011) "Veto Players, Nuclear Energy, and Nonproliferation," *International Security*, Vol.36, No. 2 , pp.154-189.

International Commission on Nuclear Non-proliferation and Disarmament (ICNND) (2009), *Eliminating Nuclear Threats: A Practical Agenda for Global Policymakers*, Canberra/Tokyo.

人名索引

あ行

アイゼンハワー、D. D.　86, 117, 121
アデナウアー、K.　91
アトリー、C. R.　153
アフマディーネジャード、M.　124, 125
ヴァヌヌ、M.　119
エシュコル、L.　118
エテマート、A.　121
エフテシャーミー、A.　115
エルバラダイ、M.　124
エンゲルハート、T.　156
オーウェル、G.　165
岡田克也　209
オバマ、B. H.　71, 191, 216
オブライエン、M.　173
オルブライト、D.　135

か行

カーター、J.　122, 124, 139
カーン、A. Q.　134
カダフィ、セイフルイスラム　173
カダフィ、ムアマル　172
北岡伸一　209
キッシンジャー、H.　122
金日成　132, 139
金正日　130
金正恩　130
クチマ、L.　179
クラウゼヴィッツ、K.　15, 24, 30
クリントン、B.　71, 123, 124
ケネディ、J. F.　86-88, 90, 118
ケレンベルガー、J.　49, 192
コーエン、A.　117
ゴルバチョフ、M.　170

さ行

サーダート、A.　119
坂本義和　27

佐藤栄作　209
シャミル、Y.　120
習近平　99
ジュノー、M.　192
聶栄臻　102
ジョンソン、L. B.　86-89, 118
鈴木達治郎　212
スティムソン、H.　153, 157

た行

田中熙巳　195
チャーチル、W.　153
チャウシェスク、N.　133
趙紫陽　110
陳毅　102
デクラーク、F. W.　169, 170, 174, 181
鄧小平　100
ドゴール、C.　88, 91, 118
朝長万左男　195
トルーマン、H.　151, 152, 157, 158

な行

ナーセル、G. A.　117, 118
中谷元　204
新本恵子　161
ニクソン、R. M.　119, 122, 209
ネタニヤフ、B.　125
野田佳彦　211

は行

ハーシー、J.　161
ハータミー、M.　123
ハーメネイー、A.　122, 124, 125
パフラヴィー、M. R.　121
潘基文　75, 189
フィゲレード、J. B. O.　176
フェルドマン、S.　119
フォード、G. R.　122
フサイン（フセイン）、サッダーム　120, 173

223

人名索引

藤山 愛一郎　209
ブッシュ、G. W.　71, 123, 124, 174
フルシチョフ、N. S.　102
ベルグマン、E. D.　116
ベングリオン、D.　116, 117
ボールドウィン、H.　164
ホメイニー、M.　122

ま 行

マウラー、P.　195
マクナマラ、R. S.　88
マッカーサー、D.　132, 209
松重美人　154
マンデラ、N.　174
メイア、G.　119

毛沢東　101

や 行

ヤヌコヴィッチ、V.　180
揚少格　106

ら 行

羅瑞卿　103
ラビン、I.　120
ラフサンジャーニー、H.　122
ルメイ、C.　156
ロウハーニー、H.　125

わ 行

若泉敬　210

事項索引

あ 行

曖昧化政策　119, 120
悪の枢軸　123
アジア信頼醸成措置会議（CICA）　101
ASEAN 地域フォーラム（ARF）　42
アパルトヘイト（人種隔離）　169, 171, 181
アフガニスタン戦争（紛争）　28, 35
アヘン戦争　101
アメリカ・イスラエル公共問題委員会（AIPAC）　124
アラブの春　115
アラブ民主化運動　126
アルカイダ　162
アルゼンチン　168, 172, 174
アルバカーキ国立原子力資料館　154
アンゴラ、キューバ、南ア和平協定　170
アンゴラ内戦　169
安全保障会議　206
安全保障と防衛力に関する懇談会　206
イスラム国（IS）　28, 115, 126
イラク戦争　35
イラン・イラク（イ・イ）戦争　120, 122
イラン革命　121
イラン米国大使館占拠・人質事件　122
インティファーダ　120
ウィーン会議　51, 196
ウクライナ　168, 178
　——危機　5
APEC 首脳会議　100
欧州安全保障協力機構（OSCE）　37, 180
欧州安全保障協力会議（CSCE）　180
欧州経済共同体（EEC）　88, 89
欧州通常戦力削減条約（CFE 条約）　37, 38, 41, 43
欧州通常戦力条約適合合意（CFE-II）　38, 43
欧州統合　95
欧州の核戦力　84
欧州連合（EU）　37, 83

オーストリアの誓約　51, 197, 198
オープンスカイ条約　37
オシラク原子炉　120
オスロ会議　44, 50, 195
オタワ・プロセス　36
オムドゥルマンの戦い　19

か 行

改革・開放政策　100
化学兵器禁止条約　116, 188
核カード　134
核軍縮・不拡散議員連盟（PNND）　189
核軍縮 5 項目提案　189
核軍縮の人道的側面に関する共同声明　193
核計画部会（NPG）　84-86, 89
核戦争防止国際医師会議（IPPNW）　188
核戦略　64
拡大抑止　85, 87, 94, 194
核燃料サイクル　211
核の傘　25, 45, 65, 194, 195
核の手詰まり　85, 87
核の冬　24
核爆発実験　64-66
核不拡散・核軍縮に関する国際委員会（ICNND）　192, 214
核不拡散条約（NPT）　66, 70, 100, 115, 168
　——再検討会議　44, 56, 187, 216
　——再検討会議最終文書　47, 191, 192, 216
　——再検討会議準備委員会　49
　——第 3 条　139
　——第 6 条　187
　——体制　171, 176
核兵器勧告的意見　54
核兵器共有　86, 88, 90, 94
核兵器禁止条約　44, 187, 196, 202
核兵器禁止に関するオープンエンド作業部会　47
核兵器国　70
核兵器使用禁止条約　48

225

事項索引

核兵器のない世界　71, 168, 191, 206
核兵器の非人道性　44, 47, 186
　　──に関する共同声明　44
核兵器の非人道的影響に関する国際会議　50
核兵器の法的禁止　186, 197, 198
核兵器廃棄　168
核兵器廃絶国際キャンペーン（ICAN）　48, 196
核持ち込み疑惑　209
核抑止　56, 65, 151, 187, 192, 202
核4政策　203, 216
ガザ　125, 126
カザフスタン　178
乾式貯蔵　212
北大西洋条約機構（NATO）　26, 37, 38, 83, 189
　　──核備蓄計画　86, 87
　　──統合軍　85
きのこ雲　153
キャンプデーヴィッド合意　119
9.19共同声明　142
強盛国家　130
巨浪1号　103, 105
巨浪2号　106
光明星3号　138
クラスター弾　40
　　──条約　35, 36
クリミア半島　180
グレーゾーン　205
軍産複合体　27, 30
軍事技術革命　17
軍縮・不拡散イニシアティブ（NPDI）　214
軍縮の規範　48, 60
軍備管理・軍縮　34, 43
決議案1718号　140
決議案1874号　140
決議案2094号　141
決議案2270号　141
ケロッグ・ブリアン条約　15
検証制度　73, 76
原子力委員会　208
原子力基本法　208
原爆慰霊碑の碑文　215
原爆乙女　166

『原爆攻撃下の生存』　158
原爆投下正当論　157
原発の輸出　213
原発マネー　213
効果的な措置　199
高速増殖炉　212
小型武器　35, 37, 39, 40
国際NGO　187
国際監視ネットワーク（IMS）　68, 69, 72
国際刑事裁判所（ICC）　54
国際原子力機関（IAEA）　70, 75, 110, 118, 135, 169, 176
国際司法裁判所（ICJ）　54-56, 59
国際司法裁判所（ICJ）勧告的意見　186
国際人権法　55, 57-59
国際人道法　50, 54, 55, 57-59, 192
国際赤十字・赤新月運動　192
国際赤十字・赤新月連盟（IFRC）　49
国際データセンター（IDC）　68, 69, 72
国際反核法律家協会（IALANA）　188
国防会議　206
国防の基本方針　206
国連海洋法条約（UNCLOS）　76
国連軍備登録制度　34
国連公開作業部会（OEWG）　200, 201
国連事務総長の5項目提案　190, 191
国連総会第1委員会　49
コソボ紛争　35
国家安全保障会議　206
国家安全保障戦略（戦略）　206
子ども兵士　40
『コリアーズ』誌　159

さ　行

最小限核抑止戦略　107, 113
殺人ロボット　48
サンクト・ペテルブルク宣言　15, 33
シベリア横断鉄道　18
市民社会　186, 194, 201
シャー政権　121
10.3合意　144
ジュネーブ議定書　34
ジュネーブ軍縮会議（CD）　66, 68, 200

226

事項索引

ジュネーブ条約　53, 55
消極的安全保障　134
消極的平和　23
使用済み核燃料の再処理　212
植民地戦争　17
自律型致死性兵器システム（LAWS）　48, 51-53, 57-59
新START（戦略兵器削減）条約　4
新アジェンダ連合（NAC）　198
真珠湾攻撃　157
人道性の（人道的）誓約　47, 51, 200
人道的アプローチ　45, 47, 53, 54, 56, 59, 193
信頼安全保障醸成措置（CSBMs）　37
信頼醸成　43
信頼醸成措置（CBM）　41
垂直拡散　100, 112
水平拡散　113
スエズ運河　117
スエズ戦争（第2次中東戦争）　117
ステップ・バイ・ステップ　187
ストックホルム国際平和研究所（SIPRI）　4, 42, 105
生物兵器禁止条約　116
世界気象機関（WMO）　74
世界の指導者への被爆地訪問の呼びかけ　215
世界法廷プロジェクト　187
世界保健機関（WHO）　75
赤十字国際委員会（ICRC）　49, 192
瀬戸際戦術　131
セミパラチンスク　158
尖閣諸島　204
戦時国際法　21
戦術核兵器　133
潜水艦発射弾道ミサイル（SLBM）　105
『戦争論』　15
選抜委員会　88
戦略核兵器　87, 90
戦略的安定　45
戦略兵器削減条約（START）　111
相互確証破壊（MAD）　24
総力戦　22, 34
ソ連の人工衛星打ち上げ　87
ソ連崩壊　83, 115, 133

た　行

ターリバーン　123
第1次世界大戦　33
大気圏内核爆発実験　66
第3次中東戦争　118
第五福竜丸事件　65
対人地雷禁止条約　35, 36, 41
大西洋核戦力（ANF）　91, 94
第2次安倍内閣　205, 207
第2次世界大戦　22, 34, 164
第2砲兵部隊　103
大陸間弾道ミサイル（ICBM）　87, 100, 105
大量破壊兵器　32, 56
第4次中東戦争　118
多角的核戦力（MLF）　86-91
多国間核軍縮交渉を前進させる（OWEG決議）　200
タジュラ原子力研究センター　172
多弾頭複数個別誘導弾頭（MIRV）　103, 105, 109
チェルノブイリ原発事故　178
中距離弾道ミサイル（IRBM）　87, 105
『中国新聞』　154
『中国の国防』　99
中性子爆弾　105
中東非核化　124
朝鮮戦争　132
朝鮮半島非核化共同宣言　138
直接処分（ワンス・スルー）　212
通常兵器　32, 44
ディモナ地下核施設　117, 118
テヘラン合意　124
テポドン1号　138
テポドン2号　138
天安門事件　133
東京フォーラム　214
同時多発テロ（9.11／米国）　115, 162
東清鉄道　18
東南アジア諸国連合（ASEAN）　42
東南アジア非核地帯条約　110
東風5号　103
東風31号　100

227

事項索引

毒ガス禁止宣言　33
特定通常兵器使用禁止制限条約（CCW）　34，48，52，53，57
独仏協力条約（エリゼ条約）　88
トラテロルコ条約　76

な 行

長崎大学核兵器廃絶研究センター　210
ナジャリット会議　196
ナタンズウラン濃縮施設　123
ナッソー協定　90，92
2.13合意　143
二重の封じ込め　86
2020ビジョン　190
日米安保体制　205
日米同盟　203
日露戦争　18
日清戦争　18
日本赤軍　172
『日本の軍縮・不拡散外交』　211，215
日本の防衛政策　203
日本版NSC　206
寧辺　132，135
ノドン　138

は 行

ハーグ平和会議　21，33
ハーグ陸戦法規　21，33
『ハーパーズ』誌　157
ハマース（イスラム抵抗運動）　125
パリ合意　124
パレスチナ　120，121
　　――ゲリラ　172
非核3原則　208
P5+1（安保常任理事国とドイツ）　125，145
ヒズブッラー（神の党）　124
非同盟諸国（NAM）　111，188，197
被爆地外交　216
広島（ヒロシマ）　151，152，163
広島・長崎　55
広島・長崎への原爆投下　16，23，156
ヒロシマの乙女　160
広島平和記念資料館　154

ファルドゥ地下ウラン濃縮施設　125
ブーシェフル原発　123
武器移転　34
武器貿易条約（ATT）　37
福島第一原子力発電所事故　74，75
不戦条約　15
ブダペスト覚書（議定書）　179，180
部分的核実験禁止条約（PTBT）　66
ブラジル　168，172，174
　　――・アルゼンチン原子力協力協定　176
武力紛争法　52
プルサーマル計画　212
豊渓里　135，136
米国モントレー不拡散研究所　192
米朝枠組み合意　140
平和首長会議　190
平和宣言　191，208
ベトナム戦争　28
ベラルーシ　178
ベルリン演説　5
ベルリンの壁崩壊　133
『防衛白書』　204
包括的核実験禁止機関（CTBTO）　68，72
包括的核実験禁止条約（CTBT）　47，66-68，71，110，116
　　――フレンズ外相会合　71
包括的合同行動計画（JCPOA）　145
放射化学研究所　132
北東アジア非核兵器地帯　210
保護する責任　28
ポツダム会談　152
ホロコースト　117，126

ま 行

マーシャル諸島　159
マルテンス条項　53，58
マンハッタン計画　153
南満州鉄道　18
無差別爆撃　22
無人機　52
ムスダン（舞水端）ミサイル　138
ムスリム同胞団　121
明確な約束　199

メキシコ会議　44, 50
モデル核兵器禁止条約　188
モラトリアム　65, 72

　　　　や　行

唯一の戦争被爆国　208
有限核抑止戦略　109, 113
延坪島　131

　　　　ら　行

ラプラタ川合意　176
リビア　168, 172
　──の核兵器開発計画　172

両弾一星　101
冷戦終結　83, 84
列国議会同盟（IPU）　190
ロケット軍　106
6カ国協議　112, 131, 141
六ヶ所再処理工場　212
ロプノール　103

　　　　わ　行

ワルシャワ条約機構（WTO）　26, 37, 38
湾岸協力会議（GCC）　125
湾岸戦争　115, 120

229

執筆者紹介（執筆順、※は編者）

※水本 和実（みずもと かずみ）	広島市立大学広島平和研究所副所長	序章・終章
※吉川 元（きっかわ げん）	広島市立大学広島平和研究所長	第1章
佐渡 紀子（さど のりこ）	広島修道大学法学部教授	第2章
福井 康人（ふくい やすひと）	広島市立大学広島平和研究所准教授	第3章
広瀬 訓（ひろせ さとし）	長崎大学核兵器廃絶研究センター副センター長	第4章
倉科 一希（くらしな いつき）	広島市立大学国際学部准教授	第5章
茅原 郁生（かやはら いくお）	拓殖大学名誉教授	第6章
吉村慎太郎（よしむらしんたろう）	広島大学大学院総合科学研究科教授	第7章
孫 賢鎮（そん ひょんじん）	広島市立大学広島平和研究所准教授	第8章
ロバート・ジェイコブズ	広島市立大学広島平和研究所教授	第9章
国末 憲人（くにすえ のりと）	朝日新聞論説委員	第10章
中村 桂子（なかむら けいこ）	長崎大学核兵器廃絶研究センター准教授	第11章

Horitsu Bunka Sha

なぜ核はなくならないのか Ⅱ
──「核なき世界」への視座と展望

2016年8月6日　初版第1刷発行

監修者　広島市立大学広島平和研究所
編　者　吉川　元・水本和実
発行者　田靡純子
発行所　株式会社 法律文化社

〒603-8053
京都市北区上賀茂岩ヶ垣内町71
電話 075(791)7131　FAX 075(721)8400
http://www.hou-bun.com/

＊乱丁など不良本がありましたら、ご連絡ください。
　お取り替えいたします。

印刷：亜細亜印刷㈱／製本：㈱吉田三誠堂製本所
装幀：白沢　正
ISBN 978-4-589-03785-5
Ⓒ2016　G. Kikkawa, K. Mizumoto Printed in Japan

JCOPY　〈(社)出版者著作権管理機構　委託出版物〉

本書の無断複写は著作権法上での例外を除き禁じられています。複写される
場合は、そのつど事前に、(社)出版者著作権管理機構（電話 03-3513-6969、
FAX 03-3513-6979、e-mail: info@jcopy.or.jp）の許諾を得てください。

広島市立大学広島平和研究所編
平和と安全保障を考える事典
A5判・710頁・3600円

混沌とする国際情勢において、平和と安全保障の問題を考える上で手引きとなる1300項目を収録。多様な分野の専門家が学際的アプローチで用語や最新理論、概念を解説。平和創造の視点から国際政治のいまとこれからを読み解く。

ウォード・ウィルソン著／黒澤 満日本語版監修／広瀬 訓監訳
核兵器をめぐる5つの神話
A5判・186頁・2500円

「日本の降伏は原爆投下による」、「核には戦争を抑止する力がある」など、核兵器の有用性を肯定する理論が、史実に基づかない都合のよい〈神話〉に過ぎないことを徹底検証する。核廃絶のための科学的な論拠と視座を提供する。

山田 浩・吉川 元編
なぜ核はなくならないのか
——核兵器と国際関係——
A5判・256頁・2800円

その存在が否定されながらも廃絶されないのはなぜか。核を取りまく国際関係のなかにその問題状況をさぐる。Ⅰ：核抑止と核不拡散体制の現状／Ⅱ：核抑止を取りまく国際関係／Ⅲ核なき国際平和を求めて／Ⅳ：21世紀の日本の選択

水本和実著
核は廃絶できるか
——核拡散10年の動向と論調——
A5判・260頁・2300円

核廃絶への機運が高まった2009年。しかしそれまでの10年は、核が拡散した「失われた10年」であった。核問題についての動向と論調を各年ごとに整理し、核を取り巻くダイナミズムを概観するとともに、今後の核軍縮の展開への視座を提示する。

藤田久一著
核に立ち向かう国際法
——原点からの検証——
A5判・242頁・5200円

原発事故で改めて大きく問われている核問題。約半世紀前の広島・長崎原爆判決を起点に、国際法が核使用にどこまで歯止めをかけてきたのかを歴史的に検証する。国際司法裁判所の意見、9.11後の日米安保を扱う論考も収載。

吉川 元・首藤もと子・六鹿茂夫・望月康恵編
グローバル・ガヴァナンス論
A5判・326頁・2900円

人類は平和構築・予防外交などの新たなグッド・ガヴァナンスに希望を託せるのか。地域主義やトランスナショナルな動向をふまえ、グローバル・ガヴァナンスの現状と限界を実証的に分析し、求められるガヴァナンス像を考察する。

———法律文化社———
表示価格は本体（税別）価格です